Jürgen Lodemann – Anita Drögemöller

Klartext

Wir in Nordrhein-Westfalen
Unsere gesammelten Werke
22

Jürgen Lodemann

Erinnerungen in der Zornigen Ameise an
Geburt, Leben, Ansichten und Ende der

Anita Drögemöller

und
Die Ruhe an der Ruhr

Roman

Alle Ereignisse und Figuren dieses Romans sind so frei erfunden, wie ein Autor beim Erfinden von Ereignissen und Figuren frei sein kann.

Vom Autor erheblich revidierte Fassung des 1975 erstmals im Diogenes Verlag Zürich erschienenen Romans.

Umschlagbild: © dpa – Report / picture-alliance

Erstausgabe
1. Auflage Februar 2007
Satz und Gestaltung: Klartext Medienwerkstatt GmbH, Essen
Umschlaggestaltung: Marketing und Kommunikation, WAZ-Mediengruppe
Druck und Bindung: CPI-Books

ISBN 978-3-89861-696-6

www.klartext-verlag.de

Inhalt

Erste Halbzeit

Van Bett
oder
O Ruhe du

im waere alze senfte ein eichin wit umb sinen kragen
in wil sin ouch niht brennen noch zerliden noch schinden
noch mit dem rade zerbrechen noch dar uf binden
ich warte allez ob diu helle in lebende welle slinden*

Walther von der Vogelweide
über einen Essener Oberbürgermeister

* Für den wäre ein Eichenholz um den Hals zu milde.
Man sollte ihn auch auf keinen Fall verbrennen oder zergliedern, auch nicht schinden
und nicht mal auf ein Rad binden und darauf zerquetschen –
ich meine, man sollte warten, bis die Hölle selbst ihn lebendig verschlingt.

(Den Grund für Walthers Zorn weiß, wer »Anita Drögemöller und Die Ruhe an der Ruhr« gelesen hat.)

5. Mai 1970

Wie kann der Mensch sich irren,
es ist wahrhaftig ein Skandal.
Albert Lortzing

»Nix wie Mumpitz!« hätte zu all dem Anita Drögemöller gesagt, wenn sie noch etwas zu sagen gehabt hätte. Und den Pfarrer würde sie einen »bedröppelten Miesepriem« genannt haben, wenn sie jetzt nicht da unten in dem Kasten aus Eichenholz gelegen hätte und der bedröppelte Miesepriem nicht dabeigewesen wäre, sie zu beerdigen.

Aber Langensiepen hörte sie ja reden. Hinten in seinem Gedächtnis kodderte sie herum, maulte und meckerte sie über dieses »ölige Christkind«, über diesen »bescheuerten Mickerpott«, der es nicht einmal wage, seine traurige Gemeinde richtig anzusehen.

Und sie hätte richtig beobachtet. Dieser junge Geistliche trug schwer an seiner Aufgabe, eine Dame mit einer solchen Vergangenheit zur Ruhe zu bringen. Zumal zur ewigen.

Nun stieß er auch noch den Spaten an einer Stelle in den Lehm, die ungünstig war. Langensiepen, der gleich neben ihm stand, hätte ihn warnen können. Aber der Ablauf dieser Stunde durfte wohl nicht gestört werden.

So warf denn der Geistliche die schwere gelbe Erde hinab, und es gab, wie vorauszusehen, einen heftigen Steinschlag. Mit dumpfer Resonanz aus dem Holzkasten. Einen Moment lang war der junge Mann aus seinem schönen alten Konzept gebracht – »Wat kuckßänn so beknackt?« –, aber schon bald predigte er wieder ein paar gute Sätze. Unter anderem einen, in dem er erläuterte, daß die Frau, derer hier zu gedenken war, aus den Niederungen unseres Daseins gekommen sei und nun auch in diesen Niederungen ihr Ende gefunden habe. »Kraisvokehr der Natur, woll?« rumorte die Dröge und wollte keine Ruhe geben in Langensiepens Innerem. »Geh mich doch außem Weech mit son Kokkelores! Mach dich schomma nackich!«

Doch bei allem, so fuhr der Pfarrer fort und ließ sich nicht beirren, ja nun erhob er sogar seine Stimme, bei allem, woran sie schuldig geworden sein mochte nach Gesetz oder Sitte, zwischendurch sei ihr ein gewisses Emporstreben nach dem Wertvolleren nicht abzusprechen gewesen – »Ach nee. Nu auf eima!« –; er erinnere nur an ihre Liebe zur Musik, insbesondere zum Posaunenspiel. »Lauen Betbruder! untie Liebe zu dich? un zu n Polikeit und zu n Vordenbäumen und zu n Tömmchen und zu n Langen sein Siepen? wa dat allens gaanix?«

So glaubte Langensiepen sie deutlich reden zu hören. Aber der Pfarrer, der hörte sie nicht, der konnte nun mit seiner erhobenen Stimme weiterreden:

»So war denn Anita Drögemöller, alles in allem, eine zwar gutwillige, aber letztlich erfolglose Seele, und darin«, so gestand er gedämpft, »darin erscheint sie uns stellvertretend für die Menschen hier im Land an der Ruhr.«

Langensiepen drängte es, den Blick abzuwenden.

Welche Menschen hier im Land an der Ruhr mochte der jetzt gemeint haben? Er blickte die lange Reihe der Gräber entlang. Am stummen Aufmarsch des Marmors vorbei, wie der sich so wohlgeordnet perspektivisch zum Horizont hin verjüngte. Diese klar gezogene Linie der glänzenden Steine – diese Linie bekam plötzlich einen Knick. »Wieso hassen Knick inne Optik?« hörte er die Dröge, aber die nahm ihn nur auf den Arm. Denn erstens war sie ja tot, und zweitens hätte sie es doch sehen müssen, daß Feuchtigkeit ihm den Blick knickte, weil ein scharfer Wind über den Friedhof zog, und der blies Wasser in die Augen.

Der zweifellos progressive Prediger hatte inzwischen einen Bogen gefunden zu jenem Wort des Herrn vom ersten Stein, den der auf eine Sünderin werfen solle, der sich ohne Schuld wisse. Da schaute Langensiepen abermals fort, diesmal zum Himmel hinauf, an dem wie im Hochgebirge Morgennebel wehten. Und während der Priester erklärte, daß Anita Drögemöller nun die ewige Ruhe – »watten Tinnef!« – habe, hörte er wieder deutlich ihre Stimme, hörte er, wie sie's ihm noch vor wenigen Tagen zugeraunt hatte: »Bisse doch viel wat Ehrlicheret als ich ärß dachte. Kannz sogaa kleine Mädchen happy machen.«

Dieses Wort bewegte Rudolf Langensiepen in seinem Gedächtnis und in dieser Richtung wollte er weiter in sich hineinhorchen, aber da sagte der junge Pfarrer etwas von der Auferstehung. Die würde Frau Drögemöller hier erleben. Langensiepen sah vom Nebelzug wieder herunter auf die Stelle, von der dieser Aufstand vorausgesagt wurde. Dort standen jetzt außer dem Geistlichen nur fünf Menschen. Davon einer, den er gleich verhaften lassen mußte.

Aber es lagen an dieser Stelle immerhin auch sieben üppige, mit Maiblumen besteckte Kränze, gespendet von Unbekannten, von wohlwollenden sowohl wie wohlhabenden. Eine Schleife war ganz in Gold gehalten. Eine andere in Goldbrokat, eine dritte, eine schwarze, in goldene Fransen gefaßt und eine weitere gar schwarz, rot und gold gerahmt. Und auf allen stand der Vorname der teuren Ermordeten.

Allerdings, auf der Schwarzrotgoldenen stand auch ein Spruch. Rot auf weißem Grund zeugte er vom Seelenschmerz des unbekannten Spenders, »Immer mit Dir« stand da. Nach Herren-Art.

Immer noch?

Mit ihr?

Und nach der ewigen Ruhe erst recht? Auferstehung des Fleisches?

Langensiepen bemerkte, daß er sich über Sprüche und Widersprüche gar nicht mehr so recht erregen mochte. Vor nur sechs Tagen hätte er gegengerechnet und den Pfarrer als unklaren Mitmenschen abgeschrieben, der eine Ewigkeit mit einem festen Tag begrenzte. Und gar mit dem eines allgemeinen Aufruhrs. Jetzt aber nahm er alles hin, nickte großzügig – »Lassat Jüngelsken man« – und betrachtete neben sich den Waldemar Rentelen. Bleich war der, fast blau, unterm Fellmantel sah man den Frack, offenbar war er aus einer seiner Bars direkt hierher gekommen.

Hinter ihm sah er die Marion Kimmeskamp, mit verweintem Gesicht, in schwarzem Kostüm, schwarzen Stiefeln, ab und zu zornig aufschluchzend. Neben ihr stand cand. phil. Wittkamp aus Bochum, Jeans unter dem Amimantel, grimmig, ihm, dem Bullen, spürbar alle Schuld gebend. Und am Ende der Reihe O. Vordenbäumen, krumm und abwesend, offenbar beschäftigt mit der Predigt über die Menschen hier im Land an der Ruhr.

Und Langensiepen nickte noch einmal und hörte in seinem Inneren deutlich die Stelle auf einer jener Schallplatten der Anita Drögemöller: »Denn es kommt in unserem Leben so etwas nicht wieder vor.«

Nach dem Schluß der Handlung, nach kurzem Zögern, gab der Pfarrer – und das, so fand Langensiepen, war vielleicht seine beste Handlung – der Kimmeskamp die Hand. Da blieb den anderen nichts übrig, sie mußten seinem Beispiel folgen, und die Frau geriet beim Händeschütteln in so erschütterndes Schluchzen, daß, als zuletzt die Reihe an Vordenbäumen war, der Hauptlehrer sie an den Schultern festhalten mußte, damit sie nicht umfiel. Lehrer Vordenbäumen war es auch, der sie langsam zum Ausgang begleitete.

Hinterm Tor faßte Langensiepen den Delinquenten beim Arm. Der versuchte erst gar nicht, zu fliehen. Die Kollegen Breuer und Pöhlmann warteten schon mit den Handschellen, luden ihn ins Auto und fuhren ihn weg. Die anderen hatten es beobachtet, gingen stumm auseinander und stiegen in ihre Wagen.

Langensiepen setzte sich noch einmal in seinen eleganten silbergrauen Leihwagen aus Düsseldorf und fuhr von Bredeney aus nach Norden. Nach Norden, über die Alfredstraße tief hinab in die Stadt. Er hatte drei Tage dienstfrei bekommen nach diesen Sondereinsätzen rund um die Uhr. Aber er wußte nicht, was er mit diesen drei Tagen anfangen sollte. Was er nun überhaupt sollte. »Un nu? Wat kuckßänn so knatschich?«

Kurz vor der Innenstadt machte er einen Umweg, fuhr um das Viertel herum, in dem Herta und die Kinder wohnten, fuhr an der Innenstadt vorüber, ließ das tausendjährige Münster links liegen, nämlich zwischen C&A und Woolworth, fuhr an dem hochgetürmten Backsteingebirge des alten RWE-Kraftwerks vorbei, fuhr weiter nach Norden, immer weiter die ständig geradeaus führenden Straßenbahnstraßen entlang, tiefer hinein, ja tiefer hinab ins Revier. Von Bredeney hier herunter zur Fabrik- und Arbeiterstadt im Norden senkte sich das Niveau um gut hundert Meter, man merkte es, wenn man darauf achtete. »Wat is denn getz?« hörte er sie fragen und dann »Du kriss die Motten. Nu fährt den Langen Tatsache im Aasch der Welt.«

Erst zum Schluß, erst im äußersten Norden der Stadt, kurz hinter Altenessen bog er seitlich ab. »Wat gibtat, wenn dat färtich is?«

Er bog in eine Siedlungsstraße mit grauen Häusern in ordentlichen Gärten mit Goldregen und weißem und violettem Flieder. Dann fuhr er langsam an einem Schulgebäude vorbei und an einem schwarzen

Aschenplatz, auf dem Schulkinder mit ihren Ranzen Torecken gelegt hatten und spielten und brüllten und ebenfalls nicht nach Hause wollten. Dann Freund Vordenbäumen. Im Schmerz wie Stein. Sprachlos.

Verschmierte Risse in den Häuserwänden, Schlammteiche, Ödland. Kinder, die kleinere »verwahrten«. Und endlich, kurz vor dem Rhein-Herne-Kanal, sah er die Eckkneipe. Die rote Werbeschrift hatte die Firma Coca-Cola gestaltet: »Gastwirtschaft Zur Zornigen Ameise«. »Wat willzänn hier? Kannz mir dat ma vorraten?«

Er lenkte seinen Wagen mit der Düsseldorfer Nummer vor die Brandmauer, auf den kleinen Platz mit dem Schild »Parkplatz nur für Gäste«. Hier mußte auch der Minister-Mercedes gestanden haben. Und der Lamborghini. Und Haidenreichs Mercedes. Und »Steppes« und »Hällos« schnelle Wagen.

Langensiepen stellte den Motor ab und blickte auf die Zigarettenreklame mit den tüchtigen Menschen im Stil der neuen Zeit, die nun ein bißchen kaputt von der Wand herunterhingen. Die strahlenden Augen ergraut. Er stieg aus und schloß sorgfältig ab. Und schnupperte die Emschergerüche in der Luft. Kokerei? Hochofen? Thomasverfahren? Chemie? Stahl? Alles zugleich, »im Verbund«? Hier, am Grunde des alten, traurigen Potts hatten sich die Nebel noch nicht aufgelöst, noch nicht so gebirgsmunter wie oben auf dem Friedhof in Bredeney.

Er ging an den erfolgreichen Rauchern vorbei, ging zur Kneipenecke, stieg die drei ausgetretenen Stufen hinauf, öffnete die Tür mit den schief eingelassenen Glasfenstern, hob den dunklen fettigen Windfang auseinander und wollte an die Theke gehen – »Ja hasse Töne?« –, aber die Ähnlichkeit der Frau, die dort Biergläser spülte, irritierte ihn. Selbstverständlich hatte die »Zornige Ameise« neues Personal –

Er verzog sich in einen hinteren Winkel. Die junge Frau kam an seinen Tisch. Ihre Ähnlichkeit mit der Drögemöller hatte sich in Grinsen aufgelöst. »Der Herr wünschen?« Er bestellte: »Ein Pils.« »Ein Pils«, antwortete sie und ging.

Er schaute sich um. Er war sicher, daß sein Gesicht niemanden anregen würde, sich zu ihm zu setzen.

In der Ecke neben ihm hinter Strohblumen das Schild »Gemütlichkeitsverein Drei Rosen«. Handgemalt. Auch davon hatte die Dröge erzählt. In einem anderen Winkel Fotos, Wimpel und Pokale. Von Oma Wutke nichts. Wahrscheinlich hatte sie ihre »Zornige Ameise« an diese junge Frau verkauft oder verpachtet. Langensiepen sah und roch, beroch die Pinte, den Boden, die Tischdecken, sah die Musikbox und den Spielautomaten und entdeckte im finsteren Teil des Raumes nun auch die faltbare Schiebewand zu jenem Nebenraum. Er versuchte sich zu erinnern.

Die Frau kam, er trank das kalte Bier und spürte, wie es in ihm hinablief, als grabe sich etwas in ihn und begänne zu wühlen und fördere zutage, was Schicht um Schicht sich abgelagert hatte, ordentlich förderte es, wie er es immer noch liebte, in chronologischer Folge.

Er erinnerte sich.

30. April 1970

Entwicklungsromane? Ein von Menschen und anderen Provokationen umgebener Sensibler hat eine ähnlich große Chance, sich zu entwikkeln, wie ein Reicher, noch reicher zu werden; diese Sorte Roman wird erst dann wieder interessant, wenn sie zeigen kann, wie aus einem Kleinlichen ein Kleiner wird. O. Vordenbäumen

Als der Anruf kam, war es fast drei Uhr gewesen. Er hatte seine Mitarbeiter Breuer und Pöhlmann heimgeschickt. Denn die Nacht von Dienstag auf Mittwoch war die ruhigste, sagte die Wochenstatistik. Sie sollten »in die Heia« gehen, hatte er hinter ihnen hergerufen, auf jeden Fall »solide bleiben«.

Kurz vor drei hatte er sich gerade die Freiheit herausgenommen, seine Ferienfahrt zu planen. Das heißt, es lag arbeitsmäßig nichts mehr vor. Seine Berichte über das vergangene Wochenende füllten abgezeichnet den Holzkasten, auf den Gabi mit grünem Filzschreiber »Ausgang« gemalt hatte.

Als der Anruf vom Revier Bredeney auf seinen Apparat durchgestellt wurde, war er mitten im Puzzle gewesen: Autobahn oder Autoreisezug, nachts oder tags, Schlaf- oder Liegewagen, Autofähre ab Travemünde oder ab Neustadt, zwei Erwachsene, zwei Kinder unter sechs, und wenn sie vorher die Oma in Hamburg besuchen würden, wie könnte man dann frühmorgens rechtzeitig vor Abfahrt des Schiffes –

»Langensiepen.«

»Schulz, Bredeney. Hier is sone Frau am Apparat, ich glaube, dat is ehr was für euch – ich stell ma durch.«

Und dann hörte er zum ersten Mal ihre Stimme. »Hörn Sie, komm Sie doch bitte ma fix vorbei, ich hab hier in meine Wohnung einen, der is tot.«

»Wie war Ihr Name?«

»Anita Drögemöller, ich wohn hier in Bredeney, Ahornweg 6, das is son Terrassenhaus, oberste Etage.« Sie sprach »Etage«, als ob das was mit Tagen zu tun hätte. »Bis die Tage!« rief Gabi immer vor den Wochenenden, beim Weggehen.

»Sind Sie allein?«

»Ja, nee, der Hällo is hier, aber der is ja tot gätz.«

»Ich komme sofort. Nichts anrühren.«

Rudolf Langensiepen legte den Hörer nicht mehr so hastig auf, wie er es früher getan hätte. Er sammelte seine Reiseunterlagen ein und verstaute sie wieder mit der Thermosflasche und dem Plastikbeutel für die Butterbrote in dem schwarzen Aktenkoffer, den ihm Herta zu Weihnachten geschenkt hatte.

Dann zog er sich die Jacke über, klopfte an seine Pistole, sprach Ziel und Zeit seines Einsatzes mit männlicher, jedenfalls sicherer Stimme auf den Anrufbeantworter und sah auf den Stadtplan. Ahornweg? Der Anruf kam aus dem Süden der Stadt. Langensiepen war bestürzt gewesen, als die Umstände ihn vor drei Jahren ins Ruhrgebiet verschlagen hatten. »Städte wie Brei«, sagte man, und die Gegend hieß »Pott«. Dann wunderte er sich aber bei jedem Einsatz, wie gut gegliedert dieser »Brei« war. Je weiter südlich ein Fall passierte, desto mehr mußte er mit undurchsichtigen Verhältnissen rechnen. Weiße-Kragen-Kriminalität. Man brauchte Monate. Wenn man überhaupt zu einer Art Lösung kam. Anrufe aus dem Norden aber brachten Proletenprobleme, Messerstechereien zwischen Arbeitern, Gastarbeitern, Autoschiebern, Zuhältern, in Heimen oder Bergarbeiterkneipen, eindeutige Fälle. Im Süden dagegen lagen die Dinge fast immer kompliziert, ja heimtückisch.

Im Zentralgebäude wurde nach zwei Uhr Licht gespart, auf den Fluren brannte nur jede dritte Leuchtröhre, aber Langensiepen fühlte sich exakt programmiert mit Länge und Grundriß sämtlicher Gänge, Ecken, Lifts und Treppen. Auch im Dunkeln hätte er den Autohof keine Sekunde später erreicht. Sein Volkswagen sprang sofort an, Gott sei Dank, die kalten Nächte waren endlich vorbei.

Der Pfortenwächter unter der trüben Funzel sah kaum auf von seiner Westdeutschen Allgemeinen Zeitung, der las mal wieder jede Zeile, was blieb ihm schon anderes übrig als die WAZ von hinten nach vorn und wieder zurück. Langensiepen dagegen jagte seinen VW hinaus auf die Zweigertstraße, die um diese Nachtzeit leer und breit wie ein Fußballfeld war und nur ein einziger Wagen darauf, sein eigenes Dienstfahrzeug, das so eine verdammt empfindliche Zündung hatte.

Diese beamteten Autowärter waren ausnahmslos Schlafmützen, die den ganzen Winter über den Fehler im Grunde nicht beseitigt hatten, und wie hatte er moniert, besonders nach diesem blamablen Fall in Altenessen, als er nach der Razzia im »Alten Fritz« wegwollte und diese Kerle grölend um seinen Wagen gestanden und gelacht hatten, weil der nicht ansprang. Es hätte ja auch sein können, daß er eine Verfolgung hätte aufnehmen müssen – diese Herren Kollegen von der Fahrzeugwartung – aber wer und was funktionierte denn schon in diesem Laden –

Er bog auf die Nord-Süd-Achse der Stadt, die kilometerlang ohne Krümmung verläuft. Hier ritt, so wußte er es aus einem repräsentativem Bildband, vor hundert Jahren der Herr Alfred Krupp, der ritt von seiner Kanonenfabrik im Norden zu seiner Villa im Süden, weshalb sie nun »Alfredstraße« heißt. Tags eine immer vor dem Infarkt stehende Auto-Aorta, an Wochenenden blockiert mit Familien, die wie einst jener Alfred nun ihrerseits Pferdestärken zu den grünen Hügeln über der Ruhr lenken wollten.

Rudolf Langensiepen aber hatte kurz nach drei Uhr in der Nacht die Nord-Süd-Achse für sich allein. Und so raste er, zwar im Volkswagen, aber doch mit Krupp-Gefühlen, nach Bredeney hinauf, vorsichtshalber mit aufgeblendeten Scheinwerfern, es könnten ja Betrunkene aus den Seitenstraßen hereinsteuern. Im gelben Licht der Peitschenlampen die Grugahalle, riesig, in die Nacht gesteckt wie ein Stahlschmetterling, und an den Kreuzungen die Ampellichter, lebhaft beschäftigt, mit Blinksystemen irgendeinen Straßenverkehr in den Griff zu kriegen. Und dann, an beiden Straßenseiten, die abgeschnittenen Vorgärten. »Räder müssen rollen. Für den Sieg des Asphalts«, sagte er sich leise vor.

Und schließlich, im Kunstlicht, die Gärten und Villen. Wer in den letzten hundert Jahren ebensoviel auf sich hielt, wie er für sich behielt, baute sein Haus im Süden, in Bredeney. Soviel hatte er sich nach der Lektüre des Bildbandes klargemacht. Vielleicht baute man auch noch im Stadtwald, in Werden oder in Kettwig. Langensiepen selbst wohnte in Rüttenscheid, in der Mittelstadt.

Diese Frau da am Telefon hatte eine unpassend nachlässige Aussprache hören lassen. So redeten Leute aus dem Norden, wohl auch aus der Mitte, aber so sprach selten eine aus dem Süden, höchstens eine Mißgeheiratete oder Neureiche. Eigentlich unmöglich, daß diese Anita Drögemüller – der Zettel mit ihrem Namen steckte in der Seitentasche –, unmöglich, daß sie im Ahornweg wohnte, kaum einen Kilometer entfernt von Alfreds Villa auf dem Hügel. Da stimmte gleich wieder was nicht. Typischer Südfall. Hatte er von der nicht schon in der WAZ gelesen?

Er verließ Alfreds Reitbahn, bog durch mehrere enge Wohnstraßen, stellte das Fernlicht aus und sah ein Schild, das »Ahornweg« hätte heißen können, er mußte langsamer fahren, wenn er etwas lesen wollte. Für alle Fälle schaute er schon mal nach den Hausnummern: 1, dann 1 a, auch noch 1 b – da hatte wieder einer sein Großgrundstück verhökert – 3, gegenüber 2, dann 4, dann, warum suchte er noch umständlich: Da stand groß und weißglänzend ein Bungalow-Terrassenhaus, sechs Stockwerke. Und im obersten, weit zurück am Hang, noch Licht.

Er hielt an, stellte den Motor ab, wartete einen Augenblick, um sich an die Stille zu gewöhnen und die Straße zu beobachten. Er klopfte noch mal an die Stelle, wo die Pistole saß, und stieg aus.

Als er die VW-Tür leise zugedrückt hatte, hörte er nur das Zischen der Straßenlaternen. Als wenn Gasleitungen undicht wären.

Wie gut das hier duftet, meinte er und pries den April ein zweites Mal. Vorgartenerde, Hyazinthen, Flieder. Und da oben war also wieder mal einer tot, ohne das zu wollen.

Eine lange Treppe führte den Hang hinauf, außen an den Eingängen vorbei. Unten schloß sie ab mit einem Portal unter maurischem Bogen. Langensiepen stand davor und studierte die in den Kieselbeton eingelassene Klingeltafel. Südnamen, bessere Essener Familien: von Ebeling/Doktor A. Huyssen, Pausewang Arch. B.D.A., Dr. Ing. F. Langelaan, Baldur Reckmann. Zuoberst aber »M. Kimmeskamp« und auch »A. Drögemöller«.

Der Lift kam langsam herunter auf seiner schrägen Schienenbahn, parallel zur Treppe glitt er näher, böse tönender Roboter, dem man die Nachtruhe gestört hatte. Langensiepen stieg ein und schwebte an den Portalen der Herrschaften vorbei die Diagonale hinauf. Wenn Treppe und Schräglift die einzigen Zugänge waren, dann hatten es Totschläger hier gar nicht so einfach mit dem Weglaufen. Doch Treppe und Lift hatten auch nach oben Ausgänge.

Oberster Stock. Langensiepen klopfte noch mal an seine Pistolentasche, stieg aus und trat vor den Eingang. Die schwere Holztür war eingefaßt in Quader aus Ruhrsandstein, wie das Münster. Nach tausend Jahren immer noch das ortseigene Imponiermaterial. Das Licht über dem Eingang war eingeschaltet. Er drückte den Klingelknopf aus Halbedelstein, lieblich tönte die Terz. Weniger lieblich quetschte sich aus dem Lautsprecher unter dem Edelknopf ein »Hallo? Wär is da?« »Kommissar Langensiepen.« – »Hu! Dat ging aba flott.«

Nordreaktionen? Im tiefsten Süden der Stadt?

In der schweren Tür surrte es, Langensiepen schob die Eichbohlen mit dem kunstsinnig eingeschnitzten Namenszeichen »AD« langsam zurück und trat in einen festlich beleuchteten Flur. Auf dem Marmorboden war Platz für eine alte Bauerntruhe, eine bis zur Decke gewachsene Palme und für ein altes Spinnrad, wie man es neuerdings in der Stilmöbelabteilung bei Karstadt kaufen konnte. »Komm Se doch bitte duich«, hörte er die Dame aus weiter Ferne. Nun im Originalton.

Er durchquerte den Empfangsraum, links lag hinter einer blanken Durchreiche die Küche, und er kam in eine Wohnhalle. In eine Lebelandschaft aus Polstern, Fellteppichen und Liegeflächen, die in verschiedenen Stufen ringsum kaskadenartig zu den Spiegelwänden hinaufstiegen. Mittelpunkt der Halle war ein von innen erleuchteter Brunnen. Grün und fröhlich plätscherten da vier dünne Strahlen in die Stille. Das interessante Stück war rundum begrenzt von einer gläsernen Anrichte, in die Telefon, Television und andere technische Freuden eingelassen waren, eine grüne Polsterbank führte ganz daran herum.

Die Längsseite der Wohnhalle: totale Glasfront. Offenbar zur Terrasse hin zu öffnen. Nachtschwarz stand sie gegen die Innenbeleuchtung und vergrößerte den Saal mit ihren Spiegelungen, so daß sich aus dem fellbedeckten Amphitheater der Wohnhalle ein bleicher Mondkrater vollendete. Und im Zentrum dieser Zimmerspringbrunnen. Vierstrahlig.

Nirgends aber jene Frau »AD«. In der Stille nur das springende Wasser und ein leise einschläferndes Summen. Vielleicht von der Heizung unter der Fensterfront. Langensiepen fand die Wohnung über Gebühr beheizt.

Der Tote und die Lebende mußten wohl im letzten Raum sein, hinter dieser barocken Verengung des Haupttraumes. Zwischen goldenen Petersdomsäulen im Kleinformat hing da ein dunkelroter Vorhang, zweifellos vor dem Allerheiligsten.

»Frau Drögemöller?«

Auf seine etwas zu zaghaft, wie im ersten Dienstjahr gestellte Anfrage teilte sich der Vorhang, und Anita trat in Rudolf Langensiepens Blickfeld. Ohne daß er mehr von ihr wahrgenommen hätte als einen Lichtreflex auf seiner vom Vorhang-Rot irritierten Netzhaut. Ein schillerndes Angebot, das er aus unbegreiflicher Zurückhaltung nicht korrekt prüfte. Er hätte auch nach 60 Sekunden keine exakte Personenbeschreibung geben können, so flüchtig registrierte er nur »verwirrende Schönheit«, »brünett«, »wirkt sehr jung«, »trägt einen Hausmantel, aus Seide(?)« »barfuß« –

»Langensiepen, Kriminalpolizei.« Die seidene Anita hielt ihm den Vorhang auf. »Da! Kucken Se sich die Bescherung an!«

Er trat näher, griff nach der anderen Hälfte des Vorhangs, um die Öffnung größer zu machen, und gelangte an der Dame vorbei, stand nun in einem Schlafzimmer mit breitem Himmelbett. Auf dem Bett Kleid, Strumpfhose und schwarzer Slip und BH. Das Licht einer Klemmlampe reflektierte in einem Toilettentisch – er blickte zurück: »Und?«

Frau oder Fräulein Drögemöller deutete mit halbentblößtem Arm neben das rosafarbene Himmelbett, wo sich dunkel-blau eine Badezimmergrotte öffnete. Er ging hinein und sah eine in den Boden eingelassene orangegelbe, über Stufen betretbare Wanne, eine Duschnische, ein Waschbecken und ein Bidet.

Der Hals des Toten lag auf dem Porzellanrand, sein Kopf hing in das Becken hinein. Der Mann kniete vor dem Spülbecken, als hätte er sich im letzten Moment erbrechen müssen. Etwa dreißig Jahre alt, breit und kräftig, nicht fett. In einem zu schlechten Anzug für diese Wohngegend.

»Kennen Sie den Mann?«

»Sicher dat. Dat is Helmut Herlotzky. Kenn ich, seit ich 14 Jahre alt war.«

»Wann haben Sie ihn hier gefunden?«
»Vor ner Viertel-, vor zwanzig Minutn.«
»Also sagen wir: zehn vor drei?«
»Kommt hin.« Er machte sich Notizen und merkte mit Genugtuung, daß seine Ruhe wiederkehrte und daß er zunehmend Distanz faßte zum Gerede der Dame: »Is doch ne ekelige Schweinerei, mir hier inne Wohnung den Ärger ze machen, wo ich doch mittän Hällo seit Jahr un Tach nix mehr ze schaffen hatte, hätten sich auch aufe Straße kloppen könn un dann gleich Gurgel zu is dattäne Aat?«
»Sie waren nicht anwesend?«
»Wat mein denn Sie?«
»Wo waren Sie?«
»Inne Oper.«
»In der Oper?«
»Glaum Se nich?«
»Bitte, wie Sie wollen.«
»Danach warn wer noch aus.«
»Wo?«
»Casanova. In Begleitung.«
»Könnten Sie Ihren Begleiter nennen?«
»Türlich. Wennet denn sein muß.«
»Wann hatten Sie Herlotzky zuletzt gesehen?«
»Paar Tage her. Waat ma – Freitach, ja Freitach wa dat.«
»Ich dachte, Sie hätten seit Jahr und Tag nichts mit ihm zu schaffen gehabt?«
»Ja, rein geschäftlich schon lange nich mähr, nich?«
Die Dame Anita bewegte sich barfüßig-seidig zu ihrem Himmelbett und räumte BH, Slip, Kleid und Strumpfhose in einen blumig gepolsterten Wäschekorb. »Haben Sie, seit Sie jetzt wieder in der Wohnung sind, irgendeine Veränderung vorgenommen?«
»Nich dattich wüßte – hab mich ausgezogen, wollte untere Brause, un ta lach da den Hömmut.«
»Was haben Sie angefaßt?«
»Nix. Hab aufe Stelle Polente angerufen.«
»War Ihre Wohnungstür verschlossen, als Sie heimkamen?«
»Jau, rammeldicht.«

»Hatte Herlotzky einen Schlüssel?«
»Nee. Dat heißt, zutraun kamman den Hällo dat onnoch.«
»Wer hat außer Ihnen einen Schlüssel zur Wohnung?«
»Tja, lieben Polizeimeister, wenn ich dat so manchma wüßte.«
»Bitte, wie darf ich das verstehen?«
»Dat is en kompliziert Dingen. Wenn ich gätz davon anfang, da wär ich übberübbermorgen nonnich färtich. Könnse mir glaum.«
»Wie Sie meinen«, sagte er mit kommissarischem Ton, tappte aber einen Augenblick zwischen Bad und Schlafraum hin und her und befürchtete, Schweißperlen auf der Stirn zu haben. »Wir sollten jetzt die Spuren sichern. Über die komplizierten Hintergründe, die Sie andeuten, werden wir uns morgen noch ausführlich unterhalten. Haben Sie bei Ihrer Rückkehr Veränderungen in Ihrer Wohnung festgestellt?«
»Nee, nur dat den Bidet sozzesagen schon besetzt wa, nich? Aja, un dannoch den ›Black and White‹, den ham se mich halb ausgepichelt.«
»Wer?«
»Ja, also den Hällo. Un dann musset ja noch minnigens einen gegeem ham, dern einen übere Rübe geboingt hat.«
»Wo ist jetzt die Flasche?«
»Anne Bar, aufem Polster, fiel mich gleich auf, wie ich reinkam, mit zwei Gläser.«
»Ihr Telefon war, wenn ich richtig erinnere, dort vorne?«
»Alles anne Bar.«
Damit fand Langensiepen einen korrekten Weg an der Frau des Hauses vorbei, aus der orange-dunkelblauen Badegrotte hinaus durch das spiegelglitzernde Himmelbettzimmer und den rotgoldenen Barockverschluß, zurück in die Wohnhalle mit den Liegekaskaden und der Bar und dem gläsernen Brunnen, an dem er das in Brokat eingefaßte Telefon fand und eine Flasche »Black and White« auf der Polsterbank, dazu noch zwei Gläser auf der Anrichte, Whiskey-Reste in beiden. Wie froh war er, dieses Stilleben, diese offensichtlich unberührten Indizien zu finden, und wie froh erst war er, seine Kollegen vom Erkennungsdienst zu Hilfe rufen zu können.

Wie hätte er auch ahnen sollen, was alles in dieser unheiligen Halle in Bredeney noch geschehen würde, von dem er nun sagen mußte, er sei dabeigewesen. Er gehörte ja auch nicht in diese Höhenbezirke über der Ruhr, ebensowenig wie in die Tiefenbereiche an Emscher und Kanal – Langensiepen wohnte, wie gesagt, in jenem mittleren Stadtteil, in Rüttenscheid, dessen Straßengrundriß rechtwinklig angelegt war. Eine übersichtliche, fortschrittliche Tat der Urgroßväter. Er besaß da in der Goethestraße, nicht weit von seiner Dienststelle, ein eigenes Reihenhaus, wohnlich, mit kleinem Garten für Herta und die Kinder, Georg und Detlef, mit Wohnzimmerblick ins Grüne.

Eigentlich nicht vermutbar in dieser Brei- und Pott-Stadt. Er hatte es mit zwei durch Erbschaft aufgebesserten Bausparverträgen erwerben können. Seine Besoldung war im vergangenen Jahr, unter Berücksichtigung der Altersstufe, von Gruppe A 9 angehoben worden nach A10, was für die Ortsklasse S in Zahlen ausgedrückt sein Gehalt von netto DM 1680,– auf monatlich DM 1825,– erhöht hatte, wobei zweifaches Kindergeld und weitere Sozialvergütungen, Weihnachtsgeld et cetera noch nicht berücksichtigt waren. Wenn man bedachte, daß die Abzahlungen zum Bausparvertrag monatlich nur noch 420 DM betrugen, so konnten Herta und er mit gut anderthalbtausend Mark recht päßlich auskommen.

Wie war doch vordem sein Leben so klar und harmonisch verlaufen. Er stand, falls keine Schichtzeiten oder Sondereinsätze auszuführen waren, morgens gegen sieben Uhr dreißig auf. Das heißt, er hatte, wenn Herta um diese Zeit in die Küche hinuntergegangen war, den Kindern das verabredete Klopfzeichen an die Wand zu geben, worauf Georg, der Fünfjährige, und Detlef, der Dreijährige, quiekend durch die Tür eingefallen und in sein Bett gesprungen waren. Eine bewährte Wachmach-Aktion für den 32jährigen Vater, den die Seinen ihren »Langen« nannten. Dieses Gerangel und Geschnaufe mit den munteren Knaben hätte er niemals missen mögen, selbst wenn es in Konkurrenzkämpfen endete und mit den entsprechenden Enttäuschungen des Dreijährigen, aber auch des Älteren, wenn der »Lange« doch wieder mal Partei für den Kleineren ergriffen hatte. Obwohl man ja, wie alle Ratgeber sagten, die Kinder ihre Streitfälle selber austragen lassen sollte.

Hatte Herta unten ihr Frühstück soweit, daß nur noch das Toastbrot zu rösten war und der Tee seine vier Minuten ziehen mußte, dann war auch von ihr durch das Treppenhaus immer das Zeichen heraufgekommen, daß die Bettfreuden ihr Ende hätten, die Morgenmäntel anzuziehen und unten in der Eßecke die Plätze am Tisch einzunehmen waren.

Am Morgen aber nach jenem Fall aus der Südstadt vergaß Rudolf das Klopfzeichen für die Kinder und mußte von Herta daran erinnert werden. Lag das an seiner allzu knappen Nachtruhe? Auch fielen ihm auf die quiekende Munterkeit seiner Söhne keine Gegenspiele ein, und so verlegten sich die Knäbchen darauf, seine Passivität auszunutzen und auf ihrem Langen herumzutrampeln, ihn zu kitzeln und ihm die Hose herunterzuziehen, wonach es zu einem ärgerlichen Wortschwall kam, über den er sich, noch während die Beschimpfungen auf die verdutzten Kinder hinunterprasselten, selber wundern mußte.

Er rückte seine Hose zurecht und ging, ohne das Zeichen von Herta abzuwarten, unter die Dusche, zog sich an und fand, unten zu spät zur Frühstücksrunde stoßend, eine maulend angriffslustige Familie beim Toastknabbern.

»Was haben wir nur für einen brummigen Langen heute.«

»Was heißt hier brummig, wer ist hier brummig? Doch wohl ihr oder wie?«

Die Kinder entschieden diese Frage eindeutig zu seinen Ungunsten. »Und wer hat unser Väterchen so geärgert?«

Er gab auf und beschloß, seinen Gemütskasten zu öffnen und Dumpfluft abzulassen, da ihm selber unklar war, was ihn bedrückte. Und die Neugier gegen das eigene Innenleben war nahezu das einzige Gefühl, das er sich noch zutraute.

»So ein unerquicklicher Fall da gestern. Noch um drei, halb vier. In Bredeney. Ein Gekillter im Bidet« – er versuchte, das mit der englischen Vokabel zu umschreiben, damit die Kinder nichts verstanden –, »unappetitlich, das hättest du sehen sollen, zum Kotzen, ich lege absolut keinen Wert auf solche Anblicke.«

»Was ist ein Bidet?« fragte Georg.

»Ein Spülbecken für die Füße, ganz niedrig.«

»Und wie ist der darin umgekommen?«

»Ich weiß es noch nicht.«

»Was steckt denn dahinter?« fragte Herta.

»Callgirl – Massagesalon – halbseiden und undelikat.«

»Kannst du so was nicht an Breuer geben?«

»Wenn man immer wüßte, was kommt. Es wird ja erwartet, daß du vor nichts zurückschreckst. Dienst ist Dienst. Mitbestimmung bei der täglichen Disposition, davon wissen die bis heute nichts.«

Er spürte selber, daß er nur muffelte und keine überzeugende Darstellung der Ursache seines Ärgers zusammenbrachte. Er hätte gerne herzhaft geschimpft, auf seinen wechselnden Schichtdienst, auf die sogenannte Demokratie im Betrieb, auf die Reichen, auf die Jungen, auf die Alten, hatte aber bei all dem das Gefühl, am meisten zu beschimpfen habe er sich selbst.

Er wollte schließlich das Teelicht ausblasen und den Seinen damit anzeigen, wie wenig Appetit er hatte aufgrund seiner unerfreulichen Arbeit am Gemeinwohl, da schellte das Telefon, und er benutzte seine Atemluft statt zum Kerzenausblasen zum Seufzen über den Dienst, der Dienst sei.

»Langensiepen.«

»Hauptkommissar Langensiepen?«

»Ja.«

»Sie waren in der vergangenen Nacht mit dem Mordfall Herlotzky befaßt?«

»Ja. Mit wem spreche ich?«

»Haben Sie über diesen Fall bereits mit dritten Personen geredet? Kollegen? Familienangehörige?«

»Nein. Das heißt, die Spurensicherung weiß es natürlich. Wieso, mit wem spreche ich?«

»Ihre vorgesetzte Dienststelle in Essen ist verständigt. Sie unterstehen ab sofort mitsamt dem Komplex Drögemöller-Herlotzky uns. Sie treten ab heute Ihren Dienst nicht in Essen an, sondern finden sich zur näheren Information um zehn Uhr in Düsseldorf ein, Kreuzstraße 42 b, Kennwort Bredeney. Alle Mitteilungen an Dritte sind zu unterlassen. Erwarten Sie unsere Instruktionen.«

»Wieso können Sie –«

»Erwarten Sie unsere Instruktionen. Kreuzstraße 42 b, Kennwort Bredeney.«

Der andere hängte ein. Dieses Computergemüt.

Langensiepen fühlte sich angerufen wie vom Erzengel Gabriel, den er sich in seiner Kinderzeit als Parteivorsitzenden der regierenden Engel gedacht hatte, immer im Kampf gegen die oppositionellen Teufel. Vom infantilen Welthauch benebelt, wählte er eine Nummer, achtete nicht auf das Familiengeschrei, sondern registrierte beim Wählen, daß er intakt reagiert hatte. Er drehte die Nummer seines Chefs, der sofort losbellte:

»Hat Düsseldorf angerufen?«

»Ja. Was halten Sie davon?«

»Da ist vorerst gar nichts mehr zu halten, da steckt mindestens eine Staatsaktion dahinter, Mann, Langensiepen, passen Sie doch künftig besser auf, wenn Sie Bredeneyer Fälle in die Finger kriegen, das müßten Sie doch inzwischen gelernt haben bei uns, Sie Nachwuchskumpel, daß man da ganz schnell ins Rotarieren geraten kann –, ja, auf Sie goldigen Menschen müssen wir vorerst wohl verzichten – daß mir keine Klagen kommen! Notfalls bin ich für Sie da. Tschüß. Und alles Gute.«

Aus der schwadronierenden Abfuhr des Chefs rettete Langensiepen sich – unter Umgehung von Frühstück und Familie – vor seinen Rasierspiegel, rasierte sich hingebungsvoll, wie immer an Tagen mit schwierigen Aufgaben. Das Geräusch des Trockenrasierers isolierte ihn von der Reihenhausrealität, in dieser akustischen Zelle klärten sich die dienstlichen Vorgänge, zeigten sich die Mehrsatzaufgaben, die Unbekannten. Oft auch die Nenner.

Er rückte an Kragen und Krawatte und erklärte seiner Frau: »Herta, ich muß heute nach Düsseldorf.« »Und warum?« »Wissen die Götter.« »Wann kann ich mit rechnen?« »Ich ruf dich an.« Und drehte sich mit dynamischem Antritt aus der quengelnden Familientraube heraus. Hinaus in die harte, helle Aprilluft mit den überaus ungeordneten Anforderungen.

Aus der Mitte jener Alfred-Achse biegt eine zweite Stadtverbindung ab, eine aus jenen Jahrzehnten, als die Autowelle noch täglich ihre betonierten Quadratkilometer fraß, eine Rennbahn zwischen den Kapitalmetropolen. Im Süden, von Bredeney aus, rauschten die Herren in nur gut zwanzig Minuten von der Reviermetropole in die Landeshauptstadt. Aufsichtsratssitzungen waren, seit es diese Rennbahn über die Ruhr gab, wieder halbwegs praktikabel zu terminieren, und wer tags in Essen erfolgreich gehandelt hatte, war abends oder mittags schnell in Düsseldorf und umgekehrt.

Langensiepen jagte über diese für seinen Dienst-VW viel zu schnelle Herrenschneise, die großzügig alle weichen Waldhügel durchschnitt und das Ruhrtal mit lässigem Schwung übersprang. Heute störte ihn diese Klarheit der Straßenführung. Er fühlte sich unbehaglich wie immer, wenn unübersichtliche Entwicklungen auf ihn zukamen.

Das war dieses Gefühl von Wendepunkt, Änderung und Entscheidung, das er spätestens seit dem Abitur haßte. Endlich in Ruhe lassen sollten sie ihn. Hatte er nicht schon genug geleistet? Eine Familie gegründet, ein Haus erworben, seine Existenz gesichert, zwei gesunde Söhne – wozu immer noch solche Störungen?

Andererseits war nicht abzustreiten, daß solche Einbrüche von außen bislang noch immer Verbesserungen gebracht hatten. Das Abitur hatte er schließlich doch geschafft. Und die Versetzung ins Ruhrgebiet, als sie vor drei Jahren notwendig geworden war, hatte er zunächst als Unglück empfunden – aber war nicht auch dies der Anfang vom Aufstieg gewesen? Seine Position entsprach schon der eines Abteilungsleiters, jedenfalls hatte er eine verantwortliche Funktion in der Mordkommission.

Und nun geriet er abermals unter neue windige Bedingungen, unter denen Leistungen zu erbringen waren – welche – für wen – mit welcher Garantie auf Erfolg? Nicht einmal eine Gehaltsaufbesserung stand in Aussicht, oder etwa doch? »Notfalls bin ich für Sie da.« Im Fall welcher Not? Die Chefs und ihre Sprüche.

Im Rückspiegel sah er sie heranspringen, die breiten Blechschnauzen mit den Chromzähnen. Grinsten wie Präsident Echternach. Der zeigte beim Lächeln auch immer nur seine Zähne. Seht mal, lächelte der, wie gefährlich ich bin. Bissig und schnittig. So lächelten auch die imposanten Wagen aus dem Rückspiegel heraus an ihm vorbei. »Schneid«, sagte er sich. »Schneidige Schneidrenner, Schneidbrenner.«

Der »Komplex Drögemöller« barg »Staatsaktionen«?

Ein simples Weib, Nordaussprache, halbseidene Kulisse, ein Toter, der nach erstem Anschein aus dem gleichen Halbmilieu kam, ohne

Geld für anständige Schuhe – »Staatsaktionen« unter dem Kennwort Baldeney oder Bredeney?

Langensiepen verwünschte die miesen Scheibenwischer seines VW. Kurz vor Düsseldorf rührten die den plötzlichen Wasserüberfall nur durcheinander, so daß nichts weiter zu sehen war als Gelb von Straßenschildern, aufgeschrecktes Rot von Bremslichtern und Ampeln, die ohne gelbe Vorwarnung gleich wieder auf Grün sprangen, so daß er im Antrittswettkampf den Herrenlimousinen aussichtslos unterlag.

Er stellte die Scheibenwischer ab und konnte nun durch den gleichmäßigen Schwall wenigstens immer wieder das Schild »Centrum« erkennen und sich so lange daran halten, bis er die Bahnhofsnähe an der vertrauten Straßensilhouette erkannte und nach der Kreuzstraße fragen konnte.

Das Haus Kreuzstraße Nr. 42 b war einer jener sechsstöckigen Kästen, die Düsseldorf nach Langensiepens Meinung den Charme von senkrecht gestellten Asphaltflächen gaben. Diese großen grauen Schieferplatten, diese baumlose, glatte, benzinstinkende Vitalität –

– aber jetzt befahl er sich Fassung angesichts des Schildes über dem grauen Knopf und der Sprechanlage: »BKA/BfV« hieß es da und »Landesamt Düsseldorf« und »Hier sprechen«, und »Wen, bitte, kann ich melden« sagte es aus den Rillen. »Langensiepen, Kennwort Bal-, Bredeney.«

Ihn ärgerte dieser Versprecher; nun wollte er souverän sein.

»Bitte warten im II. Stock, Raum 207!«

Mit dem Summton drückte er die schwarze Eisenplatte neben dem Sprechgrill zurück wie die Tür eines Panzerschrankes und ging hinein in den Apparat aus Metall, Glas und scharfen Lichtwechseln und geriet unsouverän in den Raum 207, wo ihn eine Stimme »Warten Sie« ansprach, wie in jenen Vorräumen, in denen man mit zweifelhaftem Ausgang auf seine Durchleuchtung zu warten hatte, fehlte nur noch, daß auch hier jemand »Nicht atmen!« kommandiert hätte.

Nach gut zehn Minuten öffnete sich eine Tür zu einem verrauchten Zimmer. Um einen Tisch saßen fünf oder sechs Herren in Hemd und Krawatte, waren mit sich und Akten und Dokumenten beschäftigt, so lange, bis einer von ihnen zu ihm herüberschaute, »Ah so« sagte und Langensiepen in die Runde der fünf oder sechs Hemdsärmligen hineinwinkte. Dieser Oberdynamiker bot sogar einen Stuhl an, dachte offenbar ganz kollegial und begann, während die anderen verstummten und den Neuen interessiert musterten, eine Art Vortrag zu halten:

»Sie haben schon erfahren, daß Sie ab heute uns unterstehen. Der Grund:« – der im Stehen vortragende Mensch, kaum älter als er selbst, fingerte sich eine Schachtel aus dem Hemd, zündete eine Zigarette an und hielt auch Langensiepen die Schachtel hin. Der war zwar Nichtraucher, tat aber immer, als ob er verzichte.

»Der Grund: Die Sache, in der Sie seit gestern nacht ermitteln, ist eine Geheimsache im Interesse unserer staatlichen Sicherheit. Das Etablissement Ahornweg 6 ist von uns im Januar dieses Jahres zwei Wochen lang kontinuierlich beobachtet worden, damals noch mit negativem Befund, jedenfalls was unseren Verdacht auf Spionage und Sicherheitsgefährdung von Persönlichkeiten des öffentlichen Lebens betrifft. Wir hatten immerhin alles soweit abgesichert, insbesondere durch Ankauf der darüberliegenden Hausmeisterwohnung und Requirierung der Abhör- und Beobachtungseinrichtung, wie sie von Privat eingerichtet worden war, daß wir annehmen konnten, durch Stichprobenkontrollen hier einen Unsicherheitsfaktor ausgeschaltet zu haben für den eben angedeuteten Personenkreis, insbesondere wirtschaftliche Delegationen und Persönlichkeiten, auch Gefährdung politischer Gäste schien« – der Mann hatte sich mit Dokumenten, Zigarette und Satzbau verheddert, fuhr aber trotzdem souverän fort – »schien vorerst ausgeschaltet, bis wir eben heute früh von Ihrer Zentrale in Essen die neue Sachlage hörten. Wir haben uns mit Ihrer vorgesetzten Dienststelle soweit geeinigt, daß Sie vorläufig für ein halbes Jahr nach außen hin im Fall Herlotzky ermitteln in der üblichen Weise, dabei jedoch auch den Gesamtkomplex Drögemöller und Co. aufarbeiten und drittens und vor allem für die jetzt offensichtlich nicht mehr gewährleistete Sicherheit der dort verkehrenden zu schützenden Personen zuständig sind, also kurzum, daß in dem oben angedeuteten Sinne keine Fehlleistungen unterlaufen und keine Peinlichkeiten. Die Details zu diesen drei Punkten entnehmen Sie dieser Zusammenstellung: Das sind Ihre Unterlagen« – der Souveräne schob ihm eine Kassette mit Papieren zu –, »die Sie interessieren werden, außerdem Ausweise, die Schlüssel Hausmeisterwohnung

Ahornweg 6 et cetera. Im übrigen bekommen Sie natürlich jederzeit von uns besondere Meldung, wenn akute Aufgaben sicher oder zu vermuten sind, in umgekehrter Richtung gilt das gleiche: mindestens wöchentlich einen Bericht an uns. Verbindungen an Presse, falls unumgänglich, ausschließlich über Staatsanwalt Klein in Essen, der sich heute noch bei Ihnen melden wird. So, ich denke, das wäre soweit klar?«

Langensiepen wollte nicken, bekam jetzt aber von seinem Nachbarn Ausweispapiere, Kfz-Schein und einen Schlüssel.

»Ah ja, natürlich«, sagte der Redner, »Sie sollten von jetzt an vollkommen privat in Erscheinung treten, Sie haben im Ahornweg 6 in der erwähnten früheren Hausmeisterwohnung nicht nur die Videoüberwachung, sondern auch Schlafgelegenheit, hier die Schlüssel und hier einer zu einem angemessenen Wagen. Die Schlüssel für Ihr Dienstfahrzeug händigen Sie bitte gleich an uns aus, die Rückführung nach Essen besorgen wir. Wir gehen davon aus, daß Sie – wir haben jetzt zehn Uhr zwanzig –, daß Sie ab zwölf Uhr Ihre Kontrollfunktion erfüllen. Zu Ihrem Personalstand finden Sie alles Nötige in den Unterlagen nebst unseren Rufnummern et cetera – Glück auf!«

Der Sprecher ging mit steifem Lächeln auf ihn zu, der setzte absolut das Signal für das Ende der Begegnung, da war nur noch Händeschütteln möglich mit verpflichtendem, ja mit Schwurcharakter und Lächeln und Zähnezeigen, schneidend, und Nicken und Papiere-Umtauschen und Akten-Mitnehmen und keine Frage nach dem Weiterlaufen der Bezüge und der Versicherungen oder gar einer Aufbesserung derselben und überhaupt nach der vertragsrechtlichen Situation unter einem neuen Arbeitgeber – aber wahrscheinlich enthielt ja dies alles das Dossier unter seinem Arm.

Wie ja auch nach zwei Kommandos aus dämmrigen Sprechgrills sich eine Tür öffnete und in der Tat im Innenhof des schiefergrauen, asphaltlebendigen Hauses die sportliche Version eines deutschen Markenautos stand. Mit scharf geschnittener, blitzender Schnauze lächelte es ihn an – konnte hier nicht doch noch alles mit beamtenrechtlichen Dingen zugehen und etwa das Bundesbesoldungserhöhungsgesetz vom 27. Oktober 1969 seine Gültigkeit haben? Rudolf Langensiepen atmete tief aus und hatte das Gefühl, sein drittes Abitur würde das schwerste.

Er bestieg die ungewohnten Blechdimensionen, startete und fuhr. Er fühlte sich Kräften ausgeliefert, die er vorerst nur unzulänglich in der Kontrolle hatte. Immerhin, Düsseldorf verlor jetzt an den Ampeln die Spurtüberlegenheit. Und erst recht auf der Managerrennbahn zur Ruhr hinüber war er konkurrenzfähig geworden. Wer ihn im Rückspiegel sah, der wich aus, die neue Blechschnauze bewies Biß. Was war er nun? Fotolaborant, Videoüberwacher, wie bitte?

Eine Ausfahrt vor Bredeney lächelte er noch schnell einen Popelkombi an die Seite und bog von der Schnellstraße ab, kam in der Ausfahrt einen Moment fast ins Schleudern, er mußte den Wagen besser beherrschen lernen.

Er konnte jetzt noch nicht in den Ahornweg 6, fuhr durch eine kleine Waldstraße unterhalb der Villa Hügel, wollte jetzt noch nicht Fotograf sein oder Video-Idiot, dem »Fehlleistungen unterlaufen« könnten oder »Peinlichkeiten«, noch war es ja nicht zwölf Uhr, er wollte ein Bier trinken und in Ruhe einen Blick tun in dieses Paket da neben ihm auf dem Beifahrersitz mit den Fotokopien und Originalen. Beim Beruhigungsbier in der »Kluse«.

Er ging durch den Kiesgarten, an den schräggelehnten Klappstühlen vorbei, vom Regenguß war das weiße Holz noch tropfnaß, auf den Tischen lagen die Blütenkrümel, gemustert vom ablaufenden Wasser. Jetzt schien die Sonne, aber Langensiepen ging ins Innere des krummen schwarzweißen Hauses, ging an der dunklen, an der riechenden Theke vorbei in die hintere Ecke. Hier hatte er noch vor drei Wochen mit Pöhlmann und Breuer und Gabi seinen Geburtstag gefeiert, richtig prima war sie gewesen, die Stimmung mit seinen Leuten, und nicht nur, weil er sie zu allem eingeladen hatte, einschließlich Abendessen und Kaffee. Nein, das hatte er genau gespürt, das war Kollegialität, ja fast Freundschaft.

Langensiepen hockte sich hin und legte das Düsseldorfer Aktenpaket seitlich neben seinen Platz. Was die Kollegen wohl in diesem Augenblick machten? Im dritten Stock Zimmer 328. Ob sie ihn, um zwölf, in der Mittagspause, beim Skat vermißten? Wahrscheinlich holten sie Krauleidis von nebenan oder sie versuchten endgültig, Gabi die Regeln beizubringen. Aber ob Breuer den Fall Knoch nun alleine klarkriegen konnte? Ihm fiel ein, daß er dem Breuer noch nicht seine letzte Vermutung mitgeteilt hatte. Danach mußte der Chef den Knoch doch irgendwie materiell übers Ohr gehauen haben, anders ließ sich diese Reaktion doch gar nicht erklären, nur nach langem seelischem Stau passieren solche tätlichen Explosionen, das sagte jede Psychologie. Warum Ermittlungsspezialisten wie sie keine wissenschaftliche Weiterbildung in menschlichem Verhalten kriegten. Da mußte Breuer jetzt ganz alleine draufkommen, ob Knochs Chef mit seinem Monteur vielleicht hinterhältige Spielchen getrieben hatte, wie verzögerte Gehaltsanhebung, Entlassungsdrohungen, unbezahlte Sonderleistungen – Breuers Eifersuchtsvermutung war ein ganz plumper psychologischer Ansatz, da sah man mal wieder, wie hilflos – Langensiepen bemerkte, daß er bereits die Düsseldorfer Mappe geöffnet hatte.

Er schloß sie wieder, rief die Claudia heran, schäkerte mit ihr mühsam ein bißchen Erinnerung an den Geburtstagsabend vor drei Wochen zurecht, bestellte ein Bier, dachte, während er wartete, an Georg und Detlef, denn die Beine der weggehenden Claudia waren unpassend knabenhaft.

Er dachte an seine abgerundete Familiensituation, die nun gestört zu werden drohte. Wer eigentlich hatte diesen Job erfunden, den des beamteten Abenteurers.

Er bekam sein Bier, erklärte Claudia, daß er nur deswegen so muffig wirke, weil er zusätzliche Aufträge erledigen müsse, er sei sehr neugierig, ob das wieder für lau gehen solle. Zu diesen bedeutenden Worten öffnete er abermals die Mappe, so daß Claudia sich verständnisvoll zurückziehen mußte.

Die Mappe enthielt den amtlichen Auftrag an ihn, betreffend den »Komplex Drögemöller«, mit dem Vermerk, daß er für seine vorläufig auf ein halbes Jahr befristete Sondertätigkeit monatlich eine zusätzliche Dienstaufwandsentschädigung von DM 500,– bekäme, allerdings nicht steuerfrei. Darunter lag eine Liste mit zahlreichen Namen und Notizen, er begann zu lesen und fand unter anderem:

Anita Drögemöller, geb. 45, »Dröge«, »Dittakind«, Callgirl im Freizeitkonzern Waldemar Rentelen, E.-Bredeney, Ahornweg 6

Helmut Herlotzky, geb. 41, »der Hällo«, »Helmut«, Stepunat-Komplize, ehem. Zuhälter der D., zeitweise angestellt bei Rentelen, E.-Mitte, Pferdemarkt 3

In der stattlichen Liste erschienen auch Namen, die ihm vertraut waren, Namen von bekannten Persönlichkeiten, von Herren des öffentlichen Lebens. Weiterhin fanden sich im Dossier ein Tonbandtranskript, Ablichtungen von handgeschriebenen Briefen, Zeitungsberichten, Protokollen, Dienstbriefen, aber auch Originalschriften, Mietverträge und Grundbuchauszüge, dazu ein Werbeprospekt des Freizeitkonzerns Rentelen, in dem handschriftlich der Passus angehakt war, wonach der Konzern dabei sei, eine »Film- und Kassettenkommanditgesellschaft« zu gründen.

Langensiepen nahm einen langen Schluck und las als erstes größeres Dokument die Tonbandmitschrift – warum dies als erstes? – eines Gespräches der Drögemöller mit dem Großindustriellen Friedrich Bongartz. Weil es ziemlich oben gelegen hatte? weil Bongartz fast täglich im Fernsehen auftrat? meist regional, aber auch überregional? weil – er schaffte es nicht mehr, sich zu rechtfertigen, die Lektüre tat sich auf:

Au – wattuda mitbrings! Bis aban Herzgen, n süßes. Un so langstielich!

Du verstehst also jetzt, daß so etwas denn doch besser aussieht als diese Kunstblumen. Und immer noch mal: dieses Mainzelmännchen – tu mir den Gefallen, wenigstens, wenn ich komme. Scheußlich.

Lassatman.

Wie?

Die Kunstblümkes vasteck ich man nur. Solange wie mich mein großer Friedrich besucht. Stopp ich innet Kammisölchen – meinze, ich kriech egal schicke Wiese int Haus? Sintoch nich alle wie du? Kavalier un so? Nu mach dich schomma nackich!

(*Ein Knall. Wahrsch. Sektkorken*)

Das hat mit »Kavalier und so« gar nichts zu tun. Champagner, Blumen, Musik – das gehört alles zu einer gewissen Atmosphäre. Sieh mal, ich weiß ja nun in etwa, wie du aufgewachsen bist, all die Umstände, weiß Gott, die sind bitter, aber ich habe nun einmal anderes um mich gehabt mein Leben lang und komme halt nur in entspannte Stimmung, wenn mich ein gewisses, wie soll ich sagen, Fluidum, ja –

Muschon sagn – dann musse nich grade bei mich beikommen, nich? Kann ich dich aufe Dauer nich bieten. Fluidum?

Kindchen, du hast die Schnauze da, wo die Berliner Göre sie ooch hat und det kannste mir bieten, vastehste? Du bist einfach für mich meine Berliner Zeit. Jawohl. Prost!

Ja denn Prösterken auf deine Berliner Zeit.

Gut, oder etwa nicht?

Deine Berliner Gören, hasse da aintlich auch immer son langen Anlauf genommen?

Gottvolle Frage.

Ärß Sekt, Blum, Gequassel, watte da für Zeit voplämpers. Könnze glatt zweima statt eima zu Potte komm. Also wirklich, ich mein, Preis bleibt ja derselbe, ich geh ja nach Minutn, wie oft sollichet – aber du zahlz ja wieso übber Tarif –

Liebes Kindchen!

Na also, endlich! Datte ein ma anpacks! kam mir ja ganz voeinsamt vor.

Also bitte, laß das jetzt noch zu. Ich möchte jetzt mal grundsätzlich eines sagen. Diese Direktheiten, diese sogenannte Sachlichkeit der Pornos –

– jetzt hömmir auf mit so Andeutungen! Habbich dich schomma nich reell bedient? Pornos? Bei mir? Diese faulen Sachen alle? Du machs mir vielleicht Spaß! Schwerenöter –

Bitte –

Dat is jetz der Dank.

Bitte – ich zahle, wenn du willst, auch den doppelten Minutenpreis.

Ärste vonünftige Wort, watte sachs.

Nur verstehe bitte endlich mal folgendes, nicht wahr: Ohne eine gewisse Manierlichkeit macht mir das alles nur das halbe oder überhaupt kein Vergnügen. Sachlichkeit aber –

Zur Sache, Schätzken, haha!

Ja eben, zur Sache selbst gehört nun mal nicht nur, nicht wahr, die bloße körperliche Vereinigung. Sondern wichtiger, jedenfalls für mich, ist ein gewisses Drumherum, Aura, Vorspiel, na, kurzum, ich möchte eben nicht gleich die nackten Tatsachen im Gesicht haben. Das meinte ich mit Fluidum.

Hahaha.

Nur deswegen kam ich auf das Thema Porno. Sondern eben ein Kleid, ein liebes Wesen, ein Lachen, Sprache, Berliner Görensprache oder auch deine, nicht wahr, Anita-Kind, ich meine, du selber gewissermaßen doch als Frau, hast ja auch rein erotisch höchstens etwas von diesen erotischen Vorspielen –

's do Kappes.

– von der Spannung davor, nicht wahr?

Wennze meinz. Aber der studiert hat, bis ja du.

Unterm Kleid, das ist ja klar, befindet sich dein edler Körperbau, aber den muß man sich erst langsam sozusagen freidenken, erobern, nicht wahr? Die Phantasie muß zu tun bekommen –

Annere machen dat mit Fotos. Oda mitte Hand.

Erst dann habe ich doch was davon, wenn die Phantasie – das heißt ja nun nicht, daß ihr jetzt alle Rüsch und Plüsch und Seide wie zu Omas Zeiten – jeder verhüllt und verwickelt sich halt auf seine Weise, sag ich immer.

Na endlich! Nee, hier gehdet offen. Machse micha ganz schwummerich mit dein – hii, nee, dat is mich viel ze kitzlich, pack ma libber orntlich feste ran annet volle Leem!

Ach!

Anita macht ihr Bruchband los, jetzt geht's los!

Ach! – köstlich –

Willze nich doch ärß ma Hose ganz aus? Jawohl, hoch das Bein und rein!

Ach!

Schon widdo so am Schnaufen? Solzoch mähr trainiern, hattä Aaz gesacht. Sisse, nu kannzet mit eima donnimähr abwaatn. Da hilftat gewisse liebe Wesen nix mähr, bissen Kärl wie alle, mitten ollen waamen Stengel, hmm, na sisse? Ach du dicken Vatter!

Ach – ja – ja, ja! (*Mehrere Minuten unverständlich*)

Fridderich der Große, der machtat bißken! Recht hasse, rustich ruich ma ärß wat aus, so. Un dat Ditta-Kind schenktich onnoch ein ein. – Un wat jätz? Bisset los? Ne Lulle? Onnich? Nix? – (*Pause*) – Hasse mit eima ga kein Schärz mä auf Lager? Nix mähr mit Aura? Los! Du en Schwank aus dein Leem, ich die Hygienje.

(*Geräusche von spritzendem Wasser*)

(*Aus dem Hintergrund:*) Erzähl ma n bißken von deine Olle. Machße bei där dat auch so mittat erotische Anschleichen? Oda wie klapptata?

Ich bezweifle, ob es, nicht wahr, mit dir noch klappen würde, nach dreißig Jahren.

Ho! rum nich? Machs micha ganz konfus an mein Beruf! – Un früher? Als die noch ne flotte Biene wa? ne Berliner Göre?

Liebes Kind, unsereiner heiratet keine flotten Bienen. Jedenfalls nicht in erster Linie.

In welcher Linie denn?

Unsereiner heiratet, um es dir deutlich genug zu sagen: und du wirst als erste Verständnis dafür haben, unsereiner heiratet im wesentlichen: Kapitalanlagen.

Ha! da gehtet allerdings deine Olle ganz meinerseits. Wat meinze, wat ich fürrem Öligen bin? Un früher fürrem Hömmut? Kapitalanlage. Dat is dat richtige Wort. Wat täten die wohl ohne mich. Ohne die Kimmi un die ganzen anneren Pißnelken.

(*Pause, sie kommt wieder in den Vordergrund*)

Da hasse also nur n Stück Geld im Bett? Bis ja echt aam dran. Wa da nix annert zum Heiraten bei de Berliner Gören, so inne zweite Linie?

Hm. Wie sich das Fräulein Möller –

Drögemöller.

Wie sich Lieschen Drögemöller das so vorstellt.

Anita heiß ich mit Vornam. Aba da bisse nichä ärste, wo sich danach nimmär duichfindet.

Nur so ein Wortspielchen. Aber du hast eine merkwürdige Auffassung von unseren Gepflogenheiten bei Eheverträgen. Als lebten wir in Primitivkulturen: Kinderheiraten, von den Erwachsenen ausgehandelt, allein nach Geld, Viehbesitz, Grundbesitz. Nein –

Gibbet doch zu, hasse deine Olle doch onnach ausgesucht.

Eben nicht, mein Schatz. So primitiv eben nicht. Wir haben ganz selbstverständlich auch hier unseren liberalen Spielraum, die freie Wahl mit einer relativ großen Bandbreite, auch in diesem Bereich.

Kannze dich da ma klara ausdrückn?

Mein Fall ist exemplarisch. Geboren hier in Bredeney, gutes Viertel, die Kinder spielen schon mal nur mit ihresgleichen, wie? Kindergarten, Schule, Goethe-Gymnasium, Extra-Tanzkurse in Clubs, nicht wahr, schon mal gehört, heute wären das also Rotarier etwa, dann selbstverständlich Corpsstudent, Marinejahre, Offizier, Karriere am Hauptsitz der Firma, Berlin hieß das damals – das ist doch, ich meine, da bleibt man automatisch unter sich, und die jungen Damen kamen von vorneherein aus denselben Kreisen. Kamen eben in Frage. Wobei, wie gesagt, ständig die freie Wahl garantiert blieb. Das ist eben der Unterschied.

Jau. Jätz habbichet kapiert. Für son feinen Pinkel wie dich gibbet gaakein Vertun. Musse nur richtich geboorn wern, dann läuftat Dingen von ganz von säpps. Wuppdich!

Oh, man kann auch absacken! Wer nicht aufpaßt, wer nicht rakkert, wer keinen Charakter hat, der landet schnell in der Gosse. Wo bist du – ich meine, du hast das neulich offengelassen, wer waren noch mal deine Eltern?

Schweign wer libber von wat Besseres. – Vonnem Bulski meinzweegn.

Bulski?

Hatten Öligen dich nonnix von Freund Bulski erzählt? außem Freizeitclub? Tibulski, Werner Tibulski, alt wie ich, Eltern katholisch, Arbeiter, nix dazugelernt. Vograift sich an sone Mieze in Rüttentütt, nix dran, auch katholisch, keine Ahnung von Tuten und Viehzucht, Kind prompt inne Mache, nach jünf Jahre vier Stück am Krakeeln, er n einfachen Autoflicker, der Wänner, brauchter Piepen, machter ne krumme Autokiste fürrem Steppe – ja, fünf Jahre, nich? – Vorges Jahr kamer raus. Stander auf Straße. Kein Job, nix wie Schulden, bis übbere Ohren. Siebzichtausend. Fürre fünf Jahre, wo de Fürsorge ihm de vier Blagen duichepeppelt hatte. Toffte, wa?

Und seine Frau?

Die waddo voschütt. Über alle Berge. Sipzichtausend anne Fürsorge. Issattannoch gerecht? – Zu wat ziehßtich dennu schon widdo an? – Ja, wat soll sein – jetz holder sich die sipzich Mille ebend widder mittän Steppe auf Autotour. (*Pause*) Den Bulski bleibt au immer amatonisch inne gleichen Kreise, nich? – Sachße gaanix mähr.

Sag mal, wo hab ich denn – ah ja, schon gut.

Knöppken hasse noch offen. – Is no Sekt. – Ja, ja besten Dank.

Also Kindchen, wir sehn uns – wann? Am besten, ich werde mich melden, wie? Es hatte – prost – es hatte, ich kann nicht umhin – es hatte, Doppelpunkt, Berliner Format. (*Folgt eine unverständliche Bemerkung*) Küßchen – bis zum nächsten Mal!

Piß dahin! Schüßkes! (*Türgeräusch*)
Du mich auchen paama! Chottsmisecki, bis du en Drecksack.

Rudolf Langensiepen in seinem Winkel, in seiner Kluse im Kruppwald, hatte nach dem ersten langen Schluck aus dem Bierglas keinen weiteren mehr genommen, denn dann hatte sich die Lektüre aufgetan, und als sie vorbei war, als er nun über den großen Friedrich Bongartz Dinge wußte, die ihm manches verdrehten, goß er sich das schal gewordene Getränk wie eine lästige Aufgabe in den Hals und breitete rasch die weiteren Unterlagen auf dem Kneipentisch aus. Da war zunächst Material zum Versiegeln der Räume im Ahornweg, und dann ein kleiner Dienstbrief, im DIN-A5-Format, von Staatsanwalt Klein an die auch ihm, Langensiepen, leidlich bekannten Sekretärinnen Wilma Hagedorn und Maria Bläsing:

»Mit bestem Dank für die mühevolle Arbeit, mit der Sie das geheime Tonband phonetisch nachgeschrieben haben. Ich muß wohl nicht noch einmal ausdrücklich darauf hinweisen, daß es sich dabei um eine streng geheime Unterlage des Präsidenten handelt. Nur mit Ihrer vertrauensvollen Hilfe dürfte uns keine Nuance an diesem für den Fall Stepunat wichtigen Dokument entgangen sein. Ich wäre froh, wenn wir bei Gelegenheit wieder auf Ihre speziellen Fähigkeiten vertrauensvoll zurückgreifen könnten.«

Während er sich noch die Frage »Wieso Fall Stepunat?« unbeantwortet ins Gedächtnis zurücklegte, geriet er an zwei neue Dokumente der Ruhrsprache, diesmal nicht von treuen Sekretärinnen rekonstruiert, sondern von einem Menschen im Land an der Ruhr selber zu Papier gebracht: die Erpresserbriefe des Helmut Herlotzky an ebenden Friedrich Bongartz, mit blauem Kugelschreiber auf einem rosa Blatt Toilettenpapier, in Großbuchstaben sauber gemalt:

GEHRTER HERR BONGARZ
DATTU DIE DRÖGE GEFÖGELT DAS WISSEN ALLE!
BIS JETZ DEINE OLLE NICH!
WENN DIE DEINE SAUEREIEN HÖRT, BIS DU KAPUTT!
WIR HABEN ALLES AUF TONBAND!
VON WEGEN LIBES KINDCHEN UND ANITA-KINDCHEN
DIE BERLINER GÖREN UND DIE DRECKIGEN SACHEN
ÜBER DEINE ALTE – ZEHNTAUSEND FLÖHE
BIS DIENSTAG 3. DEZEMBER
PAPIERKORP ZORNIGE AMEISE RICHTUNG KATERNBERG

DJANGO

Und ein zweites und letztes Schreiben:

HERRN BONGAZ, BREDENEI
SIE DUMME SAU ZUM LETZTENMAL ZEHN MILLE
BIS SONNTAG ABENT 9. DEZEMBER
PAPIRKORP HALTESTELLE
KRAUSEN BÄUMCHEN RICHTUNG STADT
WEHE WENN POLENTE DA IS KRICHT DAT DIE
ZEITUNG WAT DU DIE DRÖGE VON DEINE OLLE
ERZEHLS KAPITALANLAGE NACKICHTE TATSACHEN
BERLINER FORMAT WIR WISSEN ALLES
LETZTE MAL UN DIE WAZ ALLES

ZORRO UND DJANGO

Dies also waren des im Bidet verendeten Herrn Herlotzkys schriftliche Hinterlassenschaften. Langensiepen fühlte sich berührt von dieser Art Testament, er dachte an den Maikäfer, den er beim Betreten der Kluse auf dem nassen Gartentisch gesehen hatte, wie der auf dem Rücken lag und strampelte, und daß er ihn hätte umdrehen sollen.

Und er las sich fest an diesem verqueren Briefkurzschluß: LETZTE MAL UN DIE WAZ ALLES – unsereiner, so dachte er, wenn er überhaupt so etwas zu schreiben riskierte, hätte umständlich, aber unmißverständlich ausgeführt, hiermit mahne man zum letzten Male, sollte auch diese Drohung wiederum ergebnislos verlaufen, dann wisse am anderen Tag die Westdeutsche Allgemeine Zeitung alles. Statt dessen – LETZTE MAL UN DIE WAZ ALLES – Schwachsinn oder Genialität?

Die übrigen Papiere schaute er flüchtiger durch. Der Beamte, der vor ihm den Ahornweg 6 überwacht hatte, hieß Gustav Nöhles. In seinem Abschlußbericht hielt dieser Nöhles fest, daß sich in den zwei Wochen seiner Beobachtungszeit im Appartement der D. nur der zu erwartende Callgirl-Betrieb abgespielt habe und eine intensive Kontrolle erst dann wieder sinnvoll erscheine und genügend Resultate verspreche, wenn eine gewisse Zeit vergangen sei, in der die inkriminierte Gruppe sich wieder unbeobachtet fühle. Der Warnschuß nach der Beschlagnahme der Beobachtungseinrichtungen samt dem Tonband mit dem Bongartz-Gespräch hätte alle derartigen Aktivitäten vorerst stillgelegt, er empfehle in den versiegelten Räumen höchstens Stichproben, nur noch gelegentliche Kontrollen.

Zuunterst lagen im Dossier einige Zeitungsartikel der WAZ, die vor gut einem Jahr erschienen waren und die Langensiepen schon damals gelesen hatte, die er sich aber nun noch einmal vornahm. Ludger Winnesbergs Reportagen lasen sich allemal anschaulicher als die Protokolle der diensthabenden Kollegen. Unter einer Vorzeile »Anonymer Anrufer zur Polizei:« stand da die Schlagzeile.

DIE KÖNNT IHR JETZT ABKNALLEN!

An diese Überschrift konnte er sich noch genau erinnern, weil Pöhlmann damals beim Bürofrühstück geknurrt hatte, so einen Dusel möchte auch er mal haben: »Anruf genügt, Täter steht für euch zum Abholen fertig festgebunden am Tresen!« Aber so einfach war es ja nun doch nicht gewesen:

Essen, 18. März – Unter dramatischen Umständen verhaftete die Polizei gestern abend in der Essener Innenstadt die fünf wichtigsten Mitglieder der sogenannten Stepunat-Bande. Die fünf Ganoven stehen wegen zahlreicher Raubüberfälle, Diebstähle, versuchten Totschlags und anderer Kapitaldelikte seit nahezu zwei Jahren auf den Fahndungslisten der Kripo.

Die nach ihrem Maskottchen auch als »Mainzelmännchen-Club« berüchtigte Bande konnte nach einem regelrechten Kesseltreiben in einer Bar in der Viehofer Straße gestellt werden. Bandenchef Walter Stepunat (36) leistete als einziger Widerstand, wobei ein Beamter in Zivil durch einen Schuß in den Oberschenkel verletzt wurde. Die übrigen ergaben sich ohne Gegenwehr: Helmut Herlotzky (29), Kurt Ampütte (28), Franz Rieger (30) und Werner Tibulski (32).
In einer Pressekonferenz berichtete am Abend Einsatzleiter Wilhelm Grevenbroich über die Einzelheiten der Aktion. Sie begann kurz nach 18 Uhr mit einem anonymen Anruf beim Polizeirevier Innenstadt. Der dienstführende Beamte hörte zunächst nur eine undeutliche Stimme. Er verstand immerhin die Frage: »Wollt ihr mal'n Fischzug machen?« Die Aufforderung, der Anrufer möge seinen Namen nennen, wurde nur mit einer weiteren ähnlichen Äußerung beantwortet. Daraufhin schaltete der Beamte auf Fangschaltung und Aufzeichnung – das folgende Gespräch wurde den versammelten Journalisten direkt vom Band vorgespielt:
»Bitte, woher rufen Sie an?«
»Spielt doch egal. Macht lieber mal ne Razzia inne Marina-Bar.«
»Wieso, wer sind Sie denn überhaupt?«
»Spielt doch ganz egal. Opa, jetzt klemmt euch wacker ne Null Acht bei, könnt ihr die jetz alle in Ruhe abknallen.«
»Wen denn? Sie müssen mir schon sagen, wen –«
»Kennze nich? Stepunat und Konsorten? Is dat nix? Aber paßt ja auf. Der hat ne Kanone. Marina-Bar. Widdersehn.«
»Hallo?«
Keine Antwort. Der Anrufer (die Anruferin?) hatte eingehängt.
Die Stimme am Telefon klang hörbar verstellt. Wie wenig später ermittelt werden konnte, kam der Anruf aus der Marina-Bar selbst. In den nächsten Minuten starteten zwei Aktionen gleichzeitig: Während zwei Kriminalbeamte im Halbwelt-Look die Bar aufsuchten, wurde die nähere Umgebung des Lokals von vier Streifenwagen-Besatzungen abgeriegelt.
Der eine der beiden Beamten »in Räuberzivil«, dessen Kollege derzeit mit Oberschenkeldurchschuß in den Städtischen Krankenanstalten liegt, berichtete den Journalisten selber, wie es weiterging: »Wir hatten

in dem Lokal die Aufgabe, zunächst mal herauszufinden, ob der Anruf nur ein dummer Scherz war, wie schon öfter, oder ob er stimmte. Wir konnten uns jedoch schon bald nach Betreten der Pinte davon überzeugen, daß hier in der Tat sozusagen lauter ›bekannte Gesichten‹ versammelt waren. Manche kannten wir aus älteren, abgeschlossenen Verfahren, aber wir sahen auch sofort Stepunat, Tibulski, Herlotzky und die anderen. Die Kneipe war ungewöhnlich voll, so daß eigentlich keine Gefahr für uns bestand, entdeckt zu werden. Außerdem herrschte eine gewisse gemütliche Feierstimmung. Es wurde mehrmals ›Hoch Helmut!‹ gerufen. Die Ursache dieser Hochstimmung fanden wir bald heraus. Jeder sprach ja darüber, mit Freude geradezu.«

Aus den einzelnen Äußerungen, die sie aufschnappten, ergab sich: Etwa gegen 17.30 Uhr, also noch vor jenem anonymen Anruf, hatte der als gewalttätig gefürchtete Helmut Herlotzky den Inhaber der Bar vor aller Augen zusammengeschlagen, offenbar unter Anfeuerungsrufen der Gäste. Es handelte sich um Waldemar Rentelen (31), Inhaber des nach ihm benannten »Freizeitkonzerns«. »Wir waren erst knapp zehn Minuten in der Bar«, berichtete der Beamte weiter, »und wollten gerade raus und Zeichen geben, daß die Aktion beginnen konnte, da bekam Herlotzky wieder Streit, diesmal mit einer der Damen. Sie war offenbar weniger begeistert, daß er den Rentelen tätlich angegangen hatte. Wie sich später herausstellte, war Rentelen ihr Chef oder war es jedenfalls gewesen. Diese Dame wollte den Herlotzky offenbar hinauslotsen, sie beschimpften sich, er zerrte an ihrer Handtasche herum, die Gäste begannen wieder mit Anfeuerungsgeschrei – da riß die Frau sich los und rannte zum Ausgang, Herlotzky hinterher, er rief ›Laß den Quatsch!‹, ich nahm sofort die Verfolgung auf, weil ich annehmen mußte, daß sie draußen die Absperrung entdecken und ihre Kollegen in der Bar warnen könnten. Draußen liefen aber beide direkt in die Ausweiskontrolle beziehungsweise in die Grüne Minna.« Bei der »Dame« handelte es sich um Anita Drögemöller (23), die seit langem in der Fahndungsliste Stepunat eine Rolle spielte. Da sie einen festen Wohnsitz nachweisen konnte, wurde sie inzwischen wieder auf freien Fuß gesetzt.

Etwa 15 Minuten nachdem die getarnten Kripos die Bar betreten hatten, begann die eigentliche Aktion: Gleichzeitig durch einen Hinter-

eingang und durch den Vordereingang betraten je zehn Beamte mit entsicherter Dienstpistole die Marina-Bar. Tibulski, Rieger, Ampütte und scheinbar auch Stepunat leisteten keinen Widerstand. »Stepunat stand am Ende der Theke«, berichtete Wilhelm Grevenbroich. »Als die Ausweis- und Waffenkontrolle bei ihm an der Reihe war, griff er scheinbar nach seinem Ausweis, zog aber eine Waffe, schoß auf den kontrollierenden Beamten und warf sich gleichzeitig hinter die Theke, schoß ein zweites Mal und war durch die Vorhangtür in den Abstellraum verschwunden. Dieser Rückraum hatte jedoch keine weitere Tür, nur ein Fenster zum Hof. Stepunat sprang hindurch und landete draußen sozusagen direkt in den Polizeigriffen unserer Kollegen.«
Mit der Festnahme der Stepunat- oder Mainzelmännchen-Bande ist es laut Einsatzleiter Grevenbroich gelungen, einen besonders erfolgreichen Bandentyp dingfest zu machen, der wegen seiner modernen Arbeitsmethoden schwierig zu fassen war. »Diese Gruppe verfuhr«, so erläuterte Grevenbroich, »flexibel nach Art eines modern gemanagten Unternehmens. Wo immer ein Geschäft zu schwer oder der Boden zu heiß wurde, stieg man um auf eine andere Branche. Stepunat verfügte über Spezialisten für die verschiedensten Metiers: Autos, Schmuck, Zuhälterei, Erpressung, Banken, Geldtransporte. Während andere Banden gewöhnlich in einem vorausberechenbaren Rhythmus ihre gleiche Tour abziehen, war die Allround-Clique Stepunat sozusagen ständig in der Umschulung. Vielleicht war ihr nur mit Hilfe eines so glücklichen Zufalls beizukommen, wie ihn dieser anonyme Anruf heute darstellte.«
Ob auf das Konto Stepunat auch die beiden letzten Überfälle auf Sparkassen in Dortmund-Hörde und Witten kommen, sei noch nicht bewiesen, aber wegen des dort im Fluchtauto jeweils vorgefundenen Mainzelmännchens so gut wie sicher.

Ludger Winnesberg

So war das gewesen vor einem Jahr, Langensiepen kannte den Polizeireporter Winnesberg gut. Ein älterer Mann, dicklich und gemütlich, mit dem hatte er im Hotel »Vereinshaus« schon manche Runde Skat gespielt. Von Winnesberg dürfte auch der andere WAZ-Artikel sein, der allerdings nicht gezeichnet war:

Letzte Meldung: STEPUNATBANDE AUSGEBROCHEN

Essen, 4. April – Walter Stepunat, der Chef der nach ihm benannten Bande, ist am ersten Osterfeiertag aus der Haft entkommen. Mit Stepunat, der erst seit Mitte März hinter Gittern saß, flohen seine engsten Komplizen Helmut Herlotzky (29) und Werner Tibulski (32).
Es wird vermutet, daß Stepunat die verminderte Wachbelegschaft der Osterfeiertage ausgenutzt hat und über einen weniger bewachten Teil des Hauses aus dem Gefängnisgebäude ausbrach. Dabei dürfte allerdings auch Fluchthilfe geleistet worden sein. Der Weg, den Stepunat und seine Leute nahmen, ist bislang nicht rekonstruiert, doch steckte in einer der geöffneten Türen ein Nachschlüssel, wie er von den Beamten benutzt wird und lag auf seiner Pritsche sein Wahrzeichen, eine Mainzelmännchen-Puppe.
Die Mitglieder der Bande, berüchtigt als »Mainzelmännchen-Bande«, waren getrennt untergebracht. Der zurückgebliebene Franz Rieger sagte aus, Stepunat habe ihm nach dem Karfreitag während eines »Spazierganges« im Hof der Anstalt die Beobachtung mitgeteilt, daß der Nordflügel des Gefängnisses an Feiertagen nur lückenhaft überwacht würde.
Wie uns die Kriminalpolizei am späten Abend des Ostermontags noch mitteilte, haben sich Stepunat und seine Kollegen kurz nach ihrem Ausbruch für etwa eine Stunde in der Wohnung der Prostituierten D. aufgehalten. Da vermutet wird, daß sie sich nach Italien oder Holland absetzen wollen, wurden sämtliche in Frage kommenden Grenzübergänge alarmiert.
Walter Stepunat ist 36 Jahre alt, 1,78 groß, wirkt sportlich, hat dunkel gefärbte Haare, trägt zeitweise Schnurrbart, ist meist bewaffnet und lebt auch unter italienischen Namen. Er pflegt sich elegant zu kleiden (weiße Handschuhe, dunkler Hut) und kursiert in der Halbwelt als »Steppe«, als der »Schwarze« (»dä Schwatte«) oder als der »schönste Italiener, den es je gab«. Sachdienliche Angaben nimmt jede Polizeidienststelle entgegen.

Da es auf zwölf Uhr ging, kramte Langensiepen die Düsseldorfer Unterlagen in seinen schwarzen Aktenkoffer, der nun fast eine Nummer zu klein geworden war. Den Schlüssel zum Ahornweg 6 ließ er in die äußere Jackentasche fallen, dann wankte er mit ein wenig Schwindelgefühl durch den dunklen Thekenraum und drückte der Claudia ein Fünfmarkstück in die Hand.

Daran mochte sie sehen, daß es tatsächlich Zulage gegeben hatte von Amts wegen. Und wieder registrierte er beim Bezahlen ihre etwas übertriebene Berührung, ihre weiche warme Handfläche, das signalisierte, wie sinnlich Claudia war, Geld sollte ja überhaupt sinnlich machen. So philosophierte Langensiepen und stieg nicht ohne verbessertes Selbstgefühl in den neuen, schöneren Wagen. Den strampelnden Maikäfer auf dem Gartentisch hatte er abermals nicht umgedreht.

Beim Start drückte ihn die Kraft des Wagens angenehm in die Polster und trug ihn die kleine, gut ausgebaute Waldstraße wieder hinauf, ein bißchen über den Hügel des großen Alfred und hinein in die Villenbezirke mit den tausend einsamen Landhäusern. An der Ecke zur Alfredstraße hielt er vor einem Laden, kaufte gemahlenen Kaffee, Filterpapier, einen Liter Milch und Haferflockenmüesli nach Schweizer Rezept. Dies war seine Mittagsspeise, warmes Essen gab es abends daheim.

Schon von weitem war die weiße Terrassenhausanlage zu sehen, er fuhr langsamer, hielt aber nicht an, sondern rollte langsam an der Talstation der Kabinenbahn vorbei. Die Straße bog nach fast hundert Metern seitwärts hinauf und führte in weiter Kurve wieder zurück hinter das Terrassenhaus, nun auf höherem Niveau, zur Bergstation des Lifts. Hier oben waren Parkplätze und Garagen in den Buchenwald hineingetrieben, unter den silbernen Baumriesen wuchs helles Gras, noch zu jung und zu dünn, um das Abfließen des Lehms aufhalten zu können. Der Regenschauer vom Vormittag hatte auf den Parkplätzen flache gelbe Anschwemmungen mit Ringen und Deltas gebildet, Langensiepen mußte beim Aussteigen in die weiche Masse treten, beschloß aber, die Beschmutzung seiner Schuhe nicht zu beachten angesichts der Bedeutung des Auftrages, den er nun auszuführen hatte.

Die obere, die sogenannte Hausmeisterwohnung, war nicht über Treppe und Kabinenlift zu erreichen, sie betrat man direkt vom Parkplatz her über einen üblichen, über einen mickrigen Eingang mit Treppchen und Plastikregendach. Überhaupt, von hier oben war von der Pracht des weißen Bungalowberges nicht viel zu sehen, nur der einstöckige Flachbau für den Hausmeister.

Er näherte sich diesem Eingang möglichst sicheren Schritts, schloß auf und trat ein: ein kleiner quadratischer Vorraum, leer, weiße kahle Wände, auf dem Boden geräuschschluckend grüner Teppich. Er drehte sich um in diesem Raum mit den Ausmaßen eines Telefonhäuschens und knurrte, da er sich allein fühlte, »weißlackiertes Scheißhaus«. Dann brach er an der Tür zum Innenflur die Versiegelung auf und betrat den Gang: ebenso leer und stumpf wie der Vorraum, links eine kleine Küche, rechts Bad und WC, geradeaus aber kam man in ein größeres, in das Wohnzimmer. Auch hier oben, beim Hausmeister, hatte der Wohnraum wie die darunterliegenden Bungalows eine Fensterfront zum Tal hin, wenn auch nicht in derselben Breite und ohne Terrasse.

In der Mitte dieses Wohnraumes stand ein Schreibtisch, deplaciert, fand Langensiepen, da er in diesem Moment noch nicht wußte, um was es sich handelte, dieser Tisch hätte besser in der Nähe des Fensters, im günstigen Arbeitslicht gestanden. Und statt eines ordentlichen Stuhls gab es hier einen für Büroarbeiten ganz ungeeigneten Liegesessel, viel zu tief und unpraktisch, ein Feierabendstuhl. Langensiepen legte seinen schwarzen Aktenkoffer auf den Tisch und sah, daß am Telefon jemand, wahrscheinlich sein Vorgänger, dieser Gustav Nöhles, einen Zettel befestigt hatte, mit Namen und Telefonnummern, handgeschrieben, die erste Eintragung hieß »Düsseldorf«, die zweite »Essen«, die letzte, nachlässig an den unteren Zettelrand geschrieben, begann mit einem »R« und setzte sich in einer Schlangenlinie fort, die man auch als »Rentelen« deuten konnte.

Dann aber fiel ihm die Apparatur auf, ein grauer Kasten mit Druckknöpfen, Drehknöpfen, Reglern und mit zwei Bildschirmen. Die Überwachungsanlage. Eine Bedienungsanleitung wäre jetzt hilfreich, aber die Schreibtisch-Schubladen waren leer. Nur Papier, leeres Papier lag da. Außer dem Schreibtisch in der Mitte stand nichts in diesem Wohnraum. Er ging über den grünen Teppich an das mittelbreite Fenster und blickte die Terrassenstaffeln hinunter. Kein Mensch zu sehen. Nur auf der zweituntersten Terrasse eine Dame, die begoß Blumen und trug Shorts. Langensiepen blickte über die Bäume hinweg in den Süden der Stadt.

Zwischen diesen grünen Hügeln, südlich von Krupps Villa Hügel schloß die Stadt ab mit der zum See gestauten Ruhr, mit dem Baldeneysee, umrahmt von Buchenwaldbergen. Ringsum auf den Höhen im Frühlingsgrün der Bäume leuchteten die Villen, die Restaurants, am Ufer die Strandbäder, Cafés, Bootshäuser und auf der Wasserfläche in Scharen die Segel. »Wo sonst hat eine Stadt ihre Gesellschaft so folgerichtig verteilt«, fragte sich Langensiepen, mußte dann aber daran denken, daß hier nicht nur die schiere Vernunft der Bürger, sondern auch natürliche Mitgift im Spiel war. In dem edlen Bildband, den er beim Eintritt in den Essener Dienst erhalten hatte, war zu lesen, daß diese Ordnung, daß die Klassenunterschiede in dieser Stadt schon vor Millionen Jahren geologisch vorbereitet worden waren.

Hier im Süden, so war da zu lesen, im Grenzbereich zum Rheinischen Schiefergebirge, strich das älteste Karbon mit dem Anthrazit an die Erdoberfläche, die am wenigsten staubige, schöne, silbrig glänzende Kohle für den Hausbrand, die hier, im Ruhrtal, schon seit Jahrhunderten gegraben worden und heute längst abgebaut war. »Also genug Zeit für eine ruhige, pflegliche Entwicklung des Ruhrtals.« Diesen Satz konnte er auswendig und hatte ihn auch schon zweimal zitiert, als er über die grünen Hügel Verwandte spazieren führte, die gekommen waren, um zu sehen, wie's ihm ging, in Wahrheit aber, so ahnte Langensiepen, um insgeheim hämisch zu sein, wenn sie gesehen hätten, wie ihr Rudolf im Pott steckte – denen hatte er die lieblich wogenden Hügel, dieses übersichtliche Grün gezeigt, und sie waren stumm gewesen vor Staunen.

Je weiter man allerdings in den Norden der Stadt kam, desto staubiger, ja gashaltiger wurde die Kohle und desto besser war sie verwendbar für die Großindustrie. Schließlich, ganz im Norden, förderten die Zechen die Idealbasis für chemische Verwandlungen: Kokskohle, Gaskohle. Vermischt mit dem Gestank der Emscher, die im Gegensatz zum Trinkwasserlieferanten Ruhr dem Revier als Kloake diente, sorgte diese Gaskohle für den Geruch des Nordens. Es kostete Langensiepen einige Konzentration, sich an diesen Nordgeruch zu erinnern, wenn er hier, über der Ruhr, ein Fenster seiner südlichen Aussichtskanzlei öffnete und die Waldluft einatmete. Zufrieden blickte er über die wohlausgestatteten Hügel. Ach, es beruhigte zutiefst, die Klassengesellschaft einer Stadt als naturgegeben, als Schöpfungsakt hinnehmen zu dürfen.

Aber dann riß er sich los von diesem tröstlich mütterlichen Bild und ging zurück an den Kontrolltisch. Er betrachtete abermals die Schaltungen. Und tat schließlich das, was er konnte, er telefonierte.

»Langensiepen«, sagte Herta, ihre Stimme klang um diese Tageszeit immer gehetzt, im Hintergrund stritten sich die Kinder.

»Hier ist dein Mann.«

»Hallo! Von wo rufst du denn jetzt an?«

»Bredeney, Ahornweg 6.«

»Von der Callgirl-Dame?«

»Nein, aber ein Stock darüber. Aus so nem Beobachtungsnest. Das soll ich jetzt machen für ein halbes Jahr.«

»Ja wieso denn das jetzt?«

»Du, ich schau selber noch kaum durch. Heute abend sag ich dir alles genau, es geht also offiziell um den Fall Herlotzky.«

»Und wieso hat sich Düsseldorf eingeschaltet?«

»Ein Überwachungsauftrag. Offenbar hat die Dame häufig Besuch von very important persons. Damit denen nichts passiert. Nach dem Mord gestern ist ihnen eingefallen, daß hier einige Big-Bosse ein und aus gehen. Aber behalte das bitte für dich – strengstes Staatsgeheimnis.«

»So, da machst du also Karriere. Aber erzähl mir das lieber heute abend in Ruhe, Detlef ist wieder unausstehlich.«

»Du solltest wirklich diesen Theo nicht mehr –« »Was soll ich denn machen, wenn sie ihn dauernd mit reinbringen, ich kann ihn doch nicht rausschmeißen, ausgerechnet den lieben sie.« – »Schreib dir doch die Nummer hier auf: zwo sechs dreizehn zwoundzwanzig.« »Zwo sechs dreizehn zwoundzwanzig. Wenn jemand fragt, was sag ich dann?« »Ich hätte einen Sondereinsatz. Geheim. Und noch was: Es gibt fünfhundert mehr.« »Ist das wahr?« »Dienstaufwandsentschädigung.« »Was heißt das? Daß du alle Extras selber bezahlen mußt, wie?« »Wahrscheinlich. 'n neuen Wagen fahr ich übrigens auch. Bin jetzt Fotograf.« »Wie? Was?« »Heute abend. Tapfer sein!« »Ja, ja, arme kleine Polizistenfrau.«

»Tschüß!«

Er hatte im Stehen telefoniert und sank jetzt in diesen Liegesessel. Einen Augenblick genoß er die Bequemlichkeit und auch die Drehbarkeit des Stuhls, ein in seinem Dienstrang unbekannter Vorzug. Er schaute einmal hierhin – zur Beobachtungsanlage – einmal dorthin – zur Postkartenlandschaft hinterm Fenster – sprang dann auf, zog sich die Jacke aus, was er im Büro nie tat, obwohl er weder Hosenträger noch Bauch trug, und griff wieder zum Telefon. Wählte sein Präsidium und lehnte sich in den Feierabendstuhl zurück.

»Geben Sie mir Herrn Breuer. – Breuer. – Hier ist Langensiepen. Wo ich stecke? Du weißt doch, immer am Tatort – nee, in Düsseldorf war ich schon – hat sich das also schon rumgesprochen? – Hatte nur so was gehört, das wäre geheim. – Nun ja, ich habe hier so n Aufsichtsratsposten – Schöne Aussichten? Wie meinst du das? – Vorerst nur auf den See, aber warts ab. Also, was ich sagen wollte: was in Sachen Herlotzky noch auf meinem Tisch landen sollte, natürlich sofort hierher, ist klar – Ja, schreib sie auf: zwo sechs dreizehn zwoundzwanzig – Stimmt. Ist was von der Anatomie gekommen? – Nichts, Langweiler, die. Jetzt noch eins: Den Knoch mußt du nun alleine zaubern. – Nö, was dachtest denn du, ein halbes Jahr müßt ihr schon ohne mich hinkommen. Aber ein Tip noch: Mach da mal ein bißchen Betriebsspionage – na, wo Knoch gearbeitet hat – flirte mal mit der Buchhalterin, laß dir die Abrechnungen zeigen vom ganzen letzten Jahr, eventuell die Korrespondenz mit dem Chef aus der Personalakte. Knochs Frau hat gesagt, der hätte ihren Mann sowieso nur begaunert – Nee, halt ich für ausgeschlossen, sonst würde sie das nicht sagen, das mit dem Begaunern – Ich meine, wenn sie was mit dem Chef gehabt hätte – Ja, ist mir halt jetzt erst eingefallen – Bei dem Gehalt? – Doch, ein bißchen schon, Aufwandsentschädigung – Okay, bis die Tage, grüß Pöhlmann und Gabi.«

Er hängte auf, erhob sich, betrachtete zum dritten Mal die Überwachungsanlage. Da gab es also offensichtlich optische, aber auch akustische Anteile. Tonbandaufzeichnungen waren möglich – zu mehr reichte sein technisches Verständnis nicht. Mit diesen Geräten war zweifellos die Aufnahme von der Bettbegegnung zwischen Friedrich Bongartz und dieser jungen, dieser reizvollen Anita hergestellt worden.

Langensiepen zog mit einer etwas übertriebenen Scheu an Klappen, Knöpfen und Läden. Schließlich ließ er es sein und durchsuchte den Schreibtisch ein zweites Mal nach einer Gebrauchsanleitung, wieder ohne Erfolg.

Er dachte nach – aus den Unterlagen der Düsseldorfer war zu schließen, daß, wer diese Apparate benutzen wollte, »unter rein rechtlichen Aspekten« das Einverständnis der Dame Drögemöller brauchte. Warum nicht ihre Anleitung erbitten? Ohne eine gewisse Mithilfe dieser jungen Lebedame dürfte der Düsseldorfer Observierungsauftrag ohnehin nicht zu erfüllen sein.

In diesem Moment aber gab, von seinem Zeigefinger und Daumen erfaßt, ein breiter Stöpsel auf dem Armaturenbrett dem Zug seiner Finger nach. Der Stöpsel ließ sich aus dem Apparat herausziehen, der wuchs sich aus zu einer Periskopstange nach U-Boot-Art, steif und mannshoch, mit einem dem Augenstand angepaßten Sehschlitz.

Er hatte sich gerade erhoben, um in den Sehschlitz hineinzuschauen, als ihn eine Bim-Bam-Glocke störte. Er ging ärgerlich zur Haustür, neben der Tür gab es ein Fensterchen Richtung Parkplatz und Buchenwald. Er sah hinaus und erkannte gerade noch das schwere gelbe Postmotorrad, das über die hintere weite Kurve zum Ahornweg hinabdröhnte. Im Briefkasten lag als Eilbrief das Ergebnis der Obduktion.

Wie schlau, daß sie mir kein Blaulicht vorbeischicken. Und dann fand er im Umschlag nicht nur das Urteil der Kriminalmediziner, sondern auch das Resultat der Spurensicherung, obendrein einen Brief vom Chef Grevenbroich, in einem Extra-Innendienstumschlag:

Lieber Kollege Langensiepen!

Wie Ihnen aus Düsseldorf bestätigt worden sein dürfte, ist der Fall Herlotzky kein isolierter Individualfall, sondern – unabhängig davon, ob man ihn nun zutreffender als »Fall Drögemöller« bezeichnet oder »Rentelen« oder »Stepunat« – er ist allem Anschein nach vielfach verflochten einerseits mit einschlägig bekannter, teilweise dringend gesuchter Ruhr-Halbwelt, andererseits ist er auf eminent delikate Weise verwoben mit politischer Prominenz zum Teil internationalen Kalibers. Aus all dem empfiehlt sich, die Ihnen übertragenen Fahndungen bzw. Kontrollen sowohl mit größter Intensität als auch mit äußerster Geheimhaltung zu betreiben. Es genügt, wenn ich Sie von meiner Seite insbesondere auf die regionalpolitische Situation hinweise, auf die bekannten Stellungnahmen öffentlicher Persönlichkeiten und Presseberichte. Noch gestern prangerte der Oberbürgermeister von Duisburg die »das Ruhrbild verzeichnende Wildwestgängerei der Stepunat & Co.« an.

Nach all dem, auch nach den Protesten und Initiativen aus der Bevölkerung angesichts des letzten Geiselüberfalls in Oberhausen – und ich teile Ihnen dies hiermit offiziell mit – hat Innenminister Echternach es für angeraten gehalten, den Fall Herlotzky in die Sonderaktion »Ruhe an der Ruhr« einzubeziehen, unabhängig davon, wieweit die im Appartement D. begangene Straftat beweisbare Zusammenhänge hat mit den Aktionen der Stepunatgruppe. Für die genannte Sonderaktion liegen bekanntlich zusätzliche Landesmittel aus dem Ministerium bereit. Hiermit steht Ihnen also frei, Verstärkung in personeller oder materieller Hinsicht jederzeit und kurzfristig anzufordern. Diese Mitteilung an Sie ergeht selbstverständlich in Absprache mit der Ihnen vorgesetzten Düsseldorfer Stelle.

Mit kollegialem Gruß
gez. Wilhelm Grevenbroich

Langensiepen schüttelte den Kopf. So angenehm er im persönlichen Umgang sein mochte, dieser Grevenbroich – diese verquollenen Polit-Mitteilungen enttäuschten ihn, im Gespräch konnte der's so knapp und genau. Warum die Leute auf dem Papier solche Klimmzüge machen mußten. Aber auch das diente nun alles totaler Absicherung, für später und für alle Fälle: Würde er, Langensiepen, in Sachen Herlotzky den großen Kack liefern, dann hätte Grevenbroich ihn damals rechtzeitig auf die Bedeutung des Falles hingewiesen, dieses war nunmehr aktenkundig. O Nachtigall …

Nach den aufgedonnerten Chefanweisungen überflog er das wie immer umständlich zurückhaltende Papier des Kollegen Mahlmann vom Erkennungsdienst, da fand er in dem sparsam eng geschriebenen Bericht an konkreten Angaben immerhin, daß in der Handtasche der Drögemöller in der Tat zwei Opernkarten vom Abend des Mordtages gefunden worden waren, »Undine« hatten die Städtischen Bühnen gespielt. Und daß im übrigen die Fingerabdrücke auf der Black & White-Flasche sowohl von der Drögemöller als auch von Herlotzky selbst herrührten. Ansonsten gab es keine Spuren von einer dritten Person. Die Abdrücke von Herlotzky und von der Drögemöller fanden sich auch an den beiden Gläsern.

Dann das Gutachten des Dr. med. Kemperdick, den er seit Beginn seiner drei Essener Jahre als »Sozialfall« schätzte. Kemperdick, der kurz vor seiner Pensionierung stand und nichts so fürchtete wie die Fähigkeiten seiner jüngeren Untergebenen, die ihm in wichtigen Fällen auch schon vorgezogen wurden, dieser um seine Unentbehrlichkeit kämpfende Kemperdick eröffnete seinen Bericht mit Beschreibungen der Hals-, Rücken- und Kopfbefunde des Opfers. Nach den Knochenzuständen beschrieb er gut eine Seite lang die vorgefundene »Toxikologie«, nach der ihn niemand gefragt hatte und die auch in diesem Fall wieder überflüssig war, alsdann folgten Ausführungen zur »forensischen Serologie« und der Bedeutung der ausgeführten Tests. Mehr als die Hälfte des medizinischen Wortwirbels hätte Kemperdick sich sparen können. Langensiepen haßte diese Verstiegenheit in Fachausdrücken und meinte zu durchschauen, daß Grevenbroichs und Mahlmanns gewundene Wendungen dieselbe Unsicherheit und Konkurrenzangst verrieten.

Kemperdick hatte sich irgendwann einmal – nach einer Chefanweisung – angewöhnen müssen, am Ende seiner Berichte kurze, für Laien verständliche Schlußfolgerungen zu ziehen. Die fanden sich auch hier, am Ende des sechs Seiten langen Kemperdickschen Gequalmes:

»... Von den beiden Verletzungen, der Schädelfraktur und dem beschriebenen zweifachen Wirbelbruch, kann nur die letztere als Todesursache in Betracht kommen.
Über die Verursachung des dargestellten Befundes lassen sich vom medizinisch-physiologischen Standpunkt drei Versionen vertreten, wobei die dritte am meisten Wahrscheinlichkeit für sich hat:

1. Version: H. erhält beim Gang zum Bad einen Schlag von hinten mit einem Gegenstand, der durchaus der von der Spurensicherung beschriebene sein könnte (Whiskeyflasche, dreiviertelvoll) und fällt unglücklich mit dem Hals auf die Kante des Sitzwaschbeckens.

2. Version: Derselbe Sturz ließe sich auch als Unfall denken, wofür der oben angeführte Blutalkohol spricht. Gegen diese bei-

den ersten Versionen (Sturzversionen) spricht jedoch die Doppelung der Fraktur.

3. Version: H. erhält den Schlag wie in Version eins, wird dann in bewußtlosem Zustand mit der rechten Halsseite auf die Bidetkante gelegt und mit Gewalteinwirkung getötet. Hierbei ist der zweimalige Bruch (durch Wiederholen derselben Einwirkung in veränderter Körperlage) besser denkbar.

Zeitpunkt des Exitus: zwischen 20.00 und 21.00 Uhr.

Essen, 30. April 1970

gez. Dr. E. Kemperdick

Nach dieser Lektüre zögerte und zweifelte Langensiepen eine Weile, hielt dann aber doch die Zeit seiner Mittagsvesper für gekommen, holte seinen Einkaufsbeutel aus dem Vorraum, ging hinüber in die Küche, lud Kaffee, Filterpapier, Milch und Haferflocken aus und suchte in den grauen Hängeschränken nach Wasserkocher und Tasse, fand auch alles, entdeckte dabei aber in der Front der Schranktüren eine Unregelmäßigkeit – Alter und Pflege einer der vier Türen hob sich ab von Alter oder Pflege der anderen.

Er hielt sich erst einmal an die Zubereitung seines Mittagsmüeslis. Beim Hineinlöffeln sah er dem tropfenden Kaffee zu und wollte eben das Geschirr wieder beiseite setzen, als ihn ein Maschinengeräusch aufschreckte. Er stürzte aus der Küche in den Wohnraum, wo diese vibrierenden, ja polternden Töne herzukommen schienen, blickte hinaus, an den Terrassen vorbei und sah, wie die Zahnradbahn heraufkam, gezogen von einem Motor, der offenbar gleich neben seiner, neben der »Hausmeisterwohnung« eingebaut war, mit überaus großzügiger Schalldichtung.

Von hier aus ließ sich einwandfrei verfolgen, wer zum Stockwerk der Frau Drögemöller wollte, dieses erste Mal aber entließ die Kabine die bewußte Dame selber, dazu einen jungen Mann, den er im kurzen Moment seiner Sichtbarkeit schwerlich als internationale Persönlichkeit hätte einstufen mögen, da schien es sich eher um einen Studenten zu handeln, oder doch wenigstens um eine Imitation davon: Bart, Sonnenbrille, olivgrüner, fellgeschmückter Ami-Mantel.

Er ging zurück in die Küche, zu seinem fertig durchgefilterten Kaffee, kam mit Kanne und Tasse zum Kommandotisch zurück, goß sich ein, dazu noch von der Milch einen Schuß, trank und schaute endlich hinein, in den Sehschlitz des Periskops.

Und sah, was auch hier oben als Aussicht geboten wurde, die Hügel über der Ruhr. Dann aber gewöhnte er sich an die weniger hellen Teile des Periskopbildes und bemerkte im Vordergrund, offenbar auf dem Brunnenrand, einen Gegenstand, den er wiedererkannte – ganz nahe – das mit der Brokathülle geschönte Telefon der Drögemöller.

Etwas enttäuscht ließ er ab und betastete das optische Gestänge, einen anderen Bildausschnitt hätte Langensiepen für sinnvoller gehalten, es ließ sich aber nirgends ersehen, auch an der Armaturentafel nicht, welcher Knopf für eine Drehung des Periskops zuständig war oder für das Nachstellen der Schärfe.

Er probierte, es leuchteten Lämpchen auf, es knackte im Lautsprecher, er trank vom Kaffee, er probierte weiter. Schließlich begann ein Monitorlicht zu flackern und sortierte sich zu einem recht deutlichen Bild, zu einem Bild aus dem Schlafraum.

Aber auch der Monitor lieferte nur einen wenig typischen, eigentlich einen ganz und gar unbrauchbaren Bildausschnitt, Langensiepen erkannte einen Teil des Toilettentisches und ein beträchtliches Stück Wand, auf deren gemusterter Fläche sich ein gerahmtes Bild abzeichnete. Als er am Monitor den Knopf für die Schärfe gefunden hatte, sah er, daß das kein Bild, sondern ein Text war, eingerahmt. Vielleicht ein Gedicht. In die untere rechte Ecke des Rahmens war das Foto eines Mannes eingesteckt, der vielleicht den Text oder das Gedicht verfaßt hatte. Die Überschrift glaubte Langensiepen fast entziffern zu können, aber er ließ wieder davon ab, so sehr wurmte ihn die Unbeweglichkeit des Bildangebots.

Beim weiteren Experimentieren mit der Tischtastatur geschah es dann endlich, daß aus dem Lautsprecher eine Musik tönte und zugleich ein Gespräch, beides zunächst verquirlt, eine Baßstimme dröhnte: »Neutralität! Neutralität! da geht nichts drüber!« behauptete der Baß. Langensiepen beschloß, sich auf das Gespräch zu konzentrieren, das offenbar mit vielen Pausen geführt wurde. Plötzlich aber steigerte es sich zu einer solchen Lautstärke, daß es den Gesang klar übertönte: »Stell endlich die Scheißmusik ab!«

Dies war wohl die Stimme des jungen Mannes im Ami-Mantel. Die Musik wurde abgebrochen. In die Stille sprach Frau Drögemöller etwas ganz Leises, ungefähr: »Schinaas, bescheuertet.«

Dann war noch einmal Stille. Langensiepen saß aufrecht in seinem Liegesessel, zum Hintenanlehnen war jetzt nicht der rechte Augenblick. Als würde er, wenn er es sich bequem machte, etwas überhören. Und was hörte er? »En ekeliges Schinaas bisse.«

»Wieso holst du dumme Sau bloß die Bullen hier rein!« tönte nun wieder der junge Gast und, als hätte er das nicht schon deutlich genug vermerkt, wiederholte er lautstark und in gemessenen Abständen: »Du bist wirklich eine blöde Sau.« Und nach einer Pause: »Erst deinem Proleten eins über die Rübe geben. Dann die Bullen selber rantelefonieren. Interesse auf andere ablenken, womöglich auf mich!«

Wieder entstand eine Pause. Offenbar wurde auf beiden Seiten neue Munition gebacken. Diesmal schoß Frau Drögemöller als erste: »Gätz, wo du dat sachs, da fällt mir überhaupt wat auf.« Sie machte eine gute Pause und schlug dann voll zu:

»Et is ja noch ga nich raus, wo eintlich du wars, gestern aamt. Wie? Merks du gätz auch was? Watta nich stimmt? Wers sacht, isset säpps! Meistens. Hastu nich den irren Rochus gehabt, als ich dir vom Hällo erzählt hab? – Wie gut dat der wär im Bett? Wa da nich mein klein Tömmchen ganz schön sauer? Bis noch vorgestern? Hör ich doch noch wie grade eemt: ›Den Scheißkerl mit seine Proletenbrechstange zwischene Beine!‹ Hör ich doch noch wie eemt. Na? Nu sachse gaanix mähr.«

Langensiepen entwickelte inzwischen eine hektische Betriebsamkeit. Mit allen Mitteln, fast zuckenden Fingern versuchte er eine Tonbandaufzeichnung zu starten, aber er schaffte es nicht, sank schließlich zurück, beugte sich wieder vor, trank den Kaffee leer, riß Filzstift und Notizblock aus der Tischschublade und wollte eben die wichtigsten Wendungen des Gesprächs mitschreiben, als sein Telefon klirrte.

Erschrocken drehte er den Drehknopf zurück, der ihm zum ersten Mal Töne aus der Etage unter ihm geliefert hatte, als könnte das Telefonklirren auch umgekehrt nach unten übertragen werden – sofort jedoch schaltete er den Ton wieder an, weil er jetzt unbedingt weiterhören wollte, drehte aber, als es wiederum klirrte, endgültig den Ton aus und nahm stöhnend den Hörer ab: Es sprach der Staatsanwalt.

Herr Klein hatte sich bis dahin nie in einen Fall eingeschaltet, den Langensiepen zu bearbeiten hatte. Diesmal, in dieser Staatsaktion, wie Grevenbroich sie genannt hatte, war er offenbar zuständig. Während Klein Langensiepens Ohr mit staatlichem Fürsorge- und Sicherheitsdonner füllte, begann der Hauptkommissar sich zu beobachten und bemerkte, daß er zu allem, was Klein sagte, wie in Trance nickte, zustimmend nickte und, als habe er telepathische Gaben, Aussprüche des Staatsanwaltes leise vorwegzitierte, noch ehe Klein sie fertiggesprochen oder überhaupt begonnen hatte.

»Wir müssen hier mit größter Aufmerksamkeit« – auch dies sprach Langensiepen im gleichen Takt mit Herrn Klein, gedämpft, so daß der das über dem eigenen Gebell nicht hören konnte. Und wieso, dachte Langensiepen, sagt der »wir müssen« und »unser«, wenn es in Wahrheit allein meine Aufmerksamkeit ist, die hier verlangt wird. Täuscht Gemeinschaft vor. Zwischen oben und unten. Sollte er einhängen? sagen, daß im Moment wichtige Beobachtungen zu machen waren? Klein würde Verständnis heucheln, würde auch hier etwas Gemeinschaftliches vortäuschen, später aber beleidigt Klage führen über Langensiepens »eigenmächtige Handlungsweisen«.

»Herr Staatsanwalt«, sagte Langensiepen, »ich bin soweit schon vororientiert über die Tragweite des ganzen Falles, heute vormittag in Düsseldorf und schriftlich auch von meinem bisherigen Vorgesetzten, Herrn Grevenbroich. Auch die Konsequenzen und die Einzelverordnungen der Sonderaktion ›Ruhe an der Ruhr‹ sind mir in den wichtigsten Punkten bekannt. Sie dürfen beruhigt sein, daß hier das Menschenmögliche getan wird. Vorerst stehen wir ja noch am Anfang der Ermittlungen.« »Wenden Sie sich«, sagte Klein, »wenden Sie sich vertrauensvoll an mich«, sprach Langensiepen trancesicher im gleichen Tempo, in dem Klein es schmetterte, »auch Presseinformationen« – »nur über mich«, tönte er mit. Und dann ließ Klein ein weiteres Mal schallen: »Ich vertraue Ihnen!« und wiederholte: »Keine Daten an die Presse! Es sei denn über mich!« Das war sein Schlußtusch. Langensiepen harmonierte vollinhaltlich und durfte den Hörer einhängen.

Und konnte endlich den Tonregler wieder aufdrehen. Die Situation im Stockwerk unter ihm hatte sich gewandelt. Der Neutralitätssänger von vorhin machte sich wieder breit: »Ich weiß zu räsonieren und zu malträtieren.« Auch bombardieren könne er, aber dann wurde ihm die Stimme abermals abgewürgt und was folgte, war nicht etwa die Fortsetzung der aufschlußreichen wechselseitigen Verdächtigungen, sondern ein Monolog des »Tömmchen«.

»Ich weiß nicht, was ich davon halten soll«, sagte der junge Herr dort unten, der nun einen merkwürdig veränderten, einen traurigen Ton anschlug, »diese deine Kunden, das sind dieselben, die bei meinen Eltern auf Parties rumstehen. Was heißt ›Parties‹. ›Empfänge‹. ›Vernissagen‹. Diese deine Typen aus dem höheren Management, die –« er machte eine lange Pause »– die haben Gemeinsamkeiten, gewisse Gemeinsamkeiten mit den informierten Linken. Beide Typen durchschauen das Spiel. Das der Interessen, der Macht, der Abhängigkeiten, des Vorteils, des Geldes, des Profits. Die Praktiker da oben wie die Theoretiker da unten. Beide haben dieselbe Kenntnis von den ökonomischen Zusammenhängen. Aber beide ziehen entgegengesetzte Schlüsse. Das ist es. Das ist es, was mich beschäftigt. Wie Menschen zu ihren Schlüssen kommen. Wo da im Leben die Entscheidung fällt. Auf welcher Seite man mitmacht.«

Und nach einer langen Pause: »Das Spiel spielen. Oder es verderben. Die einen nutzen die Regeln. Die anderen wollen sie abschaffen. Jeweils zwei Prozent. Die Masse dazwischen hat keine Ahnung. Wird gekegelt, geschröpft.« Wieder Schweigen. Frau Drögemöller antwortete nicht.

»Extrem linke gute Köpfe gehen von heute auf morgen ins Management, zum Beispiel der Kommunist Gustav Regler. Der brauchte, was er verachtete, nur anzuwenden. Ende der zwanziger Jahre ging er ins Direktorium eines großen …«

Langensiepen drehte den Tömmchen-Monolog auf geringste Lautstärke zurück und begann, ein weiteres Papier aus dem Düsseldorfer Dossier zu lesen, einen WAZ-Artikel:

Vor dem Landgericht:

STEPUNATS TRAURIGER REST
Geldstrafen und Freisprüche für »Mitläufer« der Mainzelmann-Bande.
Essen, 21. April – Fast zur gleichen Zeit, in der ihr »Chef« Walter Stepunat, kaum dem Knast entkommen, in Amsterdam durch einen neuen Juwelencoup von sich reden machte (s. nebenstehenden Bericht), wurden vor dem Essener Landgericht Stepunats ehemalige Komplizen Rieger und Ampütte zu je zwei Jahren Gefängnis verurteilt, wovon allerdings die Hälfte durch die Untersuchungshaft inzwischen abgebüßt ist.
Während also »Boss« Stepunat und seine »Mitarbeiter« ihren Guldengewinn taxieren mochten, zogen ihre Kollegen aus der zweiten Garde mit gesenkten Gesichtern aus dem Gerichtssaal: Gelegenheitsarbeiter Franz Rieger (30) wurde verurteilt wegen Besitz und versuchten Handels mit Rauschgift, der Kellner Kurt Ampütte (28) wegen der gleichen Delikte und wegen gewerbsmäßiger Unzucht mit Männern in Verbindung mit versuchter Erpressung. Die im Erpressungskomplex ebenfalls angeklagten Waldemar Rentelen und Anita Drögemöller wurden freigesprochen. Gerichtsvorsitzender Rombeck sprach den Eindruck aus, den jeder Beobachter dieser Verhandlung haben mußte: So milde wären alle Beteiligten nicht davongekommen, wenn der eigentliche Mittelpunkt des Prozesses auf der Anklagebank gesessen hätte, Walter Stepunat, der Ostern vor einem Jahr aus der Untersuchungshaft ausgebrochen war. In den meisten Punkten (Autodiebstähle, 2 Banküberfälle, 1 Juwelenraub) gab es denn auch für Rieger und Ampütte Freisprüche aus Mangel an Beweisen, die aber, so spürte es jeder im Saal, in dem Moment vorgelegen hätten, wenn auch gegen den Chef hätte verhandelt werden können.

Reporter »Winnesberg« nahm sich gegen Rieger und Ampütte ganz schön was heraus, fand Langensiepen, der kleine Dicke wußte plötzlich, »was jeder im Saal spürte« und daß Rombeck nur den Eindruck aussprach, den ein Beobachter einfach haben »mußte«.

So wäre denn dieser Rumpfprozeß gegen die zweite Garde der Mainzelmannbande ohne Sensation verlaufen, wenn nicht der Punkt Erpressung für Wirbel gesorgt hätte. Das Tondokument, so führte Vorsitzender Rombeck in der Urteilsbegründung aus, lasse zwar eindeutig die Stimme der Lebedame Drögemöller erkennen, und die Mithöranlage in jenem Appartement des Rentelen sei wohl auch bestens geeignet gewesen für erpresserische Vorhaben, doch sei eine Absicht dazu weder dem Rentelen noch der Drögemöller nachzuweisen, ganz abgesehen davon, daß Tonbandaufzeichnungen in der deutschen Rechtsprechung bis heute keine Beweiskraft zukomme. Die eigentliche erpresserische Aktion gegenüber dem Industriellen B. sei belegbar nur von Herlotzky ausgegangen. Der aber ist, wie man weiß, seit Jahresfrist mit Stepunat auf und davon. Daß die Drögemöller und ihr Appartementvermieter Waldemar Rentelen sich bei der Schaffung der technischen und amourösen Voraussetzungen eines geplanten Unrechts bewußt waren, ginge – so Rombeck – aus dem vorhandenen Material, aus den beiden Drohbriefen und zumal aus dem Tondokument nicht hervor.

Ludger Winnesberg

Langensiepen suchte im Dossier vergeblich nach dem erwähnten Bericht über »jenen Wirbel«, also über die Erpressung gegen den Industriellen, den Winnesberg hier diskret »B.« nannte, während er die Namen der Kleinkriminellen und den der »Lebedame« offenbar ohne jeden Skrupel ausschrieb.

Langensiepen erinnerte sich noch an das Aufsehen, das entstanden war, als während der Verhandlungen gegen Rentelen und die Drögemöller der volle Name Bongartz von einem Boulevardblatt zu einer boshaften Revolverschlagzeile benutzt wurde. Aber dieser Artikel fehlte nun in den Papieren aus Düsseldorf. Als er das merkte, fühlte er sich bei seinen neuen Auftraggebern beinahe heimisch. Heute morgen in der Landeshauptstadt hatte ihn noch dieser Anschein von technischer Perfektion und politischer Korrektheit eingeschüchtert, nun ahnte er, auch in Düsseldorf ging es um Bemäntelungen.

Er drehte an dem einzigen Knopf der Überwachungsstation, den er bis jetzt bedienen konnte, und hörte wieder Tömmchens Monolog: »... was bringt den einen zum Engagement für sich selbst? den anderen zum Engagement für die anderen?« Langensiepen drehte wieder leise, lehnte sich angenehm zurück in seinen Liegesessel und legte die Beine an einer günstigen Stelle auf den Schalttisch – diese entspannte Lage faszinierte ihn – er genoß diesen Feierabendstuhl, dieses Unbeobachtetsein beim Sichgehenlassen. Und träumte von mindestens einem halben Jahr Sanatorium im Ahornweg 6, ohne ahnen zu können, wie schnell alles ganz und gar anders kommen würde.

Er lenkte seinen vom Lehm noch ein wenig gezeichneten Schuh zum Tonregler: Der Lautsprecher lieferte jetzt nur ein Rauschen. Zunächst hielt er das für Duschgeräusche, dann wurde ihm klar, daß dies die Eigengeräusche des etwas zu hoch gedrehten Schallverstärkers waren. Untermischt war das allerdings von einem Rascheln und Raunen, das er sich erst nach und nach erklären konnte, diese allmählich schneller hauchenden, knisternden und seufzenden Akustikangebote, die, so meinte er, seien für seinen Auftrag unerheblich und wollte eben ausschalten, als er deutlich die geflüsterte Frage der Drögemöller verstand: »Na? Wat is?«

Da auch ihn, Langensiepen, keine Frage heftiger beschäftigte als eben dieses »Wat is?«, fühlte er sich berechtigt, weiterzuzuhören.

»Ja, Tömmchen!« flüsterte sie weiter, »schon widder Essich? Wieso denn? Habbichet nich richtichemacht? Äi! Kleinen Ringelschwänzchen.«

»Schnauze!« brüllte Tömmchen.

»Ja, ja«, knirschte Frau Drögemöller. »Ich binnet in Schuld. Schon gut. Is ja gut.«

Langensiepen hörte das Klicken eines Feuerzeugs. Die Drögemöller füllte ihren seufzenden Atem offenbar mit Rauch. Nach einer Weile kam unvermittelt die Frage: »Sach mal, du bis doch schlau. Erklär mir mal, wattat is: Erotomantik. Oder so ähnlich.«

»Was bitte?«

»Na, so ähnlich wie: Eroto – also, der neulich hier war, der meinte, ich wär son richtiger Fall von Eroto –«

»Erotoman?«

»Ja, kann sein. Das kann es sein. Was heißt denn das?«

»Was das heißt? Das heißt, daß du geil bist. Jawohl.«

»Ja das is –« Eine Pause machte sie. »– is kein bißchen wahr. Oder man nur sehr selten. Wenn ich ein gern hab. Inne letzten Zeit seltn. Bei Kunden nie. Ich meine, bei dir zum Beispiel schon öfter. So was wie dich, ohne Fettarsch und so, das krichich hier selten. Und wenn der grad ma kein Koller hat, kamman sich soga unterhalten mit Tömmchen Wittkamp. Außerdem bisse nackich echt knackich.«

»Laß das!«

»Mann! Streicheln werd ichen ja wohl noch düafen, olln Muffkopp. Wenn ausnahmsweise ma ich ranwill, wieso is dir dat aintlich nich recht? Is dattännoch Gleichberechtigung? Fummeln is wohl nur für Männer, wa?«

»Ich will dir jetzt mal eines sagen. Du hast theoretisch natürlich völlig recht. Warum sollten Frauen nicht ebenso sexuell aktiv sein wie Männer. Aber weil dies in unserer jüdisch-christlich verkorksten Kultur seit je tabuisiert ist, ist die Aktivrolle des Mannes schon lange nicht mehr bloß anerzogen, sondern als männliches Verhalten in die Erbmasse eingegangen.«

»Au! kannzat ma n bißken sortiern?«

»Das ist inzwischen genetisch – nicht mehr wegzutrainieren. Mir jedenfalls hilft theoretische Einsicht überhaupt nichts. Wenn mir eine so ungehemmt und aktiv kommt wie du, dann geht bei mir der Vorhang runter, Essig, aus!«

»Vorhang is gut.«

»In mir ist das Männchen gekränkt, verstehst du? fühlt sich minderwertig und – bumß – ist dann nicht mal mehr Männchen.«

»Ja, bumß, von wegen, du süßen doowen Tömmchen, nu bin ich doch heute ma extra schön langsam gekommen, hab dich doch alles erst ma machen lassen, un nu?«

»Es reicht schon, zu merken, wie deine Reaktionen sind, ob du nun äußerlich ruhig bleibst oder nicht, ich spür ja doch, wie es bei dir geklingelt hat, das ist doch –«

Langensiepen stellte aus, das Gespräch berührte ihn unangenehm. Er sprang auf, ging in seinem Zimmer auf und ab und stellte sich an das offene Fenster. Dann ging er wieder an seinen Tisch und suchte aus der Düsseldorfer Mappe die Namensliste hervor und las:

Thomas Wittkamp, 24, »Tömmchen«, cand. phil., aus Bochum, Mozartstraße 12, Kunde (?) der D., Sohn des Generalkons. Ernst W., vermutl. abhängig (von welchem Stoff?)
Werner Tibulski, 32, »Wänner«, »den Bulski«, Autospezialist, Stepunat-Komplize
Waldemar Rentelen, 31, »da Ölige«, Geschäftsführer des gleichn. »Freizeitkonzerns« (Salons international), 1. Wohnsitz Marina-Bar, Essen, Viehofer Str., ferner Bars in Duisburg (Eden), Gelsenkirchen (Bobby), Bochum (Eddy), Dortmund (Marylin)
Kurt Ampütte, 28, »Kutti«, »Ämtern«, homoph., Step.-Komplize, zuletzt Kellner
Marion Kimmeskamp, 26, »Kimmi«, Kollegin der D., Spezialistin für »Sachen«, Ahornweg 6 in Bredeney

Die maschinengeschriebene Liste war in einigen Punkten handschriftlich ergänzt worden, wahrscheinlich von Nöhles, unter anderem mit diesem in Klammern gesetzten Fragezeichen hinter dem Wort »Kunde« bei Thomas Wittkamp. Auch die Frage nach dem »Stoff« war später nachgetragen.

Langensiepen stellte den Ton wieder ein, hörte aber nur einen Gesang, eine Art Lebensbeichte. »Wahr bleibt es ewig doch, das Glück ist kugelrund. Vor kurzem war ich noch ein rechter Lumpenhund, nicht sehr viel mehr als Mensch und Christ, und nun auf einmal –« und dann sperrte der Sänger offenbar das Maul besonders breit auf und ließ jede Silbe extra explodieren: »– Ka – pi – ta – list!«

Als Langensiepen merkte, daß er im Begriff war, zuzuhören, stellte er den Ton wieder weg, eilte auf den Gang zur Haustür, öffnete die Tür, blickte über den Parkplatz und sah vor den Buchen seinen eleganten Dienstwagen. Er trat hinaus, schloß ab und ging die drei, vier Schritte zur Ecke des Hauses, zur langen Treppe, die zwischen Lift und Terrassenhäusern hinabführte bis zum maurischen Portal.

Hüpfte die Stufen hinunter, ging vorbei an der A. D.-Tür im Kulturrahmen aus Ruhrsandstein, sprang über die nächsten Stufengruppen und fand die Tür darunter in gleich edler Ausstattung, nur hier mit den Initialen »M. K«.

Er drückte den dunkelgrünen Klingelknopf. Als hätte sie hinter der Tür auf ihn gewartet, öffnete sofort eine rothaarige Dame, für sein Empfinden entschieden zu mager und zu stark geschminkt. Aber doch wohl attraktiv, nur trug sie eine Einkaufstasche. »Frau Kimmeskamp?« »Ja.« »Langensiepen, Kriminalpolizei. Kann ich Sie einen Moment sprechen?« »Hätt ich mir ja denken können.«

Frau Kimmeskamp trug einen schwarzen Ledermantel, hatte offensichtlich fortgehen wollen. Als sie seine Dienstmarke sah, nickte sie sachlich und gefügig, als habe sie Erfahrungen mit diesem Zeichen, ging vor ihm her in ihre Wohnhalle, die weniger geräumig schien als die der Drögemöller. Wohl weil sie vollgestellt war mit Möbeln und Geräten, da drängten barocke, klassizistische und bäuerliche Stile gegeneinander.

Frau Kimmeskamp ließ sich in einen dunklen Ledersessel nieder, wobei ihr Mantel auseinanderrutschte und die Umrisse der hellen Beine bis dorthin sichtbar wurden, wo auch die kürzesten Röcke der Saison hätten beginnen müssen.

»Ich muß Ihnen einige Fragen stellen in Sachen Herlotzky.« Langensiepen setzte sich auf einen Stuhl. »Sie kannten Herlotzky?«

»Türlich.«

»Seit wann? Etwa –«

»Seit – elend lange schon.«

»Und seit wann kennen Sie Thomas Wittkamp?«

»Den? Na – ja, seitwer diesen kaputten Typ halt so verabeiten. Fümmensecksich? – weiß nimmähr.«

Die Frau hatte eine angenehme Stimme, obwohl sie so kurz angebunden antwortete. Eine heisere und doch klangvolle Stimme. »Wittkamp – wieso kaputter Typ?«

»Bißken Spinner. Kricht öfter n Moralischen. Datter schließlich jeden hier aufen Wecker geht. Von dat Ditta hatter am längsten wat von. Bis dem Hällo dat ma eines Tages ze viel wa, hat er n färchtichemacht, dat nich mär viel von übberichebliem is. Dammals, ja, da habbichen zem ersten Mal gesehn, fümmensecksich. Vatter schwerreich – Klasse Mischung fürrem Rentelen.«

»Waren Sie gestern abend hier in Ihrer Wohnung?«

»Ja.«

»Wann genau?«

»Von – in einem duich. Hab aba nix gemerkt. Erst als die Ditta mich Bescheid sachte dise Nacht.«

»Wie kommen Sie mit Frau Drögemöller aus?«

»Eins a, ja?«

»Wie lange kennen Sie Anita?«

»Kenn uns gätz schon all die Jahre. Da is nie wat vorgekomm, beste Freundin, ganz kla.«

»Wie lange wohnen Sie hier beide?«

Sie versuchte den Mantel über ihre Blöße zu ziehen. »Seit – wattemal – seit Ende achtendsecksich, ja, wohn wer hier in den Schuppen. Nä, wirklich, gegen die, da kann ich nix gegen sagen. Die is, also wat bei andere eintlich immer ma wa, maln Freier madich machen, dumme Bemärkungen un so, nie, im Gegenteil, als ich krank wa, wenn ich die nichehappt hätte? Nä. Hat mich schon so manchem zugeschustert –«

»Wie meinen Sie das?«

»Die Dröge is halt mähr so auf die Sanfte, wa? so dat Menschliche, fürrem Tömmchen meinzweegn. Dem Öligen seine schwierigen Fälle, Seelenmassage un so, ma aussprechen, dat gaper an dat Ditta. Wogegen, wenn geile Oppas ranschlappten, woße so deine Last haß mit Hauruck und Tatütata und so, oder diese vokehrten Stänze mittie Sauwünsche – da hattie regelmäßich gesehen, dat ich dat bekam. Warn se auch ährlicher bedient. Auf dat Geld is die, wolln mal sagen, mir gegenüber, is die da überhoppt nich schaaf drauf, bleibt sozzesagn inner Familie, ja?«

»Sie beide ergänzen sich also gut?«

»Ja, nä, da gibtet nix, vostehn uns prima.«

»Sie arbeiteten früher beide für Herlotzky?«

»Ja.«

»Und sind jetzt beide bei Rentelen.«

»Wat heißt bei Rentelen. Wohn halt hier.«

»Wie hat sich Frau Drögemöller mit Herlotzky verstanden?«

»Ja – nich zum besten, nich? Dä Esel konntse ja nich in Ruhe lassen. Der Holzklotz. War halt ne andere Sorte Mensch. Gosse, nich? Ich mein – wenn ein selber ma inne Gosse wa, dann müßte der unsereim wenigstens ne Schankße gönn, nä? is doch wah. Also alles wat recht is – irnswo vordient hättär dat. Dä hat se gepisackt.«

»Was meinen Sie damit?«

»Wollt se halt widder für sich laufen lassen.«

»Und was sagte Rentelen dazu, zu diesen Wünschen?«

»Wenn die sich nur sahen, wa die Stimmung im Eimer.«

»Diese Prügelei, damals in der Marina-Bar, bevor alle verhaftet wurden – was lag da vor? Ich meine, zwischen Herlotzky und Rentelen?«

»Das alte Lied. Nich?«

»In Sachen Erpressung? Sie wissen, Bongartz –«

»Wüßtich nich. Müssensen Öligen fragen. Ich weiß nur eins: Ditta wollt Ruhe ham vor dem. Vor dem Hällo. Hat ses doch gut hier, sagn Se dochma säpps. Oda? Häaliche Wohnung! Gut vadien! Von hier widda runta nache Altstadt, Viehofer? Hällo wa ja, irnswie war der ja schaaf auf sie.«

»Er auf sie?«

»Na von beide Seiten. Mal sie, mal er. Dise Inkonsequenz, nich? Ärß mir hier ein runterknatschen un knöttern, und dann oom wupptich Gratisnummern drehn. Nee. Ent- oder weder.«

»Wem traun Sie den Mord an Herlotzky zu?«

»Na. Also – man soll ja sowat für sich behalten, aba – dä Hällo is dat säpps in Schuld, datter im Bidet gelandet is.«

»Trauen Sie der Drögemöller das zu?«

»Quatsch! – gestern wa se ja schomma ga nich hier!«

»Ja, ich weiß. In der Oper.«

Die Stimme der Frau Kimmeskamp wurde unangenehm. Es fehlte ihr offenbar plötzlich die Atemluft, um weiterhin angenehmes Timbre zu entwickeln. »Sie wa eemt nich hier; und dat is ja wohl die Hauptsache bei son Alibi, wa?«

»Ich verstehe, daß Sie Ihrer Freundin beistehen wollen. Sie müssen dann nur nicht wortreich schildern, wie schlecht das Verhältnis war zwischen ihr und dem Ermordeten.«

»Hattoch damit nix zu tun!«

»Meistens schon.«

Es entstand eine Pause, eine unangenehme Stille. Sie stand auf und ging auf und ab in ihrem Stilmöbelsalon. Dann blieb sie plötzlich vor ihm stehen und fuhr ihn an: »Ich waiß dat, märken Se sich dat, Herr Psychologe!«

»Was wissen Sie?«

Sie atmete einmal tief ein und aus und begann:

»Anita Dröge wär die letzte, die sone – sone Dummheit jemmals macht, einfach weil set nich kann! Schon hier fürre Sauigeleien« – sie zeigte in die Richtung, in der bei Frau Drögemöller der dunkelrote Säulenverschluß stand, bei Frau Kimmeskamp war die mit einem mediterranen Holzkettenvorhang versperrt –, »schon bei Sauereien isse sich doch viel zu fies für. Die hat, die is noch – wat Anständiget, Herrgott noma, glaumset oder glaumset nich.«

»Ihrer besten Freundin glaube ich natürlich alles.«

Nun sah Frau Kimmeskamp plötzlich aus wie eine alte Frau, bitter und gallig und am Ende ihrer Nervenkraft: »Dann gehn Se doch! Dann haun Se doch ab! Vaduften Sie doch woannders hin, Sie mit Ihre dämliche Kucke! Haamlose kleine Mädchen vodächtig machen, dat könn Se, mehr nich! Un sowat will Pollezei sein!«

Hinter ihm keifte die Frau weiter und schien ihre Wut am eigenen Geschrei noch steigern zu können: »Hau ab, Korinthenkacker, hab wat Besseret zu tun, jau! hau ab, Waschlappen! junge Miezen reinlegen, hammer gerne, mickrigen Lammaasch datte gehß –«

Abermals verwirrt schloß er die schwere M. K.-Tür hinter sich und stieg wieder zu seinem Beobachtungsstand hinauf. Er glaubte zu wissen, daß die Ruhrleute ihre heftigste Gangart in Wort und Tat dann fuhren, wenn sie am unsichersten waren. Schon im weißlackierten Eingang hörte er sein klirrendes Telefon, und erreichte, vom Treppensteigen noch außer Atem, rechtzeitig den Apparat: »So geht das aber nicht!« tönte die Stimme des Düsseldorfer Gruppenführers, »Sie sollten jetzt ständig erreichbar sein – kurz folgendes: Wir haben gehört, daß eine Kolonne aus Bonn unterwegs ist. Handelsdelegation. Entweder die bleiben in Düsseldorf hängen, oder sie kommen durch bis Essen, jedenfalls ist alte Kundschaft vom Ahornweg dabei, verstehen Sie?« Langensiepen sah den Düsseldorfer deutlich vor sich, seine Blechlippen, seine Autoschnauze. »Sollte die D. entsprechenden Besuch kriegen, heute abend erhöhte Aufmerksamkeit! Das geht also gar nicht, daß wir die Spanier ohne Aufsicht da reinlassen, wo gestern abend noch einer krepiert ist, klar?«

»Spanier, sagten Sie?«

»Die Handelsdelegation aus Madrid, von der werden Sie ja wohl gehört haben.« Die Führungskraft dämpfte ihren grollenden Ton: »Unter uns gesagt, da ist irgend etwas gelaufen von wegen EG-Bestimmungen-Umgehen, nun haben die direkt mit Bonn einiges hingebaut und sind natürlich entsprechend groß in Fahrt, können Sie sich denken, wie die Sause jetzt aussehen muß. Also. Dies als Vorwarnung. Vor Ort bleiben. Glück auf!« Langensiepen war konsterniert über die Ungemütlichkeit des Verfahrens. Kein Gruß, kein Name; ein schroffer, wie er meinte, preußischer Telefonton und dazu ein Auftrag, den er nur halbwegs in seiner Bedeutung verstand. Damals hatte er überhaupt nichts mehr durchschaut, gräßlich war das gewesen, dieses Schwimmen in Breitseiten von Material. Und dieser von Horobin – heute wußte er, daß es der von Horobin war – hatte nichts zur Klärung beizutragen als sein Einsatzleitergebrüll.

Langensiepen hatte sich in den Sessel zurückgelegt und sah ein, wie praktikabel der war für Beamte im Sondereinsatz. Er hatte sich die Namensliste vom Tisch genommen, war aber unfähig, diese Liste des Gustav Nöhles zu lesen oder Ergänzendes zu notieren. Er drehte nur wieder nervös und gedankenlos wie beim abendlichen Einstellen der Fernsehnachrichten den einzigen Knopf, den er bedienen konnte und hörte, ohne unterscheiden zu können, ob unten überhaupt noch jemand in der Wohnung war, einen Gesang, der bösartig, ja drohend schien: »Schon seit geraumer Zeit bemerke ich Gesichter, die mir ganz unbekannt.« Und dann, in verdoppeltem Tempo: »Und die gehören sicherlich zu dem Gelichter, das man –«

Er stellte die Szene leiser und schrieb hinter den Namen Wittkamp: »von Herlotzky mißhandelt, 1965 (?)«, und hinter den Namen Kimmeskamp: »Aversion gegen Herlotzky. Eifersucht?«

Er ergriff ein unbeschriebenes Blatt, legte es auf seinen glatten schwarzen Aktenkoffer, lagerte den Koffer auf seinen Beinen und wollte eben beginnen, seinen ersten Bericht zu formulieren, als sich über die leise Musik unpassende Gespräche lagerten, ein Abschied offenbar, wobei sich die Abschieds- und Musikszenen wechselseitig zerstückelten, da half auch das Lauterstellen mit der Fußspitze nichts:

»Wer hat sie denn gerufen die Bullen nicht Allotria getrieben solltichen liegn lassen bisser vodunstet packt ihn ihr Leute willz du denn auf mich aufpassen plötzlich misch dich in Staatsgeschäfte nicht wenn du sie selber anrufst ihr schleppt mir diese beiden fort dummes Schwein wissen Sie auch was sie wagen komm du mich noch eima untere Augen man will mich hier vexieren Nase voll raus du –«

Die Stimmen entfernten sich zum Ausgang hin, nun tönte nur noch eine tumultartige Schlußmusik: »Ich lasse alles arretieren!« Er schaltete das aus. Langensiepen widmete sich jetzt seinem Bericht, formulierte Fakten und psychologische Einsichten. Für seine neue vorgesetzte Stelle in Düsseldorf schrieb er die, gleichlautend würde er sie an seinen alten Essener Chef schicken.

Vorbericht:
Am 29.4.70 um 2.48 Uhr meldete die A. Drögemöller telefonisch, daß in ihrem Apartment, Ahornweg 6, ein Toter liege. Eintreffen daselbst 3.05 Uhr. Nach den Papieren, die der Tote samt Brieftasche bei sich trug, handelt es sich um den Gelegenheitsarbeiter Helmut Herlotzky, geb. 12.1.41 in Herne/W., zuletzt gemeldet E.-Mitte, Pferdemarkt 3, dreimal vorbestr. (Zuhälterei/Erpressg., Diebst.) Letzte Haftstrafe in Essen endete am 4.4.69 durch Ausbruch aus der Haftanstalt. Aussetzung des Verfahrens wegen Erpressg. in Sachen F. Bongartz, Essen.-Br., aus dem gleichen Grunde (Haftflucht).
Der Tote lag nach Aussage der D. unverändert, der Kopf in der Sitzbadewanne des Badezimmers der D., Füße in Richtg. Dusche, ungefesselt. Keine Spuren von Strangul. Auf der Whiskeyflasche (dreiviertel gef.), dem einzigen in der Nähe angetr. härteren bewegl. Gegenstand, Fingerabdrücke des H. und der D., desgl. auf den Gläsern. Die D. gibt an, von 20.00 bis 2.45 Uhr nicht zu Hause gewesen zu sein. Grund: Opernbesuch (zwei Eintr.-Karten). Mutmaßlicher Tathergang:
Unglücksfall, den auch das medizin. Gutachten für unwahrscheinlich hält, scheidet aus, zumal die Zahl mögl. Täter bzw. Motive nach den ersten Ermittlungen erheblich ist. – Der Täter (die T.rin) schlug mit der fragl. Flasche von hinten auf H. ein. Der Bewusstlose wurde dann

mit der rechten Halsseite auf die Kante des Sitzbeckens gelegt und mit zweimaliger Gewalteinwirkung getötet (zweif. Fraktur Halswirbel). Mutmaßliche Täter:

1.) Die D. – – –

Langensiepen konnte sich nur schwer konzentrieren, hatte sich nun vorzustellen, aus welchen Beweggründen diese junge zarte Frau dort unten eine solche Gewalttat begangen haben könnte. Er legte Koffer und Schreibzeug auf den Tisch und ging an sein Aussichtsfenster. Das Ruhrtal im Nachmittagslicht.

Auf den unteren Terrassen sah er Sonnenschirme, Leute im Freizeitdreß. Nur auf den Terrassen der A. D. und der M. K. zeigte sich niemand. Langensiepen atmete etwas von der Mailuft durch das geöffnete Teilfenster, atmete tief ein und ging dann in die Küche, spülte sich eines der bunten Nöhleschälchen sauber und wollte danach Milch einschütten, als er das dumpfe Geräusch des Kabinenmotors hörte – er eilte wieder in seine Beobachtungskanzel, sah aber nur noch den Lift hinabfahren, ohne zu erkennen, wer da hinabfuhr und von welchem Stockwerk das Gehäuse gestartet war – ging zurück in die Küche und schüttete Trockenmüesli und Milch ins Schälchen.

Und machte sich eben mit dem Rühren den schönsten Appetit, als er kaum mehr atmen konnte. Denn er wußte, daß jemand hinter ihm stand. Weil er ein Geräusch gehört hatte? Weil durch das Zimmer ein Lichtwechsel gehuscht war?

Wie im Schock, aber ohne äußere Reaktion, rührte er weiter im Müsli. Gleichzeitig wendete er mühsam den Blick zur Seite und erkannte in dem schräg vor ihm stehenden Kühlschrank den Widerschein einer menschlichen Gestalt. Was jetzt tun – – –

»Bessern Mampf is wohl nich drin bei dein Job? – Au! hatter sich aba verjacht, dä kleine liebe Bulle.«

Hinter ihm stand sie, barfuß, in einem zitronenfarbenen Hausmantel aus Frotteestoff, grinsend. Offenbar nach dem Streit mit ihrem Tömmchen schon wieder gut gelaunt.

»Wie sind Sie hier reingekommen?«

»Wo dä Rentelen dat Loch gelassen hat.« Sie zeigte auf die Schrankwand, und er sah, daß die Tür, die das etwas veränderte Aussehen hatte und die er noch hatte untersuchen wollen, nicht ganz geschlossen war – er öffnete die Tür und sah eine enge Wendeltreppe, Stufen, die um eine Stange herum nach unten führten und die unten, in der Küche der Drögemöller, zweifellos ähnlich überzeugend getarnt waren.

»Da staunt er aber, unsan Polizeimeister«, sprach sie neben ihm.

»Hamwer immer schnell Kontäkterchen. Is Klack Sache. Kamman manchma ganz gut gebrauchen, Kontäkterchen.«

Er zog es vor, nun durch klare Anordnungen Autorität herzustellen. »Sie bekommen heute voraussichtlich wichtigen Besuch.«

»Nee, wattu nich sachs.«

»Jedenfalls müssen Sie mich über alle Überwachungsmöglichkeiten aufklären.«

»Aufklären is meine Spezialität!«

Die Dame mit der weichen, schönen Gestalt schien keineswegs mißgestimmt oder irritiert, sondern fragte in ihrer beinahe verletzend freundlichen Art:

»Jetz sach do ärß ma: Wie heißte denn aintlich?«

»Mein Name ist Langensiepen.«

»Aha, Langen – un du bis gätz den Nachfolger vonnen Nöhles? Mein neuen Kontrollkommissar?«

»Gewissermaßen ja. Hinzu kommt die Aufklärung des Mordes an Herlotzky.«

»Da bisse ja den reinsten Aufklärungsflieger. Hasse denn überm Härlotzky schon wat aufgeklärt?«

Sie lachte, mit einem übertriebenen Kichern, wozu sie unnötigerweise ihre Arme hob, so daß die Ärmel ihres Hausmantels zurückfielen. Obendrein faßte sie seine Ohren an. Er spürte ihre Arme an Hals und Schultern und hörte wie von fern, was sie sagte: »En Süßen isser. Watten Segen, dattie den Nöhles nich mehr hergeschickt ham. Komm, Langen, ich zeich dich den Mechanixnutz. Von wegene Aufklärung.« Sie ließ ihn los und lief barfuß vor ihm her in den Kontrollraum.

»Nu kuck ma an – den Ton hasse ja schon gefunn! Hier, damit kannze auf Tonband aufnehm, Tonbänder sin genuch in dise Geheimschublade. Dann dise Knöppe hier fürre Wanzen; die hier fürret Wohnzimmer, die fürrem Schlafraum, is ja klar, genachdem wo unten wat los is, drückset Knöppken. Abert Beste, de läßt beide an – kannz nie wissen, dat geht mit eima so hurtich, vonne Wohne inne Poofe un retour, so schnell kanze ganich schaltn, haha! Getz kommtie Optik, is ja n äußerst interessantes Programm, watte da eingestellt has: Kuck, so krisse die Kamera in Gang, so, kla? Fernsehen is nur fürret Schlafzimmer. Kannze so steuern oder so, kriss immer alles mit, schärfer krisse dat nich als so, aba schaaf sollze ja onnich wern, haha –«

Sie lachte wieder eindringlich und führte beim Fernsteuern der Kamera überflüssigerweise seine Hand, diese Lektion hier nahm ihn voll in Anspruch: »Jetz vorklicker ich dir die Kiste fürren Wohnschuppen – da hammer ganz klasse Taanung, dat Fernrohr geht mittemang innem Brunnen na unten; aha, hasse auch schon en Bild. Jetzt paß Achtung, so, wie du dat getz hass, is dat voklemmt – nur wennze die Stange so weit raus hass, kannze drehen – hattessen viel ze weit draußen, haha, typischen Übbereifrigen, nu kannze kucken wie im U-Boot, nur statt na oom na unten, plinz ma säpps duich! und getz dreh: Ja? Bisse rundrum im Bild! Außerdem hier den Hebel, kannze nach mehr nach oom oder mehr nach unten spinxen – is dat wat? Un Schaafmachen läuft hier! Wat sachße gätz. Jaja, den Rentelen. Dat hatte der sich anners gedacht – nich ausgerechnet fürre Bullen.«

»Wie lange hatte Rentelen diese Anlage in Betrieb?« Sie lehnte sich an den Beobachtungstisch und rechnete nach.

»Von – na – von Mitte neunensecksich, ja, im Sommer wa dat vorges Jahr. Dann kam auch schon den Hällo auf den Trichter, wolltat Dingen selber drehen.«

»Sie meinen den Erpressungsversuch gegen Bongartz?«

»Den Amateur! Ausgerechnet annem Bongaatz. Wo doch der große Friedrich den Öligen den Kies säpps – also kreditmäßich –«

»Das Geld für die Anlage kam von Bongartz?«

»Dat is echt ulkich, nich? Wa doch nur ne Probe, technisch gesehen. Tonprobe. Aba von Technik und von kaufmännische Sachen hattär Hällo wieso nie genügend Grips. Hilfsschule. Vogelheim, ja? Son richtigen Treudoowen. Machtän Rentelen dat Geschäft in Klump und schmeißt ummen Haa den Geldsack Friederich inne Emscher – ich mein, mir wart ja bloß recht, Pornoproduktion is nich mein Dingen.«

»Nachdem die Polizei die Anlage in Gewahrsam beziehungsweise versiegelt hatte, da mußte es doch zwischen Herlotzky und Rentelen zu einem gespannten Verhältnis –«

»Vohältnis is gut. Ach Junge. Has du ne Ahnung vonne Vohältnisse. Du meinz, gätz is kla, wer den Hällo de Gurke eingeschlagen hat – ja, wenn dat so einfach wär.«

»Hatten Rentelen und Herlotzky die Erpressung etwa noch gemeinsam begangen? Wie kam Herlotzky überhaupt an das Tonband? Durch Sie?«

»Fächs mich noch en Loch inne Lunge!« Die Frau Drögemöller stand etwas ratlos vor ihm, wirkte zart, fast durchsichtig, obwohl von der Nachmittagslandschaft da draußen ein günstiges Licht auf sie fiel. Sie setzte sich auf den Kontrolltisch und sagte langsam: »Weißte, nu geb ich dir maln Rat.« Sie schaute ihn eine Zeitlang stumm an, als wollte sie vorher noch irgendwelche Erkenntnisse aus seinem Gesicht lesen. »Dattu n forschen Pollemanzist biss – dat –, davon hasse jetz ärß ma wenich. Umlärn musse. Dat is hier allens – wolln ma sagn –, so vergaunert is dat – dat krisse nie – nie von getz auf gleich. Nich dattich kneifen will. Ich sach dir alles. Im Gegentum: Uns Indijaner müssen zesammenhalten! Kapierßat wattich mein? Leuchtet jetz deine Latüchte? Also – wer getz den Hällo umgelecht hat – so einfach gehtat nich. Un wenne hier Sicherheit inne Bude ham willz fürre high-life-Besücher, da musse noch viel lärn. Umlärn.«

»Das ist mir völlig klar, und ich danke Ihnen auch für Ihre Bereitschaft –«

»Wie lange sollze dat hier machen?«

»Ein halbes Jahr, fürs erste.«

»Na kuck. Dat is ja schon ga nich so dumm. Da ham die dat endlich kapiert.« Sie stand auf und ging zum Flur. »Da haben wir ja Zeit in Hülle un in Fülle, da kann ich dir dat ja alles haaklein – weiße wat, eh du dich an dein Haferpamps en Zementbauch anspachtelz, kommze runter, bei Muttern gibbet wat Leckereret!« Das Telefon klirrte. »Übberigens: Mein Apparat, wenn dat bei mir klingelt« – sie grinste – »dann kannze hiern Licht sehen, dann musse nur hier drükken – bauz! hörße unten mit, wat die Dröge so telefoniert. Also, bis gleich.«

Sie verschwand. Er sah ihr nach und nahm den Hörer ab: »Langensiepen.« Es meldete sich niemand. »Hallo?«

Es wurde aufgelegt. Jemand schien wissen zu wollen, ob – er wählte die in solchen Fällen fällige Dienststelle im Präsidium und bat, seinen Apparat zu beobachten, die Anrufer zu registrieren.

Dann schaute er vom Telefon auf den Lichtknopf, der ihm anzeigen sollte, daß unten ein Gespräch geführt wurde. Das er mithören konnte. Durfte, sollte? Er sah nachdenklich auf seinen ersten Bericht an Grevenbroich und an die staatlichen Düsseldorfer Auftraggeber. Am Ende stand immer noch »Mutmaßliche Täter – die D. –«

Flieder? jetzt schon? Er schnupperte. In der Luft hing noch immer dieser Duft – dieses Weib, das so getan hatte, als kennten sie sich seit Jahren.

Ausgerechnet am Ort eines Totschlags. Er fühlte sich umgarnt. Überhäuft. Überfordert.

Er ging in die Küche und öffnete die Geheimtür. Von unten gedämpftes Geklapper von Geschirr und Besteck. Er ging zurück durch den Flur zum WC, war ihrem überrascht und verärgert, fast keinen Platz zu haben, weil der enge Raum vollgestellt war mit Lampen und Blenden und Ateliermaterial, mit Gerät, das man zur Inszenierung eines Fotolabors hätte brauchen können. Zur beengten Lage kam hinzu, daß sein Glied fast zu steif war, mit Mühe drehte er sich so, daß er sich erleichtern konnte. Er wusch sich die Hände – Seife lag noch da von Nöhles, gewiß sechs Monate alt –, ging ins Hauptzimmer und zog sich seine Jacke an.

Ging dann in seine Küche, öffnete die Schranktür mit dem abweichenden Farbton und stieg die Wendeltreppe hinunter. Die untere Tür hatte sie offengelassen. Auf ihrem Kühlschrank lagen Deckel und Dosen. Er ging durch den Flur in ihren großen Liegesalon und fand sie hinter dem bengalisch erleuchteten Brunnen in einer Ecke, an einem niedrigen Tisch, beschäftigt mit Tellern, Gläsern, Flaschen. »Bier? Schnäpsken? Ich mach auchen Tee –«

»Danke, ein Bier.«

»Dann nehmen Sie doch mal reichlich Platz. Et gibt Schnittchen.«

Er sank in einen der beiden großen Ohrensessel. »Nu hau rein inne Bütterkens, Hafaflockn! Sollz donnich leem wie n Hund.«

»Richtig nett«, sagte er. Da sie ebenfalls guten Appetit zu haben schien, aßen beide, ohne zunächst viel zu reden, nur daß er schließlich lächeln mußte bei dem Gedanken, was wohl die anderen sagen würden, wenn sie ihn hier so sitzen sähen in dem üppigen Saal, mit einer mutmaßlichen Mörderin und zweifelsfreien Prostituierten gemütlich beim Essen von Salaten und Käsebroten und Schinkenschnittchen.

»Kommtich dat hier komisch vor?«

»Ein bißchen schon. Schließlich bin ich im Dienst und sollte Sie pausenlos verhören.« Er tunkte mit einem Brotstück die Reste der Teufelssalatsoße aus der zarten Porzellanschale. »Wissen Sie überhaupt schon, daß Ihr Fall in die Sonderaktion ›Ruhe an der Ruhr‹ einbezogen wurde?«

»Mein Fall?« Sie mußte erst kauen. »Wieso is dat mein Fall?«

»Insofern schon auch, als sich ja alles hier in Ihrer Wohnung abspielt oder abgespielt hat.«

Sie legte bedächtig Messer und Gabel nieder und schaute ihn kopfschüttelnd an. »›Ruhe anne Ruhr?‹ Sowat Beklopptet. Als wenn ich Rabatz mach. Kuck domma säppe: Ich sitz doch ganz ruich da? Tu dir nix! Etwa nich? Tu keinem einen was. Binnen ganz ruhigen Ruhr-Typ. Ruhrich, rührich, urich, ruich, wießet ham willz.«

»Sagen Sie, und diese Spanier heute abend, waren die schon mal bei Ihnen?«

»Spanier?«

»Ja, es soll heute abend eine spanische Delegation kommen.«

»Du kriss die Motten, olé, nee o nee, muß dattän sein? Aba Dienz is Dienz. Un Aabeit is Aabeit.«

»Bis dahin muß ich meinerseits Dienst machen und mit der Inquisition anfangen.«

»Mit was, bitte?«

»Mit dem Verhör.«

Sie zündete sich eine Zigarette an, sagte noch einmal »olé« und »o weh« und schien über dem Gedanken an die spanische Kundschaft ihren augenblicklichen Gast vergessen zu haben. Sprang schließlich auf, verschwand eine Weile hinter dem barockroten Vorhang im Schlafzimmer. Als sie dann zurückkam, war ihre Stimmung ein wenig verändert. »Wie lange stellze dir dein Verhör so vor?«

»So lange wie nötig. Sie selber deuteten ja an, daß man dazu viel Zeit –«

»Versprochen is versprochen – aber –«

»Was aber?«

»Bin donnich bescheuert.«

»Wie?«

»Kann der Staat ganich machen. Für lau? für nix un widder nix?«

»Vielleicht sind wir in ein, zwei Stunden durch? Sie wollten mir alles bereitwillig –«

»Nä. Is nich drin.«

»Fräulein Drögemöller, ich weiß, Zeit ist für Sie Geld. Klar. Also wieviel. Was verlangen Sie pro Minute?«

»Pro Minute? Dreißich macht neunzich macht drei Maak inne Minute.«

»Behörden sind arm, also zwei Mark.«

»Dann jede halbe Stunde fümfzich Maak Aufschlach – pro Nümmerken. Is momentan Grundtarif. Kannzich erkundigen.«

»Das hieße: Pro halbe Stunde, die wir angefangen haben, 60 plus 50, also 110 – mit Vorbehalt. Ich will versuchen, ob ichs durchkriege. Für die fragliche Aktion gibts Sondermittel aus dem Ministerium des Inneren.«

Sie marschierte im Salon auf und ab. Plötzlich blieb sie stehen. »Aber nee. Is doch en faul Werks. Kundschaft wird mich sauer. Versauboitelz mich die besten Böcke!«

»In den paar Stunden?«

Sie drehte eine Pirouette, so daß der leichte Frotteemantel auseinanderflog. »Hassa keine Ahnung vommen Schiebebahnhof mit Volldampf. Dicken Raibach machße mittie Eiligen! Ummedingt einen losballern un widder verdünnesieren. Wehe wennze dat Stoßgeschäft n pama nich mitmachz, hasset Immitsch im Eima.«

»Also noch mal 20 Mark Aufschlag, pro angefangene halbe Stunde. Das macht jetzt 130 DM. Das ist aber die äußerste Grenze!«

»Issen Wort. Isne Basis. Also. Dann laß jucken! Sollichen Köppken Kaffee machen? Schnäpsken? Nochen Bier? Whicksy? Dat heißt, den ham se micha komfiziert von wegene Fingerabdrücke, könntense mich ma n neuen vomachen.«

»Ein Kognak würde reichen. Vielleicht später.«

»So so. Vielleicht später. Hört hört. Schönsten Jacken sinte Konjakken.« Sie holte aus dem grünlich strahlenden Brunnenglashaus Flasche und Gläser und goß eines der Gläser voll und trank. »Nu kannze meinzwegn anfangen bohren, haha!«

»Jetzt fehlt nur noch eins. Wir sollten für Protokollzwecke Ihre Aussagen aufzeichnen.«

Sie ging wieder zum Brunnen und zog von der Rundum-Bank eines der Rückenpolster zurück, öffnete eine Klappe, manipulierte auffallend sachkundig mit dem Bandgerät und hielt eine Tonbandrolle hoch: »Zwei Stunn reicht ja wohl.« Fräulein Anita startete, schloß die Klappe, deckte das Polster wieder drüber und erklärte: »Nu laß knakken. Außern Tömmchen hat bei mir noch jeden, hähä, hat noch jeder in zwei Stunn gehabt, watter ham wollte. Oda konnte, yeah!«

»Frau Drögemöller, Sie sind in Essen geboren?«

»Ja nu, wat heißt Essen. Da fängdet schon an!« Sie stieg mit dem Glas und mit wippenden, balancierenden Schritten in die dämmrigen Hintergründe des Zimmers hinauf. »So klaa is dat alles nich. Ich würd ehr sagen: geboorn – geboorn – bin ich aufem Wech von Gesellenkirchen. Rübber nach Essen.«

»Wie bitte?«

»Aufe Gleise. Kennze nich? Geh leise! Mann! Kapier doch: mitten aufe Schien! Wa da dä Pannas am Dampfen! Gätz kuckter aba auße Wäsche wie den Pimmel vonnen Öligen, wenner Hängolin hat.« Sie lagerte sich lässig auf einem der weichen Ringgebirge und trank ihr Glas aus. »Dat is eemt nie geklärt worn, ob dat nu schon Regierungsbezirk Rheinland wa oda noch Westfaln. Dammals hattense einfach kein Zeit für so Fainhaiten. Fümmenvierzich.«

Dieses Weib mit den ungehobelten Nordmanieren, diese Frau mit der eckig-platten Sprache, wie sie da jetzt so halb saß, halb lag, auf einen Ellenbogen gestützt – das Frotteegewand umspielte die Beine – gab es nicht ein Bild von einem berühmten Mann in einer südlichen Landschaft – oder – aber jetzt hockte sie sich wieder anders hin, nun als Meerjungfrau überm grünen Brunnen –

»Aba ich schätz, et war doch noch Westfaln. Dä Zuch wa ja aus Richtung Münster, ham se inne Eisenbahnerprotokolle festgestellt, diese Vospätung un alles. Drögemöller isen waschechten Name vonnet Mönsterland, hat mir gätz der Vordenbäumen nochman Vortrach drübber gehalten. Spielt auch egal – noch ein valötn? Na, denn nich, gedenfalls: geboorn, geboorn, wie soll ich dat sagen?

Naja, mein Mutti, die wa ja wohl en aamet Schwein. Fümmenvierzich. In eim vonne ärsten Züge nachem Kriech is dat gewesen, mitten aufe Strecke wa dat Essich mitti Faht na Essen, Reparatur oder so, Schien kaputt, ging ja alles noch eingleisich, nich? Un meine Mutti, weiß ich do onnich, wo se nu hinwollte. Wahscheinds nache Klinik in Essen, höchze Zeit wa't ja. Odern Mann suchen. Vatta habbich wieso nie ein gesehn, sicher im Kriech Fresse mit Blei vollgekricht, gedenfalls: wo där keine Duichfaaht hatte, der Zuch, da hattie dicke Glocke dann gescheppert, nich? Wait un brait kain Aaz. Nix.

Is die Mutti, die aame Sau, isse aufe Toilette. Sollt se machen? Ärß dat Blaach, also sozzesagn ich säpps, wuppdich den ganzen Klumpatsch duiche Röhre. Aufe Schien – wohin sonz? Staunze, wa? Is weiche Landung gewesen, duiche Röhre schön langsam, mit Bremse, gebremsten Wurf, ja? So kleene Biesterkes sind ja zäh, könn ganz schön wat ab, Biane noch alles weich, ja? Wahscheinds hatte se kein zum Helfen. Wat soll ich michen Mund fuselich reedn: Zuch fuhr weiter.

Ich allein mittemang den Schlamassel. Son paar Dözzges, die ham mich vonne Gleise aufgegabelt. Hamse mich innem Heim verfrachtet, ja, waat ma, davon habbich do onnoch die Meldung inne Zeitung, hab se irnswo noch –«

Sie zog eines der grünen Sitzpolster zurück, verschaffte sich wieder Zugang zu geheimen Brunnenfächern – »die Mutti, die hatte dat gelesen, hattet sich ausgeschnitten un is wacker rumgelaufen, bis se dat Heim rauskricht. Da, in dat Kästgen, sisse, da habbichet noch.« Sie holte einen kleinen vergilbten Zettel heraus. »Hier. Auße Zeitung von Fümmenvierzich. Gätz kannzet mir glaum, lies säpps.«

Langensiepen las den Text laut vor, fürs Tonprotokoll:

SÄUGLING AUF DEN SCHIENEN

Essen, 21. August. – Auf ungewöhnliche Weise schenkte gestern eine Mutter ihrem Kind das Leben. Die Frau kam während eines fast einstündigen Zugaufenthaltes auf der Strecke Gelsenkirchen-Essen mit einer fünf Pfund schweren Tochter nieder. Der Säugling, der durch das Toilettenrohr des Personenzuges zur Welt gekommen sein muß, wurde von spielenden Kindern auf der Bahnstrecke gefunden. Das Mädchen, bei dem keine Verletzungen festgestellt wurden, kam in ein Pflegeheim in Essen-Stoppenberg. Von der Mutter fehlt bislang jede Spur.

»Mit diesen Zettel is die nix wie ab na Stoppenberch – ham die für dat Blach allet ordnungsgemäß gehört. Ort ham se Essen-Stoppenberch geschriem. Weil die Mutti mich da sozzesagen duichestoppt hatte.« Fräulein Anita zog sich in die oberen Regionen ihres Mondgebirges zurück, betrachtete sich eine Weile in der Spiegelwand. »Hatse sich später nie widdo blicken lassen. Mähr weiß ich nich.« Sie drehte sich um. »Schöne Bescherung, wa?«

Langensiepen hatte schon manchen Personalstand zu Protokoll genommen, aber dieser hier erschien ihm selten und ungewöhnlich.

»Finget gleich mitten Dachschaden an, nich? Konjäckerchen?«

»Danke, nein.«

»Aba ich ein!« Sie wippte über die Kaskaden herunter an den Tisch, schenkte sich ein, stieß dabei an Langensiepens Schulter und verschüttete ein paar Tropfen.

»O – Entschuldigung«, sagte Langensiepen.

»Mannix.«

»Hoffentlich gibt das keinen Fleck.«

»Awattän. – Prösterken!«

»Zum Wohl.«

»Samma. Wozu interessierßich eintlich für mein Vorleem, dieses alles hier?«

»Wir werden ja sehen, welchen Sinn diese ganze Unternehmung schließlich mal haben – gehabt haben wird –«

»Also meinz auch, dat ich an den Hällo sein Tod, dat ich da wat mit zu tun hab?«

»Allerdings.«

»Ah ja?« Sie stand unangenehm dicht neben ihm. Fliederduft.

»Sie meinen nicht?«

Sie glitt wieder gut gefedert davon. »Ich habbet ja schomma gesacht, so einfach is dat nich.«

»Wo waren Sie denn nun wirklich? gestern abend.«

»Inne Oper. Gloppße nich?«

»Sehen Sie, solange Sie solche originellen Auskünfte geben, auch wenn Sie sich dazu von irgendwelchen Freunden Eintrittskarten besorgen lassen, müssen Sie sich nicht wundern, daß wir das alles ein bißchen genauer wissen wollen.« Sie kam zurück.

»Meinz, ich hätt von Geigen un Blasen keine Ahnung? Hähä, frach ma die Kunden, wat ich den Bogen raus hab. Un biss sicha, ich hätt nix inne Oper verlorn? Bitte. Ich sach ja schon ganix. Solange de Zahlemann un Söhne machs, quetsch mich man nur aus – ich erzähl dich gern Schwänke aus mein Leem. Mit dich macht mich dat ährlich Späßken, du goldigen Junge, hasso musikalische Öhrns! Gätz kuckse wien Feuermelder – zum Rainhaun! Haha.«

»Sagen Sie mal – der Anruf im März damals, als Stepunat, Herlotzky und die anderen in der Marina-Bar geschnappt wurden – dieser anonyme Anruf bei der Polizei vor einem Jahr – kam der von Ihnen?«

»Wieso dattän! Gätz auf eima? Bin gätz ich der Bestußte?«

»Der Anruf kam aus dem Lokal selbst, hat man festgestellt. Sie waren damals jedenfalls nicht in der Oper, sondern ebenfalls in der Bar. Sie wollten sie dann dringend verlassen, auffallend dringlich. Nur hatten wir schon alles umstellt. Wahrscheinlich kamen wir zu früh, wie?«

»Wieso habbich dann solange gewaatet? bis alles schön dicht verrammelt wa? Und dann mit Hällo. Wat soll dat?«

»Allerdings, Herlotzky wollten Sie mitnehmen. In Sicherheit bringen, oder?«

»Ärß ruf ich an un vopfeif se alle wie se da sind – dann lots ich mit Müh und Not den kiewigen Hällo auße Gefahrenzone – un dann bring ichen um? Is dat wohl noch loggisch? Mönsch, hömma, kannzo mit mir nich machen!«

»Haben Sie an dem Abend angerufen?«

»Bin nich leemsmüde.«

»Die Stimme haben wir auf Tonband. Wir können ja jetzt gut vergleichen.«

»Vogleich doch mal.«

»Wieso sind Sie da so sicher?«

»Wieso? Klein Schlaumeier: standja wohl inne Zeitung, dattär die Stimme voquetscht hatte.«

»Wer?«

»Dä wo angerufen hat.«

»Herlotzky? – Rentelen?«

»Wat weiß ich? Bin ich Jesus?«

»Sagen Sie – was für ein Verhältnis hatten Sie zu Herlotzky?«

»Haha! Eins mit Anlauf! Dat Verhältnis wa dringend, ja? Fürchterlich dringlich! Geradezu aufdringlich, eindringlich!«

Langensiepen saß immer noch vor dem unaufgeräumten Essenstisch, während die Drögemöller wieder leicht beschwingt davonzog, um es sich auf einen Schaffell-Hügel bequem zu machen – reichlich bequem – wie wär's, Herr Langensiepen macht ma sich'n bißken nakkich?

»Ich meine – hatten Sie ein gutes oder ein schlechtes Verhältnis?«

»Junge, für so Fragen, wieviel Penunsen geem se dich dafür im Monat?«

»Seit wann kannten Sie Herlotzky?«

»Au Gottogott, getz gehtat widder los mittie Schwänke. Muß ich mich ärß ma ein vokasematucken! Auch ein?«

»Danke, nein.«

»Rum nich? Kannze flötter denken. Alles im Preis imbegriffen.«

»Nein, nein.«

»Denn eem nich, sturen Bürokrat.«

»Zum Wohle.«

»Du mich auchen paama.«

»Von dem Heim, in das Sie als Säugling eingeliefert wurden – wie ging das weiter, wohin kamen Sie da?«

Sie lagerte sich mit dem neu gefüllten Glas auf den Boden, nicht weit von ihm entfernt, am Fuß des Fellgebirges. »Dat is – is mir also jetzt nich erinnerlich, sozzesagen futsch, nich? Wat ich weiß, is eem immer ein un datselbe: nix wie Heime. So beschissen wie dat allens anfing dammals aufe Geh leise, so lief dat auch weiter. Mutter voschütt. Vatter im Orkus. Wa ich halt dem Staat zur Last, sacht man ja wohl. Odda?«

»An welches Heim können Sie sich noch erinnern?«

»Au Mann. Ärß ma inne Pulle kucken. Ja. Also dat ärste, wat ich berhoppt noch weiß, dat wa wohl Kupferdreh. Anne Ruhr, nich? Kuh Pferd Reh – wo die sich gute Nacht sagen, da liecht dat. Fromme Nönnekes, mittachs Spinat, Händken packen, beetn, spazziern anne Ruhr, Liedkes singen, Weihnachten Ängelkes spieln.«

»Bis wann war das?«

»Bis Vocksschule. Kam ich rübber na Steele.«

»Wohin?«

»Nächße Heim. Ärger blieb deselbe. Mussen Papst fran. Aba istoch klaa, wennze so kapaaftich aufe Schien inne Welt kommß, kuckse immer duiche Lokusröhre. Leem lang.« Sie fühlte sich offenbar recht wohl in ihrer jetzigen Lage, legte sich die Hand zwischen die Beine und versuchte gleichzeitig, mit der Zunge bis auf den Grund des Kognakglases vorzudringen. Langensiepen blickte weg, zum Fenster hinaus. In Richtung Kupferdreh.

»Bisse eemt gefährdet Blaach. Müssen de Nönnekes doppelt aufem Kiwiew sein, von wegene Sittlichkeit. Morns n Sprüchsken, mittachs n bißchen Dresche mitten schönet Sprüchsken, aamts vor de Heia nochen ganz extra schwummeriget Sprüchsken. Krisse imma klaa gesacht, datte minderwärtich bis. Schon von wegene Härkunft. Mutter: wat für eine! Läßt Kind im Stich. Vatter: ärst rächt kein. Bisse glatt aufgeschmissen, kannze höchzens mit ne irre Malooche dem Härrgott klaa machen, datter –«

Das Telefon surrte. Sie rollte sich in die Salonmitte und langte sich, kniend, den brokatumhüllten Apparat vom Brunnenrand. »Ja, Dröge, wer is da? – Aach!«

Sie ließ sich mit dem Apparat in der Hand von der Nachricht umwerfen. »Die Knalltüte aus Espania, ja du, ich scheiß Beweid weiß Bescheid, woher? ach ich weiß dattoch ehr als du überhaupt auf die Idee kommz mich ma besuchen treulose Tomate, wann bisse denn etwa hier? – Ja gut, kann dich auch ganich ehr gebrauchen – türlich, un wat forn Besuch! wenn du dat wüßteß, krichß dat Reißen, ich sachet dich heut aamt im Bettchen, tschüß Adio Caramba leck mich inne Täsch.«

Sie hängte ein und stellte den Apparat zurück. »Der kommt ärß um neun. Da hammwer ja nochen Aunblicksken Zeit, wir beiden Hübschen. Wie wärß denn, wenn wer jetz mal –« – sie schlängelte sich am Boden auf ihn zu – »wenn wer jetz ma'n bißken aufe Kacke hauen?«

»Wichtig ist, ob ich hier unten auch Anrufe entgegennehmen oder überhaupt feststellen kann, ob Anrufe oben auf meinem Apparat ankommen?«

Sie brach ihre Bodenübung ab und stützte ihr Gesicht nachdenklich auf beide Hände.

»Ja, kannze – aber nur nachen ganz raffeniertet System. Sonz könnt sich ja die Dröge euern ganzen Bullenkram abzapfen. Also: Ärstens musse da oom bei dein Tällefon dat grüne Knöpsken reindrücken, dann is dat für hier unten frei. Nur nich vogessen, wennze widder oom bis: gelbet Knöppken, damit ich nur nix mitkrich, wennze dein Muttipussichen deine süßen Ausreden säuseln willz. Haha. Also: Grün, dann ham wer't hier, gibbet son Extragesirre, dat is dann für dich. Ja – tut mich leid, nu musse schomma na oom klabastern un Grün machen. Ich räum solang ab.«

Sie rollte sich in den Stand und begann die übertrieben geschwungenen Tassen mit den zarten Salatschalen zusammenzustellen. Langensiepen spürte beim Aufstehen abermals Schwindel, der drehte ihm auch dann noch die Umgebung, als er die enge Wendeltreppe schon durchstiegen hatte. Oben drückte er den grünen Telefonknopf, zögerte noch einen Moment, weil er meinte, Herta schon jetzt seine Verspätung ankündigen zu sollen, fand aber in seinem verwirrten Zustand keine Entscheidung und trottete zurück, benommen. Süße Ausreden?

Unten in der Küche ließ die Drögemöller den vollen Teewagen stehen und schlang die Arme um ihn: »Freu mich, datte hier bis, du schüchternen Polizist!« und zog ihn zielsicher und mit obszönen Griffen wieder zurück in die Liegehalle. Dort hob sie den vergilbten Zeitungsabschnitt auf und legte ihn in ihr Geheimfach zurück. »Prima Geburtsurkunde, wa? Musse zugeem. Oder kennze ein mitten noch besch – scheideneren Anfang? unsern Herrn Jesus? der hatte dat in Bethlehems Krippe ja echt edel dagegen, wennze schomma dem seine vieln Eltern ankucks – na, nu machet dich doch bequem, komm, wat soll denn dat, hasse Anx, ich tu dir wat?«

Er hatte sich wieder auf den Stuhl beim Ecktisch gesetzt und nahm sich zusammen: »Wir sollten Ihre Darstellungen fortsetzen.«

Er verwünschte sich, daß es ihm so schwer gelang, eine lockere Tonart zu finden, denn er ahnte, daß er auf die Dauer nur dann brauchbare Informationen bekommen würde, wenn er auf ihre Umgangsformen eingehen konnte.

»Ma ganz grundsätzlich, Herr Langen: Diese Knöppgen hier, damit ist das Wänzken gemeint und nich dat Schwänzken, ich tu dir nix, zum Beispiel hiermit: –« sie zog ihn vom Stuhl, zog ihn durch den Barockverschluß in ihre »Poofe« und zeigte ihm im indirekten Licht zwei Stellen, an denen absolut nichts zu erkennen war. »Ein Mikro übbere Tür gleich hier, dat annere da drüm. Kapiert?«

»Okay.«

»Schlau is unsern Kleinen!« Sie nahm seinen Kopf fest in die Hände und drückte einen herzhaften Mädchenkuß auf seinen Mund, worüber er vorzog, keinen Kommentar abzugeben, obwohl sie noch einiges hinterherschickte wie »n lecker Mäulchen hasse.« Unbehelligt fand er durch den Barockschlund in die Wohnhalle zurück.

»Alles, was wir hier besprechen, wird abgeschrieben werden. Wahrscheinlich wieder von Wilma Hagedorn und Maria Bläsing, von zwei erfahrenen Sekretärinnen aus dem Präsidium. Die kommen hier aus Altenessen, ungeheuer fleißig, aufmerksam, gutes Gehör, Sprachgefühl, ganz erstaunlich, was die beiden zum Beispiel aus Ihrem Bongartz-Gespräch herausgeholt haben. Denen entgeht nichts.«

Damit meinte er, sie hinlänglich auf den offiziösen Charakter ihrer Gespräche hingewiesen zu haben. Und er glaubte beginnen zu können: »Wir waren stehengeblieben in dem Augenblick, was sagten Sie doch – daß Sie also durch Ihre elternlose Situation von vorneherein gezwungen waren, insbesondere bei den Nonnen Ihres Heims in Steele –«

»Ach Herr Oberkommessar – bei de Nonnen, bei de Bullen, bei de Lehrer, bei de Kunden un onnoch bei de Engelkes kommze amatonisch immer inne letzte Reihe – krisse den Job, wo de annern zu fies sind für – in tausend Jahre kannze mich ma besuchen kommen, da siehße mich steinekloppen aufe Milchstraße. Aba dat iset ja nich, watte Polente inträssiert.«

»Doch doch. Erzählen Sie ruhig über Ihre Erziehung, also zum Beispiel aus dem Heim in Steele.«

»Lulle?«

»Danke.«

»Trinkt nix, raucht nix – inne Haia würdße auch passen, jaja, bis ja im Dienst, ich weiß. Also, en Beispiel willer ham.« Sie stand auf, glitt federleicht um den Brunnen herum. »Weiß ich noch ganz schön Sachen von all die Jahre. Kinder betet, der Vatter geht na Steele. Träum ich no heute von, beinah geede Nacht. Irnswie gehtat immer um die Abromeitsche. Ehrentraut. Pißzicke. Die zerkratz ich, wenn ich die nomma seh.« Sie war vor ihm stehengeblieben.

»Sie wollten ein Beispiel bringen.«

Sie schwebte wieder davon. »Na gut. Dat mittie Ärdäppel. Dat wa – wann wa dat? Oktober. Oktober achtemfümfzich. Härrlich Wetterken. Schifft wat drin is. Dat hieß Freiluftnammitach. Von wegen gesunde Luft un Körperbau. Morns Schulla, mittachs Mampf. Dannen gemeinsam Lied un Sprüchsken über Freiluftnammitach, dat wer n christlich Leem nur mit Malooche hinkriegn, körperliche Sachen abtreiben duich Schwärarbeit. Un so. Deswegen also gätz die Ardäppelsammlung. Dreizehn warn wer alt. Ginget aufen Acker na Freisenbruch, heut is da allet Siedlung, kennze nix von widder, wa da son Büschken, dahinter den Kartoffelacker. Hamwer gedesmal aufen Wech gesungen ›Hab Dank o Härr für deine reichen Gaben‹ und dat Nivealied: ›Wie solltich mich denn krämen.‹

›Kinder‹, sachtie Abromeit, ›in Gottes Natur dürft ihr gätz Gottes Geschenke einsammeln. Wer am ehrsten sein Sack voll hat, darf Aamtgebet aufsagen.‹

Warn wer alle schaaf drauf, Kindsköppe wat wer warn. Aamtgebet. Wennet man noch besser Essen hätt gegeem, bißken bessere Behandlung drin wär gewesen. Rubbelten wer los wie die Idioten.«

»Nur wegen des Abendgebets?«

»Wennze sonz ganix Schönes has, kein Radaujo, kein Färnsehn, kein Kinno, Plattenspieler, Ausgehn nix – watda Extra wa, dat wa eem diesen Betruch. Schön Quatsch aufsagn. Warn se alle zufrien mit ain, gabs ma kein Ärger, warße halt vornewech, nich?

Wegen dem warn wer kirre auf't Wullacken. Mann, bin ich ran, klein matschich Döfchen, wat ich wa, immer rin im feuchten Lehm, Ardäppel grapschen, Korb vollmachen, rin in Sack, weiter im Text.

Schifft wattat Zeuch hält. Abromeitsche hinter uns hin un her am Stiefeln, der maln Sprücksken, der mal eint: ›Marion, wennze so weitermachß, wird ma was aus dir!‹ ›Gut, Waltraut, tüchtich Mädchen!‹ ›Doris, isdat auch nich ze viel für dich?‹ ›Nein, Frau Abromeit‹, sachtat Doris, ›ich fintat schön so inne frische Luft. Dat gibt den Ausgleich.‹

Sowat wollt se hörn, Pißzicke. Hatte se säpps vorher gesacht. Wennze ihr dat auswendich konnteß, dann hatteßet gut. ›Irmgaad, gell, rote Bäcksges krisse da.‹ Mann, hattichen Rochus auf die.

Nu wa ich anne Reihe. Mir immer dicht im Nacken. Kein Wort sachtse. Fümf Minutn, noch länger. Ich ein Tempo drauf. Konntse doch omma wat sagen, wat Positivet. Aba nix da. Sack wa fast voll, da sacht se plötzlich: ›Sach ma, Anita-Kind‹ – ich hörse gätz noch –, ›meinze denn, unsern Härrgott tät sich freun über ein Aamtgebet von dir‹ ›rum nich?‹ sach ich, immer am Weiterwühln. ›Meinz du denn, unsern Härr würddat nich märken, wie du ihm beschwindelz?‹ ›Wattänn‹, sachich, ›wieso denn beschwindeln?‹ ›Er siehts gewiß, er siehts gewiß!‹ sachtse un geht so ganz zickich beiseite, als ob sen Härrgott seine Schwiegermutter wär.

Ich kuck mich um, kuck nach dat Marion inne Reihe neem mir, die Kimmi, bißken weiter hinten wa se am Wullacken, macht michen Zeichen – un dann habbichet gesehen: Hinter mir, in meine Katoffelreihe lagense bis fast am Büschken: mindest zehn odda elf so lose oom auf: Katoffeln. Die Kimmi un ich kucken uns an. Dat wa die nette Ehrentraut ihren ganz neuen Trick – er siehts gewiß, er siehts gewiß.

Wa ich eem en unorntlich Blach, wollten Härrgott betuppen. Mußtich nomma ganze Reihe zerück einzelnen Dinger einsammeln; lagen alle locker oom aufem Matsch. Un die Stiefel vonne Abromeit immer gleich neemdran im Dreck gedrückt. Aamtgebet hattat Waltraut gekricht. Feine Aat, nich?

Aba so ging dat weiter. In eine Tour. Eima wa widder Freiluftnammitach, wa ich eemt Sack am vollmachen, holt se mich weck: ›Anita!‹ singt se, ›Anita, komm domma wacker!‹ Ich mein Körbgen neben den Sack hin un nach die Alte gelatscht, saß die da am Büschken unter son Schuppen. ›Jätz setz dich ma schön hier neem mich.‹ ›Bin doch grade am Vollmachen, Frau Abromeit!‹ ›Sätz dich un hömmirma zu.‹ ›Wozudänn? dattie Waltraut dat widdo als ärste vollkricht?‹ Mir wa dat zu doof. ›Du setzt dich jetz hier hin und paßt genau auf mein Woate.‹ Ich mich neem die Olle un haltat Maul.

Un dann leechtie los, quaselt mich die Hucke voll, watich doch fürn rabiatet Blaach dat ich wär, zwa zierlich, abba die annern immer anne Seite drängeln, wo käm wer denn da hin bloß mit Ehrgeiz; un son Tinnef, solltich domma mähr Nächßenliebe untä liebe Härr Jesus hätt imma n Härz fürre Aamen un Kranken un Doowen un ob ich denn gaanix für dat aam klein süße Doris übberich hätt, dat wär doch so blaß un mickrich un ich immer bloß heftich un die erste un Sieger sein und nix un von wegen Rücksicht un überhaupt wenn ich dat nich bald drangäb, dann könntich ma wat erleem von wegen Besinnungszimmer. Dat wa da son Extraschlafraum mit ohne Fenster, unten im Keller, nur Matratzen, da könntich dannma nachdenken über mein Aat un bei Jesus kämet ganich aufe meisten Katoffeln an sonnern auf dat Härz un dat wär bei mir ratzekahl Fehlanzeige. Dabei wa se't ja säpps, die uns disen Katoffelziakus nahegelecht hatte – na, prost. Wa icheplättet. Sachich mir: Ditta, sach ganix. Kriss nur Ärger. Schnauze.

Un dann, wat läuft? Geht die Ehrenziege retour aufem Acker, mit eine Hand hat se dat Anita am Wickel, mittie annere nimmtse mein Korb, stakst se zu Doris ihrn Sack un flutsch allet beit Doris rein – die ihrn Rest druff, voll wa't! Prost, Langensiepen! So musse dat machen, wennze ein Nächßenliebe einbläuß. Kannze nie widdo vogessen.«

»Weswegen schikanierte diese Frau nun besonders Sie? Sie hatten doch sicher irgend etwas ausgefressen. Ich meine, in dem Alter hecken wir doch alle mal was aus –«

»Watte nich sachs. Ja, ich weiß ja nich, ob dat getz hier alles ausgepackt wern muß, aba mich iset eins. Wennze meinz, du kriss damit klaa, wer hier den Hällo innat Bidet gequetscht hat, dann will ich mannich im Weech stehn.«

»Sie meinen, es hat ihn jemand hineingequetscht?«

»Ja – nu – wat weiß ich, aba du denkß ja, wenn ich dich hier die Dönekes mittie Abromeitsche duichhächel von wegenet Vorleem, dann siehße genau, ob den toten Hällo gequetscht wa oda abba nich.«

»Warum hatte Frau Abromeit eine Abneigung gegen Sie?«

»Irngtwo wa se eemt ne olle Jungfer, nich? Keine Kinder, wahscheinds nie mitten Kärl, wa ja Sünde, klaa.« Sie schaute zum Brunnenrand, auch Langensiepen hörte ein Geräusch. Das war offenbar jenes »Extragesirre«, das Anrufe auf seinen Apparat anzeigte. Er lief zum Telefon: »Und jetzt?« fragte er zurück.

»Nix. Nur abnehm!«

Er nahm ab und meldete sich. Es kam keine Antwort. Er legte auf und rief die Telefonüberwachung an. Dort war um diese Zeit aber – es war kurz vor 18 Uhr – Schichtwechsel, und sein Anschluß war außer Kontrolle gewesen. Er schärfte der Nachtangestellten ärgerlich erhöhte Aufmerksamkeit ein, knallte den Hörer auf die Gabel.

Kam zurück zu seinem Ecktischchen und sah, wie ihn die Drögemöller mit schwesterlichem Interesse betrachtete. »Nu bisse knatschich, woll?« Er setzte sich langsam. Mit betonter Selbstbeherrschung. »Wie war das mit dieser Frau Abromeit?«

»Ach je, die Madame Frankenstein. Ehrentraut Abromeit. Ganz schön beknackten Vatter muß die gehabt haam. Ganzet Leem lang mit son Name. Musse ja n Knick kriegn int Gehirn. Einzigen Spaß, den die hatte: kleine Mädchen pisacken. Egalweck trietzen mit ihrn Jesus und son vodrehten Koks. Nächßenliebe, schön dankba sein immer, Mitleid haam, Liedkes plärrn, Sprüchskes wo't grade ging: ›Betn un abeetn‹ wa se am Sabbeln, alles immer schön orntlich wie den lieben Langen sein Siepen, brav, fleißich, dattän Härrgott vor lauter Spaß konntär sich nimmähr einkriegn.«

»Und diese fromme Tour machten Sie nicht mit?«

»Türlich machten wer die mit. Hatten ja nix anners gelärnt, nich?«

»Und wie hatten Sie dann ihr Mißfallen erregt?«

»Ihr Mißfallen erregen – wie süß er dat sacht. Mittacks Relli. Las se sonne Geschichte vor vonnen babbelonischen Turm un son Kram vonne alten Zeiten. Latschtse dabei immer zwischene Bänke duich, dauerte un dauerte, Sonne wa am Knalln, müde warn wer, kein Aas hörtie richtich zu, da steckt mich dat Kimmi ihrn Zeigefinger vorre Nase: ›Riechße dat auch immer so gärne?‹ ›Baddu Schwein datte gehß‹, sarich. ›Ruich da hinten‹, sachtie Ehrentraut un liestse widdo ihren babbelonischen Quaak. Ich nich faul, auchen Finger inne Möse, für dattich die Kimmi ein retour stecken kann, aus Rache. Wie ich nu so mitten im Rührn bin un ich hab dat grad so schön prima, is plötzlich die Alte neem mich, reißt mich dat Kleid hoch un kricht ein

Moralischen – do – den hat sich gewaschen: Klappdat Buch mittän biblischen Turm zu, wiabelt an ihrn Tisch zerück, kuckt uns an wie anne Beärdigung – kein Wort, nur traurigen Blick, setzt sich aufem Stuhl, kuckt immer nur wiene Bulldogge – so zerknautscht, nich? Härz von Jesus ganz im Aima, woll?

Un dann, ganz leise seufzete dat Jüngferken: ›Anita wird eine Woche lang nicht unter uns sein.‹ Macht se ne extra schwummerige Pause. ›Sie schläft im Besinnungszimmer. Das Essen werde ich ihr persönlich hinunterbringen. Anita! Steh auf!‹

Ich mich allmählich am Hochschrauben. ›Geh zum Waschbecken! Wasch dir die Hände.‹ Na, keine schlechte Idee, dachtich, wäschtich ausnahmsweise ma die Footen. Latsch inne Ecke vom Klassenraum, machdat, un wie ich dat Handtuch nehm, schreitie: ›Halt! Das reicht nicht!‹ Ich, ganz vodattert, riech an mein Finger: ›Au ja! Woher wissen Se denn dat?‹

Hätze sehn solln: Die Klasse – ein Gewieher! Du grüne Neune, die Ehrentrautsche auf ihrn Stuhl: sonne Bombe! Kulleraugen inne Visage – knallrot wa die! Ich mich ganz gemütlich am Waschen, nur keine Eile. ›Reichtat jätz, Frau Abromeit?‹ Wiehern se widdo los! ›Ruhe! Ich verlange Ruhe!‹

Ruhe, jawoll, dat is für die am wichtichsten – ›Ruhe anne Ruhr‹ – gedenfalls, von da ab hattese mich aufem Kieker, die Ehrentraut, woset nur konnte. Eem dattat alle gemerkt hatten an ihre rote Bombe. Nach dem redetse in Relli nur son Käse von Sünde un Arbeit un Betn, au weia, habbich die gefressen. Fromme Gedöne konnze ja noch aushalten, aber die Schikanen, diese Ungerächtichkeit andauernd. Wa ne schlimme Zeit. Hätte ich damals nich dat Kimmi gehabt –«

»Die Kimmeskamp, Ihre jetzige Nachbarin? seit so langer Zeit kennen Sie sich?«

»Wenn die nichewesen wär, ich weißet nich. Prima Typ, dat Marion, bißken säuisch, aba dat tut manchma richtich gut, wa?«

»Was meinten Sie mit Ungerechtigkeiten?«

»Nichemachtet Bett wat ich aba gemacht hatte. Miese Note in Handabeit, dabei wa mein Zoich piccobello wie dat vonnem Doris, trotzdem ne vier. Konnze nix machen. Dann die Ärdäppelsache –«

»Hatten Sie nur diese eine Lehrerin?«

»Nee, warn auch noch Männer. Hatten aba nix ze melden. Hör noch den einen lecker Doowen: ›Diktiert euch Sonderaufgaben!‹ ›In Zweierreihen zu dreien aufstellen!‹ Dä waddo untenduich, manchma tatär mich direkt leid. Die andern kam' onnich in Betracht. Krichte keiner ne Schnitte bei unsere Zantippe, auch als wer rausflogen.«

»Weshalb sind Sie aus Steele rausgeflogen?«

»Wegen ich un dat Marion. Wenn wir aamts all den Betruch und den Vinzenz, wenn wer den hinter uns hatten, im Schlafsaal endlich Licht aus, Ehrentrautsche raus zu ihrn Jesus inne Heia, wat meinze, wat wer da n Gefühl hatten: Marion immer gleich rübber zu mir untere Decke, nix mehr sehn un hörn von dem ganzen Kirchenkokkolores, nur noch träum und flüstern unnet schön waam Marion bei dich, wenn ich da so gätz dran denk, wirdet mir direkt widder kribbelich, gloppße? Heute weiß icha, dattatat Sexowelle wa, watta anfing.

Aba dadrübber wußten wer ja nix. Für uns wa dat geden Aamt Rache für Stalingrad. Schon wenn die Heimzicke noch am Beetn wa so mittat kleine Härz un himmelwärts un Jesulein zaat blieb ein nix erspart, wa dat bei mir schon am Prickeln im Bauch: wußten wer, nur nochen Aunblick, nur noch im Chor ›Gute Nacht, Frau Abromeit!‹ Licht aus, Tür zu, Ruhe im Dom un rübber, rankuscheln anne dicke kleine waame Kimmi un alles wa vorgessen. Nur so konnze da so manchen Donnerstach aushalten mit meim Kimmiwonneproppen.«

Zweifelnd besah er sich diese zierliche, diese zarte junge Frau, die da ohne Respekt vor dem amtlichen Charakter dieses Gesprächs, mit nur obszön zu nennender Lässigkeit in einer Teppichmulde lag, das eine Bein weit über Gebühr angewinkelt, das sie wippend immer wieder gegen das andere drückte, so daß sich die zitronenfarbene Frotteehülle bis zu den Hüften geöffnet hatte. Benahm sie sich so, weil sie ihn vergessen hatte? Und doch sprach sie ihn ja immer wieder an und warb sogar um seine Aufmerksamkeit an Punkten, die sie für wichtig hielt. Warb sie um sein amtliches oder um sein privates Interesse?

Waren das nur Scheinmanöver, mit denen sie ihm die eigentlichen Informationen in Sachen Herlotzky, Bongartz, Kimmeskamp, Rentelen oder Wittkamp zu verschleiern und zu verschütten suchte? Legte es dieses zweifellos verführerische Weib darauf an, ihn mit Naivität zu verwirren? War sie in Wahrheit besonders raffiniert?

Hatte sie angesichts des Toten im Bidet überhaupt eine Gefühlsregung gezeigt? Schließlich kannte sie den Ermordeten seit vielen Jahren. War sie früher einmal abhängig gewesen von diesem Herlotzky, war er ihr Zuhälter oder ihr Geliebter oder beides gewesen? Und hatte sich nach ihrem Übertritt in die erste Garde der Rentelen-Girls alles ins Gegenteil gekehrt, so daß sie den Herlotzky von da an gehaßt hatte als lästiges Stück Vergangenheit?

Ihre erste Reaktion war Gleichgültigkeit gewesen. »Da! Kucken Se sich die Bescherung an!« O die Psychologie. Diese Anita hörte nicht auf, einen Schenkel gegen den anderen wippen zu lassen, federnd leicht, gespannt und entspannt zugleich.

»Männer als Lehrer! Wat sind denn Männer. Mißraten! Können nie sone Gefühle ham wie Kimmi un ich, sonne stunnlange Touren, ohne dat ein Chef is im Ring, ohne dat einer ummedingt ein abschießen muß. Vorkasematuckter euch n kurzen Wupptich – wenner Glück habt, mitten Hällo-Kaliber – vollen Rammbock rein dattie Schwaate kracht und aus iset un vorbei – – wattänn? willzet abstelln plötzlich? Wozzudänn? Weiße schon alles?«

Ihm gefielen diese Aggressionen nicht. In ihrem jetzigen Zustand war wohl auch ermittlungsmäßig nichts mehr aus ihr herauszuholen. Er war aufgestanden, ging zum Tongerät, wollte ausschalten, hielt aber noch mal an: »Mit wem waren Sie gestern abend unterwegs, nach Ihrer Darstellung also in der Oper?«

»Vordi«, sagte sie, »mit Vordenbäum.« Sie gab sich Mühe, auf seinen sachlichen Ton einzugehen. »Wohnt Rahmdörne 6, Altenessen, für gewöhnlich isser vor Ort, kannzen fran. Issen Klugscheißerchen; aber n süßet.«

»Danke, das genügt für heute.«

»Getz willze auf eima na oom?«

»Ich habe noch einen Bericht zu schreiben, irgendwann kommt Ihr Besuch aus Spanien und – schließlich – habe ich Familie.«

»Treuen Schluffen, wa? Kannza nich einfach anrufen? Mammi, heut geht en bißken länger als sonz, stell Bratkatoffeln waam, Dienz is Dienz?« Dabei zeigt sie ihm so schamlos ihre Schenkel, die sich langsam drehten und glänzten, daß er sich wieder abwandte. Was er vorher noch wie ein unbewußtes Sichgehenlassen hatte hinnehmen können, war nun so, daß er meinte, es sei jetzt höchste Zeit zu gehen. Er holte aus ihrem geheimen Studio hinter dem grünen Polster die Zwei-Stunden-Kassette heraus und ging.

»Hömma!« rief sie. »Willz mich donnich etwa allein lassen – fälltich ein? Bisse plötzlich nich mehr verantwortlich für meine Sicherheit?« Er kam aus dem Flur zurück. Sie hatte sich halb aufgerichtet in ihrer schwellenden Landschaft und blickte ihn an, vorwurfsvoll, von oben bis unten und langsam wieder nach oben. Er aber hörte sich selber kalt und gelassen Fragen in den Raum stellen: »Was heißt hier Sicherheit? Haben Sie einen Anlaß, bei dem Spanier um Ihre Sicherheit besorgt zu sein?«

»Wer den Auftrag hat aus Düsseldorf, dat bis doch du! Wenn hier den feurigen Spanier nu wat passiert heut aamt? verreckt mich hier innet Bidet, währenddem du bei deine Mammi inne Poofe liechs – issattännochne Dienzauffassung? Kannzonnich machen! Gätz kuckse wien Kamel auf Hochzeitsreise. Mickerpott, bedröppelten. Hasse etwa Anx, wenne ne volle Nacht bei mich bei bis? Frach ma n Bongartz oder n Haidenreich oder die ganze Maffia, hamse noch alle überlebt. Bis auf gestern aamt den Hällo sozzesagen, der nich. – Aha?«

Wieder säuselte das Telefon für ihn. Herta wollte wissen, wieso er ihr nicht Bescheid gegeben habe, daß der Dienst heute so lange gehe, nun säßen sie zu Hause ohne Milch da, sie und die Kinder. Die Milch brachte er sonst immer mit vom Krupp-Konsum, weil sie dort um einiges billiger war. Mindestens Bescheid hätte er geben können, auch bei fünfhundert Mark mehr existiere sicher noch eine Dienstzeit und gebe es ein Telefon, das man benutzen könne, und gebe es eine Familie.

Er erklärte, daß er um sechs Uhr schon hätte anrufen wollen, daß aber zu der Zeit besonders viel zu tun gewesen sei, die Kinder könnten auch mal was anderes essen als die Popcorns in Milch, heute würde es ohnehin spät, er müsse noch einen wichtigen Besuch überwachen, er sähe sich nicht vor 22 Uhr zu Hause, die Frage der Nachtkontrollen sei überhaupt noch ungeklärt, darüber müsse er morgen mit Grevenbroich verhandeln. »Dann bitte verhandele du mit deinem Grevenbroich. Der scheint dir mal wieder wichtiger.«

Mit diesem verdrehten Vergleich endete das Gespräch, langsam legte er den Hörer zurück und es fiel ihm schwer, seine Ruhe wiederherzustellen. Er wollte seinen Abgang nach oben nun wortlos fortsetzen, da summte abermals sein Apparat, diesmal war es die Telefonüberwachung. Ob er gerade privat telefoniert habe. »Ja, mit meiner Frau.« »In derselben Zeit wollte Sie jemand anrufen.« »Woher?« »Der Teilnehmer ist eingetragen unter ›Marina-Bar‹, Viehofer Straße.« »Danke.« Er legte auf.

»Frau Drögemöller, wo hat dieser ›Freizeitkonzern Rentelen‹ seine Büros?«

»Wie bitte, wer is gestorben?« Sie hockte im Schneidersitz und versuchte, die Zitronenhülle über ihre Schenkel zu ziehen, betont züchtig und grinsend, denn es gelang nicht.

»Anders gefragt: Rentelens Essener Telefon und die Nummer der Marina-Bar – ist das die gleiche Nummer?«

»Sicher dat. Dä Büroschuppen is oom drin, da stellen die immer die Gespräche rauf, ganz schön feudale Etage hat der da.« Sie stand auf und ging schwankend auf ihn zu, wobei er nicht entscheiden mochte, ob ihr Diagonalgang vom Alkohol herrührte oder von der unsicheren Polsterbasis unter ihren Füßen. »Sach ma, gätz hasse Zoff mit deine Olle, wa? Tuße micha echt leid. Kumma, da bisse ja n richtigen Fall für dat Drögekind. Sowat kann die noch am besten, aamen banauten Typ wieder hochkriegen, vor allem, solange da noch wat zem Hochkriegen da is, haha. Rein sicherheitsmäßig würde mir das echt gefallen.«

Er zog es vor, ihre Umgebung schleunigst zu verlassen und einen geschäftsmäßigen Abschluß zu finden. »Ich danke für Ihre Gastfreundschaft und glaube, der Punkt Sicherheit wird sich regeln lassen, ohne daß unsere beiderseitigen Kontakte in mehr als in Gesprächen bestehen. Im übrigen nehme ich an, daß Sie einverstanden sind, wenn wir das heutige Gespräch mit zwei Stunden veranschlagen, also 120 Minuten à 2 Mark macht 240 plus 4 mal 70 macht 280 macht zusammen 520 Mark – ich danke Ihnen für Ihre Auskünfte.« Damit verließ er den Salon, während sie immer noch grinste und hinter ihm herkommentierte, da habe er nun aber »sensationell sauber« gerechnet und eine richtig schöne Rede gehalten, so gut könne das ja kaum ihr Tömmchen, er, der Lange, sei überhaupt der Größte.

Er bestieg den Küchenschrank der Anita Drögemöller, drehte sich inwendig über die Korkenziehertreppe hinauf in seine Kontrolleurswohnung, ging an seinen Armaturentisch, schaltete dort den Telefonapparat wieder zurück auf die obere Etage und schrieb einen launigen Zettel für die beiden netten ältlichen Sekretärinnen Bläsing und Hagedorn. Denen erklärte er, daß von ihrer bewährten Spitzfindigkeit mal wieder die Ruhe an der Ruhr abhänge, und kaum hatte er dies in heiterem Hopplahopp hingeschrieben, da wurde ihm klar, daß so übertrieben diese Behauptung gar nicht war. An der Arbeit weniger Personen, von Bläsing/Hagedorn über ihn bis zur Drögemöller, hing der Erfolg einer Aktion von landespolitischer Bedeutung. »Ruhe!« hatte auch Frau Abromeit gefordert. Er schaute auf den dunklen See hinunter. Ja, was hieß Landespolitik, Ruhrpolitik – war nicht die Ruhr seit mindestens hundert Jahren Deutschlands Arbeitszentrale? – und für die Ruhe dieses Unruheherds sollte nun er –

Wie in einem Schreck stieß er seinen Finger auf jenen Tonknopf, den er zuerst und ganz selbständig zu bedienen gelernt hatte: Mußte er nicht in jedem Augenblick wissen, was da unter ihm diese Schlüsselfigur, diese medusische Sphinx aus dem Beton- und Ziegelsteinmeer zwischen Gelsenkirchen und Stoppenberg/Kray-Nord tat, sagte, verriet, andeutete oder betrieb?

Aber statt delikater Enthüllungen aus dem Ruhr-Untergrund schallte ihm eine versöhnlich-friedliche Musik herauf: »Je – eder Me – ensch in sei – inem Le – ben ma – al nen Bo – ock ge – scho – ossen hat.« Langensiepen, dem so was im Augenblick gar nicht ins Konzept paßte, stellte unwirsch ab, drehte dann aber doch wieder leise auf, steckte das Tonband und den Brief für die älteren Damen in eines der vorhandenen Kuverts, schrieb die Empfänger darauf und nahm sich dann das Papier wieder vor, auf dem er am Nachmittag begonnen hatte, für die Düsseldorfer Sicherheitsbehörde die mutmaßlichen Täter zu beschreiben. Zunächst mal als Entwurf, Stichworte.

Wieder wollte er, die Beine auf dem Tisch, den schwarzen Koffer als Schreibunterlage, Frau Drögemöllers mögliches Interesse an einer Beseitigung des Herlotzky in Worte fassen. Aber es gelang ihm nicht. Kein Stichwort schien zu passen zu der vertrackten Lage.

Er legte alles zurück auf den Tisch und ging langsam wieder an die Fensterfront seiner Hausmeisterbehausung. Da lag sie, die zum See gestaute Ruhr, dieser Fluß, dessen Name nach Ruß klang und nach

Krankheit und doch, so hatte er gelernt, mit »Aufruhr« verwandt war, da leuchtete der Fluß in der Nacht mit bunten Zeichen, mit angestrahlten Wasserburgen und Restaurants und glitzernden Spiegelungen. Diese derben Worte einer so zarten Frau. Einer Mörderin?

Wer sollte sich da zurechtfinden. In den Wortschwallen einer Frau, die wahrscheinlich an, in, neben der Knotenstelle einer Gangstergruppe lebte. Aber die Düsseldorfer wollten einen Bericht haben, einen möglichst klaren, stichwortartigen, exakten, schnell verständlichen. Also sollten sie ihn haben, sagte sich der pflichttreue Mann, legte sich wieder in seinen Stuhl zurück und machte sich ans Formulieren:

Mutmaßliche Täter:
1.) Die D. Alibi unbelegt, zwei Opernkarten vom selben Abend. Vorstellung dauerte bis 23 Uhr 15. Fingerabdrücke auf Tatgegenstand (!). Nach mehrfachen Zeugnissen intim bekannt mit H. (ihr Zuhälter bis 1965), seit damals häufig Streit, lt. Unterlagen Nöhles ein registr., nicht verfolgter Fall von Freiheitsberaubg. durch den Ermordeten. Seit 68 ist die D. in Waldemar Rentelens »Freizeitkonzern« (Salons international) vertraglich angestellt (?) als Callgirl, deswegen (?) weiterhin z. Tl. tätliche Auseinandersetzungen mit dem H. Dieser wollte nach seinem Ausbruch aus der Haft vielleicht Geld von der D.? Weitere Erpressungs-Ansinnen an die D.? Die D. wollte lt. M. Kimmeskamp endgültige Trennung von H. Notwehr? (Aber Schädelverl. hinten!) Bei der D. keinerlei Notizen, Notizbücher, Tagebuch, Namenslisten, Anschriften oder dergl. Kundenlisten.
2.) Waldemar Rentelen. Hatte der Ermordete durch seinen Alleingang in Sachen Tonbanderpressung dem R. das Geschäft verdorben? R. stand früher offenbar in Hehler- oder Vermittlerbeziehung zu H. bzw. zur Stepunatgruppe. Seit Umzug der D. in das Apartment Ahornweg auch R. in ständigem Streit mit dem Ermordeten (letzte Tätlichk. u. a. vor Verhaftg. der Step.-Gruppe im März 69), Anzeige des R. gegen H. schon vom 11. 4. 68 wegen Hausfriedensbruchs (nicht verf.). Sah R. im Wiederauftreten des H. bei der D. Geschäftsschädigung? War R. im Erpressungsfall Bongartz wirklich unbeteiligt? (höchstwahrscheinlich Mitwisserschaft.)

3.) Walter Stepunat. Wieweit haben die ersten Vernehmungen H.s nach seiner Verhaftung im März den St. belastet? Gab es Geldforderungen zwischen beiden? Unverträglichkeit der flexiblen Arbeitsmethoden im Step.- bzw. Mainzelmann-»Club« (Club der »Spezialisten«) mit der Mentalität des bloßen Kraftmeiers H. Der Ermordete als Mitwisser bei div. noch nicht abgeurteilten Straftaten des St. (welche?).
4.) Konsul Friedrich Bongartz. Dieser Verdacht ist nicht ganz auszuschließen, da Herr B. Geldgeber des R. war und von H. weiterhin Veröffentlichg. des fragl. Tonbandes fürchten mußte. Besaß der Ermordete weiteres Material? Wieweit besteht die Verbindg. B.s zu Rentelen, handelte R. im Auftrag von B.? Finanzierungen sind zu klären –
5.) Kundenkreis der D. Vorläufig besonders cand. phil. Thomas Wittkamp: entschiedene Aversion gegen den Erm., Sexualneid?, tätl. Auseinandersetzg. mit dem Ermordeten durch die Kimmeskamp bezeugt. Hatte W. Beziehungen zu Rentelen (Rauschgift)? zu Vordenbäumen?
6.) Die Kimmeskamp? Rettungstat? Eifersucht? (auf die engen Beziehungen der D. zum H.) – unwahrscheinlich –, intime Freundschaft mit der D.

Er las und wiederholte sich im stillen alle Möglichkeiten, erfüllt vom Ehrgeiz, 24 Stunden nach der Tat den Täter wenigstens genannt zu haben. Doch er spürte, daß er noch weit davon entfernt war, einen der Mutmaßlichen schon jetzt mit einem Schwerpunktverdacht belegen zu können. Und er drehte, mehr aus Spielerei, die Mithöranlage auf. »Lieber Herr, ich dächte«, näselte da eine Singstimme, »daß meine Sache man recht bald in Ordnung brächte, auf daß ich könnte ruhig sein.« Und eine Polterfigur beschwerte sich: »Lauter Wirrwarr, keine Klarheit!«

Irgendwann mußte er sich nach der Herkunft dieser Gesänge erkundigen. Er setzte noch folgenden Absatz unter seinen Bericht – aus Gründen jener hauspolitischen Klugheit, die auch ihm riet, für alle Fälle aktenkundig zu machen, wie deutlich und wie rechtzeitig er die Tragweite des Falles erkannt hatte:

Schlußfolgerung: Da der Fall H. kein isolierter Individualfall ist, sondern allem Anschein nach vielfache Verflechtungen mit einschlägig bekannter, teilweise dringend gesuchter Halbwelt aufweist, empfiehlt sich, die Nachforschungen mit Intensität zu betreiben. Insbesondere die regionalpolitische Situation (Presseberichterstattung, Stellungnahmen öffentlicher Persönlichkeiten gegen die das »Ruhrbild verzeichnende Wildwestgängerei«, Proteste der Bevölkerung etc.) läßt es angeraten sein, dem Fall H. in der Sonderaktion »Ruhe an der Ruhr« Priorität einzuräumen, für die bekanntlich zusätzliche Landesmittel bereitstehen.

Essen, 30.4.70 R. Langensiepen, Kriminal-Hauptkommissar

»O wie schön die Worte fließen«, schmeichelte der Sänger von unten, »gar nicht schwülstig, ganz natürlich und der Stilus so ausführlich.« Und dann rief Staatsanwalt Klein an: »Aha, Sie sind tatsächlich vor Ort!« Das klang empört und erregt, dann aber modulierte er in eine mehr grundsätzliche Betrübnis hinüber, auf jeden Fall schien Klein Grund zu haben, sich aufzublähen: »Sie können sich bei mir nicht über mangelndes Interesse oder Unterstützung, auch nicht über mangelnde Transparenz aller Umstände, wie sie nun einmal liegen, beklagen, wobei ich Ihnen auch mehrfach den Geheimcharakter Ihres Auftrags glaube deutlich gemacht zu haben – und was bekomme ich jetzt? Einen Anruf von einem dieser windigen Reporter aus dem dpa-Landesdienst, ob es denn zutreffe, daß es da eine Leiche gegeben habe – wie drückte der sich aus – ob es gestern nacht eine Leiche gegeben habe – und nun hören Sie zu, Herr Langensiepen – ›in der Wohnung einer Prostituierten im Essener Süden‹ – na? – na? was sagen Sie zu Ihrem Erfolg? Das ist doch großartig! Jetzt haben wir eigens auf jede Großaktion verzichtet, setzen sogar, weil es die technischen Finessen ausnahmsweise erlauben, ausschließlich einen einzigen Mann auf diese Sache an, und am nächsten Tag geht das über dpa!«

»Ich stelle fest, Herr Klein, daß ich außer mit Ihnen, mit Herrn Grevenbroich und mit der Düsseldorfer Stelle mit keiner sonstigen Person oder Stelle über die Angelegenheit geredet habe.«

»Dann hatte dieser dpa-Fritze telepathische Gaben, wie?«

»Sie haben ihm gegenüber die Sache demnach nicht abgestritten?« Keine Antwort zunächst – dies war der Punkt. Langensiepen spürte, daß nun wieder sein »eigenmächtiges Handeln« einzusetzen drohte, denn jetzt war klar, woher die große Aufregung des Herrn Klein rührte. Beim cleveren Testanruf des dpa-Reporters hatte der wichtige Herr Klein durch eitle Reaktionen offenbar alles bestätigt.

Nun kam die Antwort, gedämpft: »Er behauptete, ein anonymer Anruf sei gekommen –« Klein unterbrach sich selbst und geriet ins Feierlich-Grundsätzliche. »Sehen Sie, heute genügt nun schon ein anonymer Anruf, und die politische Landschaft kommt ins Wackeln. Ein anonymer Kerl – und am andern Tag, wenn die Presse mitmacht, spielt jeder verrückt. Jetzt an Sie die Frage: wer außer den eben von Ihnen genannten Stellen hat Kenntnis vom Vorgang Herlotzky/Drögemöller?«

»Die Leute von der Spurensicherung, Mahlmann und Bohnert, die Gerichtsmedizin, meine Bürokollegen, Breuer und Pöhlmann, und dann Leute aus dem Bekanntenkreis der Dame hier, also ihre Nachbarin zum Beispiel, eine Marion Kimmeskamp, dann ein Thomas Wittkamp, wahrscheinlich auch Rentelen, das wär's nach dem gegenwärtigen Ermittlungsstand.«

»Wunderbar, der Anrufer, der diesem dpa-Heini das gesteckt hat, glaubte sagen zu müssen: ›bei einer Prostituierten im Essener Süden‹ – das ist natürlich das Frechste an Formulierung, was mir seit langem vorgekommen ist, morgen, wenn das in der WAZ steht, habe ich die halbe CDU-Fraktion am Apparat und die SPD-Stadträte mindestens ebenfalls, wieso, so höre ich schon, seit wann gibt es Prostitution im Essener Süden; dabei wollte dieser dpa-Hund noch ausdrücklich ›Bredeney‹ reinbringen, hab ich aber abgewimmelt – nein, was ich sagen wollte: das einzig Gute ist, daß wenigstens keine Straße und kein Name genannt ist. Damit bleibt unsere, wie heißt sie? Ahornstraße weiterhin unberührt und wir können ungestört weitersondieren.«

»Das schließt eigentlich folgende Überlegung nicht ganz aus –«

»Ja bitte! Überlegen Sie!«

»Der anonyme Anruf muß aus Kreisen gekommen sein, die ein Interesse daran haben, daß Frau Drögemöller beziehungsweise Frau Kimmeskamp weiterhin ihr Geschäft betreiben können. Deswegen sind die genauen Angaben weggelassen worden, die Straßennamen. Das heißt, der Anruf kam sozusagen aus den Arbeitgeberkreisen dieser beiden Frauen.« – »Aber warum kam er überhaupt? Warum, wieso?« – »Das war zum einen gewiß gedacht als Wink an gewisse

Täterkreise, welche, wird sich noch herausstellen, also als eine Warnung: Leute, hier wird ermittelt, der Boden ist heiß. Zum anderen aber sollten damit lediglich Unruhe gestiftet, Spuren verwischt, also die Ermittlungen selber erschwert werden. Ich weiß nicht, ob ich das jetzt so ins Unreine verständlich –«

»Doch, doch, das mag stimmen. Es ist natürlich ein unmöglicher Sachverhalt, das Ganze. Vor allem, daß uns aus Bonn oder aus Düsseldorf immer wieder wichtige Gäste beziehungsweise Persönlichkeiten ausgerechnet hierhergeschleppt werden, und wenn hierorts was in die Hosen geht, haben wir die Verantwortung gehabt, das kennt man ja. Als wenn die nicht selber Nutten genug hätten in Düsseldorf, aber die meinen offenbar, so ein prima überwachtes Bumslokal wie das hier, das gäb's nur einmal, jedenfalls so, wie das von diesem Rentelen technisch ausgestattet wurde, und da schicken die ihre Staatsgäste nun munter rein, egal, ob da inzwischen einer drin verreckt ist oder nicht, aufpassen können dann wir. Sie werden sehen, Langensiepen, ich warte jetzt nur noch auf eins, und ich sag Ihnen das eine: Morgen ist der Vizepräsident der USA in Düsseldorf – unter uns gesagt – was meinen Sie, dreimal dürfen Sie raten, wo der hingeht, wenn der sich im Industrieclub den Laden vollgeredet und vollgegessen hat. Na, ich habe nichts gesagt. Wir sprechen uns wieder! Gute Nacht!«

Langensiepen wunderte sich, wie sehr ihn diese vertraulichen Plaudereien des Herrn Klein anwiderten. Ehrlicher schien ihm der herrenmäßige Ton, doch blieb kaum Zeit, über diesen Widerspruch nachzudenken – es rumpelte dumpf von tief unten herauf: Der Schräglift kam in die oberen Stockwerke und brachte Frau Drögemöllers potente Abendkundschaft, da handelte es sich um den Señor Alfonso Geisthöfel.

Langensiepen hörte über sämtliche Lautsprecher zunächst nur ein geschmettertes »Alfonso!«, so grell, daß er die Lautstärkeregler neu einstellen mußte, beide Mikrophonbereiche, er wußte ja nicht, wo sich dieser kreischende, dieser schimpfende, dieser prasselnde Begrüßungswirbel niederlassen würde, alsdann war das in die Brunnenmitte eingelassene Sehrohrgestänge auszufahren – nicht zu weit, damit es drehbar blieb – und vorsorglich auch die zwei schwenkbaren Kameras im Boudoir – zum ersten Mal trat Langensiepens Funktion zwei in Kraft:

Sicherheitsüberwachung von, wie er es sich beim Ziehen und Drehen der Sehgeräte laut vorflüsterte, importierter Importanz.

»Wattu Schwein schon widder ne Fahne haß – o untu stinks! Faife hasse gepafft! Mit welche Hornochsen hamse dich da widder zesammgesperrt – los! Runter mittie Klamotten! Machtich nackich!«

Er traute seinen Augen oder der Optik kaum, aber diese Dame riß und randalierte an ihrem Gast herum, der immerhin an die sechzig Jahre alt sein mochte, zerrte ihm die Jacke von den Armen, die Weste, ließ Hosenträger schnappen und schrie und zeterte etwas von üblem Geruch, den dieser Alfonso offenbar verbreitete – der schien sich wohl auch zu wehren, aber höchstens zum Spaß, stritt seine Ausdünstungen gar nicht ab, verwies nur unter ersticktem Gelächter auf die stundenlangen Verhandlungen, die er hinter sich hätte im Wirtschaftsministerium, kreischte im übrigen was von »kitzlig« und »wahnsinnig« und lachte und stand binnen wenigen Minuten entkleidet, überrumpelt und überfallen inmitten der Wohnhalle, während Anita ihm noch den letzten schwarzen Socken vom Bein zog, so daß er umzufallen drohte, dieser volle, fleischige Koloß, nunmehr geschubst und gescheucht zwischen die Barocksäulen – Langensiepen vergaß über dieser schweinernen Körpermasse vor dem dunkelroten Vorhang, daß er umwechseln mußte vom Sehrohr auf die Kameras, die es zu drehen galt, die einzustellen waren auf die ins Schlafzimmer einfallende wild quietschende Verfolgungsjagd: »Alte vollgepißte Drecksau, ärß ma untere Brause mit dich Speckbruder Maasch Maasch!«

Auch die Dröge hatte ihren Zitronenkittel abgeworfen, Langensiepen gelang es, eine der beiden Kameras zum Eingang des Badezimmers zu drehen, aber da waren die kontrastreichen fleischernen Figuren schon im Duschkabinett verschwunden, von dort bot die Kamera nur unzulängliche Einblicke.

Völlig unzureichend angesichts der Tatsache, daß gerade in diesem Seitenraum noch vor 24 Stunden mit Sicherheit ein Mord passiert war, mit einer gewissen Wahrscheinlichkeit sogar von den ehrgeizigen Händen, denen dieser Señor nun hörbar ausgeliefert war – ein Kapitalfehler in der Überwachungssituation.

Erschöpft sank Langensiepen in seinen Ruhesessel zurück und konzentrierte sich auf die Geräusche des spritzenden Wassers, mehr noch auf das Glucksen und Ächzen dazwischen. Woher nahm er jetzt die Gewißheit, nicht hinunterrennen zu müssen, um diesen spanischen Wirtschaftsboß aus der Nähe des Bidets zu zerren?

Er wischte sich mit dem Ärmel über die Stirn. Solange von beiden noch Grunzen und Schreien zu hören waren, konnte er ruhig bleiben? Und wenn einer dieser scheinbaren Hilferufe echt war?

Aber nun wurde ihr Wechselgeschrei regelmäßiger, gleichmäßiger, und rhythmisch hörte er die Frauenstimme skandieren: »Wirße öller, brauchße's döller, brauchß Anita Drögemöller!«

Langensiepen legte sich die Hände über die Augen und bewunderte diese Anita. Alfonso? Was besaß er über diesen Geisthöfel an Informationen? Düsseldorf meinte wohl, politische Hintergründe mit speziellem Who's Who gingen ihn nichts an oder gingen nicht hinein in sein 1800-Mark-netto-Gehirn.

In diesem Augenblick endete das Wassergebrause, er schaute auf den Monitor und sah in dem unzureichend schmalen Kamerablickwinkel den Herrn Alfonso, wie er aus dem Badekabinett herauswankte und sich – Langensiepen behielt ihn im Bildausschnitt – mit dem Aufstöhnen eines Schlachtopfers auf die rosa Schlafanlage der Frau Drögemöller fallen ließ und sich dort hin und her wälzte, als wollte er einem Fußballpublikum die Stärke seiner Verletzung klarmachen. Dazu wickelte er sich in den zitronenfarbenen Frotteekittel der Drögemöller und begann, wohlig-traurig zu gurren und zu wimmern.

»Hui! kannzu jamman.« Das war Anitas Stimme, noch aus dem Baderaum, auch jetzt untermalt von plätscherndem Wasser, doch dünner diesmal und heller. »Kein Wunder«, ließ sich das Schwergewicht durch die Frotteehülle vernehmen, »kein Wunder, wenn du mich hier so fertigmachst.«

»Was? schon fertich? Sach bloß! Fängtoch grade erß an!«

Die Plätschergeräusche verstummten, ins Bild trat nun die Frau, mit einem Handtuch ihren Hintern bearbeitend, die zog sich das Handtuch der Länge nach zwischen ihren Beinen nach vorn durch, trat ans Bett und frottierte sich mit Genuß und Behagen den dunklen Busch unter ihrem Bauch: »Die Kerle ächzen, die Kerle lechzen.« Ihr Handtuch segelte elegant aus dem Bild, dann bekletterte sie die rosa Schlafstätte, rutschte auf den Knien zu ihrem mumifizierten

Opfer hin und bestieg den Fleischberg kniend, mit wedelnden Armen Balance haltend. »K. O. – issatänn wohl zu glauben?« »Aua!« »Sach ma, Alfönzchen, nu sach mich ma eins –« »Aua! Du machst mich ja zu Mus!« »Sach domma bloß –« »Leiger draft ewwer nich kuamen!«*

Sie rutschte von den Speckhügeln herunter, beugte sich liebevoll wie zu einem Patienten dort hinab, wo unter dem Kitteltuch der Kopf stekken mußte. »Plötzlich Platt quatschen? Ulkige Maake bisse!« Sie stand auf, lief über das Bett mit zwei Schritten, sprang hinunter, redend, gestikulierend, verschwand aus dem Bild und zwar, nach den Geräuschen zu urteilen, zu den Getränken, zur Bar im Brunnenrand und redete dort immer weiter, nun aber in einem anderen Ton, nun hart, ja böse: »Fettsack, dreckigen!« Das klang jetzt gar nicht mehr schwesterlich-pfleglich. »Stinkstiefel, verrammelten!« Ein weiteres Mal bekam Langensiepen mit, diesmal über die Lautsprecher, was sie wirklich hielt von ihren bedeutenden Kunden, bekam mit, was drüben der Herr Geisthöfel gar nicht hören konnte, begriff nun endgültig, daß Anita Drögemöllers schnuckelich-herzhaft-derbe Tour aufgesetzt war.

Gehörte zum Edelpuff auch ein Gemütsservice? Sollte ihr Gequassel nicht nur diese Herren umschmeicheln, sondern wollte sich die junge Drögemöller mit solchem Wörtergeschwalle über den eigenen Ekel hinwegreden?

Diese Frau mochte empfinden und vortäuschen was immer, er, Langensiepen, hatte seinen Auftrag. Und er tat sicher gut daran, sich durch allzu persönliche Anteilnahme nicht Ruhe und Überblick verwirren zu lassen.

»Da kuck, du Lahmaasch!« rief sie im Wiederhinaufhüpfen aufs Bett, »damit kommße widder aufe drei Beine! Wirß sehen, den Whicksy hat schon ganz annere Herrschaften widder stramm gekricht, prösterken, ja? Is der wohl gut?« Sie trank selbst und seufzte ausführlich: »Aah! alz hätt michen Engelken übert Härz gepißt.«

»Hohaho!« schallerte es aus der Frotteemumie.

»Na also, nu lachße wenichzens widder, klein rosa Drecksau, noch ein?«

* »Schlimmer darfs aber nicht kommen.«

Der Spanier stöhnte nur, aus den Frotteefalten reckte sich sein breiter weißer Arm dem Glas entgegen.

Anita goß auch sich selber wieder ein, trank, stellte ihr Glas beiseite, legte sich neben den Señor und frottierte und massierte ihn sanft. »Sach ma, du Würstchen im Schlafrock, eh ich et widder vogeß, sach mich domma um Hägotts Willi: Wie bisse denn bloß na Batzelona gekomm. Sprichs doch Platt wien Kunde aus Angelmodde. Wo hasse westfälisch Platt gelärnt?«

»Gut, ja! weiter da.«

»Ich mein, son hellen bisse doch onnich, wemmama ährlich sein will.«

»Nein, da weiter buaben, ja, ah!«

»Jetzt sach doch ma!«

Das Walroß aus Angelmodde-Batzelona richtete sich schnaubend in die Höhe: »Gott sei Dank, das wars! Endlich wieder richtig angefaßt worden. Wo gibts das sonst als bei den Pottprachtmädeln – und im übrigen: Ich bin gebürtich hier außem Mönsterland, Ahlen Westfalen, ächter Hamm bi Beckum.«

»Sach bloß! Und wieso nennze dich – Alfonso –?«

»Noch nie gehört? Legion Condor? Neei? Mich mangeln die Wörter! Nu wast aber Tid! Pass op: Drissich Johr is't all vorbi, da hat Adolf dem Franco cheholfen, Kommenisten verwemsen. Wenn wer die nich massakrieren hätten cheholfen, wär heut hierorts allens kommenistisch, dat glöw mi!«

»Ja un? Un du?«

»Bün dachebliabn bei sone Senjorita, den Riecher hev ik hevt: konntär Adolf sin Weltkriech alleene verkümmeln, Frau aus eins a Verhältnisse, Familche nix giagn tou seggen.« Geisthöfel trank sein Glas leer und stöhnte: »Brennt as't höllschke Füer.«

»Und du?«

»Was ik Verbindungsmann. ›Militärattaché‹.«

»Un nachen Kriech?«

»Nachen Kriech inne Wiatschaft. Alfons, hev ik mi secht, nu pädt dik man nich uppen Slips mit din Deutschtum!«

»Wat für ne Wiatschaft?«

»Wat für ne? Wein. Zitrus. Tourismus. Kultur. Ballermänner – cha, solltich dat denn nich machen! Kaum is en einen Kriech toun Ende kuamen, do cheit't all wäer ümme, scheit se all wäer. Leem is Kampf. Wat mut dat mut.«

»Ha? und wie is dat mitten feurigen Temperament vonne Señoritas?«

»Has du zehn ma mehr, ik segg di, chakein Vogleich. Huch! Muß ich mich denn schon wieder erregen?«

Die Drögemöller hatte ihre Hand inzwischen tief in den Zitruskittel vergraben und schien einer speziellen Massage den Vorzug zu geben. Langensiepen stellte, da, wie er glaubte, auch dieses Gespräch nun unergiebig wurde, Ton und Bild ab, griff nach seinem Aktenkoffer mit den Briefen und dem Tonband, löschte das Licht und ging. Blieb aber noch mal stehen. Seine Uhr zeigte 22.30 Uhr. Zwar erfüllte er seit fast 13 Stunden seinen Dienst – weiß Gott war er berechtigt, heimzugehen, aber erlaubte das sein Sicherheitsauftrag?

Wenn er sich noch mal das eben ausgeschaltete Bild intimer Aktionen zwischen diesen beiden Semiwestfalen vor Augen hielt, konnte er nur zu dem Schluß kommen, daß hier keine kurzfristigen Störungen zu erwarten waren.

Draußen stand der Mond über den Buchen. Er schloß hinter sich ab, ging langsam zum Parkplatz. Unter den Blechleibern auch »sein« Wagen. Der stand da und schimmerte in Mondschein und Laternenlicht. Beim Anfahren schaltete er das Radio ein, politische Nachrichten hätte er hören wollen über spanische Delegationen, die EG-Bestimmungen unterliefen. Aber es gab auf allen Frequenzen nur gleichgeschaltetes Geplauder über verschiedene Hitparaden, er stellte das nicht aus und wunderte sich nur, wie gut dies forsche Gerede paßte zu den Neubauten hier im südlichen Bredeney.

Und ein weiteres Mal mumelte er »importierte Importanz«.

Schwebte dann mit seinem neuen Coupé über die Alfredstraße in die mittleren Stadtbezirke hinab, bei der Zweigertstraße links hinunter zum Polizeipräsidium, warf dort den ersten Bericht an Grevenbroich in den Kasten, danach das Zwei-Stunden-Tonband mit dem launigen Beiwort an die Damen Bläsing und Hagedorn, und fuhr weiter, am

Museum Folkwang vorbei, die Goethestraße entlang nach Hause. Herta erwartete ihn vor dem Fernsehkrimi. »Kommst du doch noch?«

»Ein unheimlicher Job.«

»Möchtest du noch was essen?«

»Danke, ich mach mir schon was. Ist das 'n Schimanski?«

»Wiederholung, ich stell's aus.«

»Ist Detlef wieder im Kindergarten gewesen?«

»Nein. Die zwei Tage warte ich jetzt noch. Ist ja sowieso Pause wegen dem Ersten Mai.«

»Besser erst mal richtig ausheilen, nicht wahr?«

»Eine Industriespionin wollte Schimanski verführen.«

Er machte sich zu essen, betrachtete dann seine schlafenden Söhne. Und er hatte dann in dieser Nacht mit Herta wieder geschlafen, sogar richtig schön, oder?

Inzwischen müßte er sie längst anrufen, damit sie wußte, daß er von der Beerdigung nicht gleich nach Hause kommen, daß er nicht rechtzeitig zum Mittagessen heimkehren würde. Diesen Anruf unterließ er. Er blieb sitzen in großer Trübsal und ärgerte sich über einen Rotzlöffel, der aus der Musikbox unaufhörlich Getöse holte. Ein ganzes Vormittagsprogramm an Radau fütterte der mit dreckigen Fingern groschenweise in den Kasten. »Das schöne Mädchen auf Seite eins, die will ich haben und sonst keins.« Nun schon zum dritten Mal. Da spülte Langensiepen seinen Ärger in der »Zornigen Ameise« mit dem vierten Beruhigungsbier hinunter und bestellte das fünfte.

Zorniger Ameisenlöwe, fraß Erinnerungen, untergetaucht in einer dunklen Ecke, eingetaucht ins fünfte Glas Pils, in Erinnerungen schwebend, kilometerhoch über den Terminen. Die Verpflichtungen der nächsten Tage tief unter sich wie Schnee vom vorigen Jahr.

1. Mai 1970

Absurd, was da alles noch unaufgeräumt im Gedächtnis herumlag. Wie er zum Beispiel am nächsten Morgen mit Georg und Detlef herumgerangelt hatte und, während die Kinder seine Kniegipfel immer wieder erkletterten, schon vorausplante, daß er zunächst ins Präsidium gehen würde, zu Grevenbroich, danach wahrscheinlich zu diesem Vordenbäumen und zu Rentelen, ja, wahrscheinlich in dieser Reihenfolge.

Und als ihm Herta beim Abschiedskuß seine Abwesenheit auf den Kopf zusagte, reagierte er unwirsch. »Kein Wunder«, sagte er, »es geht auch um keine Kleinigkeiten.«

Die Kinder steckten die Köpfe unter den Gardinen durch, um ihn beim Einsteigen und Abfahren mit dem eleganten Wagen zu beobachten. Der Portier am Präsidium, der ihn sonst immer gleich durchließ, ohne daß er die Berechtigungskarte zeigen mußte, legte die WAZ hin, verließ seine beheizte Glaskabine, kam an den Wagen: »Ach Sie sind das! Und das am ›Tag der Arbeit‹?«, ließ sein steifes Morgengesicht pflichtschuldig lachen und drückte mit einer blöden Verbeugung vor dem Blechmehrwert den Schrankenknopf.

Auf dem langen leeren Linoleumflur im dritten Stock kam von ganz hinten eine emsige Dame heran. Ihre Schritte hämmerten ein vitales Fußbodenstakkato: »Wichtich« »wichtich« »wichtich«. Hilde Krauledatt, Grevenbroichs Sekretärin, verbat es sich, wenn man sie unter die Sekretärinnen reihte. Sie war laut Vertrag Büroleiterin und Sachbearbeiterin und hatte früher selten einen Blick für Langensiepen übrig. Jetzt unterbrach sie ihren wichtigen Flurauftritt und ließ fast den Aktenordner fallen, so unsicher hantierte sie mit ihren Händen, um sie ihm, dem ganz neuen Langensiepen, hinreichen zu können. »Guten Morgen – Sie sind hier? ich dachte –« »Ist Grevenbroich zu sprechen?« »Für Sie sogar heute – bitte, gehen Sie vor!«

Im Sekretariat nutzte Langensiepen als erstes die neue Finanzlage: »Fünfhundertzwanzig Mark, Frau Krauledatt, sind fällig aus dem Etat, über den wir aus der Sonderaktion ›Ruhe an der Ruhr‹ verfügen können. Die Buchungsnummer haben Sie sicher, sonst kann –«

»Warum sollte ich die Nummer nicht haben?«

»Der Betrag geht an Frau Anita Drögemöller, Bredeney, Ahornweg 6.«

Frau Krauledatt notierte: »Fräulein Anita Drögemöller –«

»Am besten als Informationshonorar. Für erbrachte Leistungen am 30.4. Und dann bitte einen Antrag auf Überstunden für Wilma Hagedorn und Maria Bläsing, exakt wie im Vorgang Bongartz: zwei Stunden Tonbandtranskript, macht Überstunden zirka sechs.«

Frau Krauledatt notierte mit Eifer, war im Kleinkrieg mit den weiblichen Kollegen und unterm Beschuß der männlichen siegreich alt und böse geworden. Wohl auch unterm Spott über ihren unpassenden Namen. »Wollen Sie jetzt gleich –?«

»Ja.« Er wartete nicht ab, bis sie ihn anmeldete, ging hinein, blieb auch nicht bei der Tür stehen, bis sein Chef ihn auf den elektrischen Stuhl winkte, auf den Arme-Sünder-Hocker vor seinem Palisandertisch, sondern ging ohne Halt durchs Zimmer und setzte sich.

Grevenbroich schaltete sein Radio mit Eduard Künnekes Blumenwunder-Suite aus, biß noch einmal kräftig ab, verpackte das Käsebrötchen in der Klarsichtfolie und schob Langensiepen einen ferngeschriebenen Agenturdienst über den Tisch. Dort stand, von Grevenbroich handschriftlich umrahmt, unter einem ausführlichen Bericht über einen Bankraub in Krefeld die kleine pikante Nachricht über das Mordopfer in einer Prostituiertenwohnung »im Essener Süden«. Wörtlich so.

Grevenbroichs kauende Backen heischten Auskunft.

»Ein anonymer Anruf beim dpa-Landesdienst, den mir Klein unfreiwillig bestätigt hat.«

»Wie das?«

»Als er auf die Anfrage des dpa-Typs ungeschickt reagierte.«

»Anonymer Anrufer? wer? warum?«

»Zwei Möglichkeiten. Entweder eine Warnung an eines der Syndikate: Leute, aufgepaßt, die Dame ist besetzt. Oder interne Rache, da die Presse über kurz oder lang doch rauskriegen dürfte, welche Wohnung gemeint ist. Und damit wären Rentelens goldige Geschäfte erst einmal erledigt.«

Grevenbroich hatte fertiggekaut und erklärte:

»Zum dritten wäre denkbar eine Kombination von eins und zwei: Warnung und Vergeltung zugleich, nämlich dann, wenn es folgende Konstellation gibt: hier Rentelen und Co., dort Stepunat und Co., beide als Kontrahenten. Rache an Rentelen, Warnung für Stepunat. Vielleicht sehen wir da bald klarer. – Und wieso sind Sie hier? wieso sind Sie nicht auf Tauch- und Kontrollstation?«

»Sie haben meinen Bericht gelesen?«

»Danke.«

»Die Überwachungssituation im Ahornweg ist, gelinde gesagt, haarsträubend, und ich muß Sie bitten, sich für mich bei den Düsseldorfern dafür zu verwenden, daß –«

»Sie brauchen gar nicht so geschwollen zu reden: Sie kriegen, was Sie brauchen.«

»Als erstes brauche ich einen zweiten Mann.«

»Das ist das einzige, was Sie nicht kriegen.«

»Ich brauche aber einen, ich bin dort vollkommen isoliert, in zugespitzten Momenten hilft mir hinter den Kameras kein Telefongebell von Klein.«

»Dann telefonieren Sie eben mit mir. In zugespitzten Momenten und zum Denken. Ich bin jederzeit zu sprechen für den Fall Drögemöller.«

»Wieso kein zweiter Mann?«

»Weil von nun an kein Mitwisser mehr gebraucht wird. Darüber herrscht mit Düsseldorf vollkommene Einigkeit.« Grevenbroich stand auf und pumpte seine fette Brust voll Büroluft. »Bedenken Sie, was da vor sich geht. Diese Nutte, ich weiß nicht, was die da so Besonderes im Bett macht (das sollten Sie mir mal gelegentlich verraten, hähä, dies nur in Klammern), auf jeden Fall kommen doch zu diesem Weib die Scheiche aus den oberen Etagen und, mein Gott ja, das dürften Sie inzwischen wissen, das ist ein säuisch heikler Punkt, dieses Nest da, mir scheint, Sie haben das noch gar nicht durchschaut.«

»Eben weil ich das durchschaue – siehe mein erster Bericht! –, eben deswegen ist meine Isoliertheit geradezu unerträglich. Sehen Sie, bei Einvernehmungen von Zeugen oder Verdächtigen – Sie haben ja die stattliche Liste gelesen, wer alles in Frage kommt – bin ich weg vom Kuckfenster. In dieser Zeit schlägt Frau Drögemöller oder einer der anderen Gangster in aller Ruhe zu. Außerdem bin ich ein Mensch, der seine Familie braucht, ich bin schon rein physisch nicht in der Lage, rund um die Uhr in einem Einmannbetrieb ein so säuisch heikles Nest, wie Sie das sehr richtig nennen, befriedigend zu kontrollieren. Weiß ich denn, was passiert, wenn ich nachts daheim –«

»Wie bitte? Sie gehen nach Hause? Sind Sie wahnsinnig?« Grevenbroich tat vier Seitenschritte, zwei nach links, zwei nach rechts. »Das ist ja doch – Sie bleiben gefälligst in dieser Hausmeisterwohnung! Und wenn kein Bett da ist, dann lassen Sie eins reinstellen! Abhörton Volldampf und bei Kollision aufwachen! Ich denke ich bin auf Sohle acht und hör nicht richtig – auf der Stelle Zahnbürste und Pinkeltopf in den Ahornweg! Mensch, begreifen Sie denn nicht?«

»Eben diesem Dilemma wollte ich ja begegnen, indem ich dann schichtweise mit dem zweiten Mann –«

»Schluß damit!« Boß Grevenbroich bekam nun sein rotes Gesicht.

»Mann! Sie garantieren uns nicht nur, daß die Sache sauber abgewickelt wird, sondern auch – und das ist viel wichtiger –, daß sie« – er beugte sich über den Tisch weit nach vorn zu Langensiepen – »daß sie in aller Verschwiegenheit abgewickelt wird! Von diesem Sumpf darf kein Mensch was erfahren! Noch tappen die bei WAZ und Fernsehen im Dustern und werden darin auch weiterhin tappen! weil nämlich ich selbst und Sie dafür sorgen!«

Er stapfte an die Ecke hin, wo neben dem Radio ein Stapel Zeitungen lag, schlug mit der Hand auf die knitternde Masse und stapfte wieder zu seinem Drehstuhl zurück. Von dort blickte er seinen Sonderkommissar mit einer komischen Aufgeregtheit an, enttäuscht, daß Rudolf Langensiepen nicht gemerkt hatte, wie väterlich er beschützt und gedeckt wurde:

»Mann, wenn Sie sich isoliert vorkommen – Sie müssen Zeitung lesen, Radio, Fernsehen, Sie brauchen jetzt Überblick, besorgen Sie sich Informationen, bestellen Sie das Zeug über die Krauledatt. Aber nicht noch ein zweiter Mann – Sie sehen ja, was schon Klein verschusselt. Langensiepen« – er beugte sich wieder über den Tisch in Richtung Sünderhocker und raunte vertraulich –, »Freundchen: als diese Bredeneyer Kiste, diese Leiche da, in Ihre Hände gekommen war und sich rausstellte, was dahintersteckte, da war ich doch heilfroh, daß es Sie getroffen hatte und nicht etwa diesen windigen Salzinger oder Reppekus, diesen Schwätzer. Mein Gott, habe ich den Düsseldorfern ein Loblied auf Sie gesungen, mein Lieber, daß ihnen die Ohren schlackern mußten: Dieser Mann, habe ich denen gesagt, dieser Mann aus gutem Hause, ich kenne die Verhältnisse, Ehefrau, Kinder, solide, tüchtig, zuverlässig, für den leg ich die Hand – na hören Sie, jetzt tun Sie mir den Gefallen und steigen Sie endlich voll ein in den Job! Sie, ich sag Ihnen doch wohl nichts Neues, daß hier eine gewisse Chance für Sie gekommen ist, und nach einem halben Jahr, bitte, wenn bis dahin Ruhe im Pott ist, dann reden wir auch über Ablösung und Schichtwechsel –« und sackte in den Sessel.

»Ist mir soweit alles klar –«

»Ihr erster Bericht« – Grevenbroich blätterte in Langensiepens Aufsatz –, »da haben Sie recht fleißig die Fürs und Widers zusammengestellt – aber irgendwie hängen Sie noch zu sehr an den Motiven. Ich würde jetzt Punkt für Punkt die solide Vorarbeit leisten. Wie sehn die Alibis aus, von der Dame nennen Sie diesen dürftigen Opernbesuch – wer soll dieser Herr mit der zweiten Opernkarte gewesen sein –«

»Herr Grevenbroich, Ihnen und mir hat noch nie ein Profikiller freiwillig gesagt, daß er zur Tatzeit einen Meter neben dem Opfer stand. Ehe ich mir Märchen aufbinden lasse, puzzle ich mir indirekt das Labyrinth komplett zusammen.«

»Langensiepen – Sie stehen unter Zeitdruck! Krauledatt!«

Grevenbroich hatte einen Knopf gedrückt, worauf Frau Krauledatt mit bedeutender Säuernis in der Tür erschien. »Sie bestellen ab sofort Zeitungsbezug WAZ und FAZ in den Ahornweg 6. Ferner Transistor und Fernseher, tragbares Kleinmodell, alsdann Bett oder besser Klappbett, ja, damit er sich da nicht zu wohl fühlt, jawohl, heute vormittag noch, lassen Sie das allgemeine Lager n bißchen springen!«

»Noch eins«, meldete sich Langensiepen, »ich benötige einen Spiegel, wie an unübersichtlichen Autoausfahrten, der muß so hängen, schreiben Sie's bitte auf, Frau Krauledatt, daß die längere Kante senkrecht steht und ich auch die hinteren zwei Drittel des Baderaums mit Kamera I – Frau Drögemöller zeigt den Monteuren das, die macht da mit – die hinteren zwei Drittel des Baderaums, haben Sie? überblicken kann, Punkt. – Ausgerechnet die Stelle nämlich, wo Herlotzky gelegen hat, ausgerechnet die kann ich nicht einsehen, das fordert ja den Wiederholungsfall geradezu heraus.«

»Also, haben Sie: Spiegel mit Montage bis heute mittag« – Grevenbroich erhob sich: »Auf Wiedersehen, Langensiepen, und wie gesagt: Ich bin ständig für Sie da, sogar am l. Mai!«

»Ich danke Ihnen.«

Die Etatformulare der Krauledatt, der Flur, die eingeübten Treppenkanten, der Parkhof, der neugierige Portier, Langensiepen glaubte dies alles und auch die breite Zweigertstraße und die Straße Alfreds wie lästige Fakten überfliegen zu müssen, warum dieser starke Gegenverkehr nach Süden? Er hörte Nachrichten, ohne sie zu hören, schaltete ab, weil hinter dem Rheinstahl-Hochhaus der Empfang gestört war, kannte sich für einige Momente nicht aus im Einbahngeschlinge der nördlichen Innenstadt und fand dann in der öden Front der Marina-Bar ein angemessenes Bild für die Methoden und den Inhalt seiner Ermittlungen: Mit dunkelbraun gebeizten Kiefernbrettern die Fenster vernagelt, die Tür ebenfalls aus schwerem, gedunkeltem Holz, alles verquer, verrammelt, verschlossen, er mußte warten hier im Zugwind der kahlen Straße, warum so leer? Schließlich, nach dem dritten Klingeln, öffnete eine verquollen bleiche Blondine, der er seine Kennmarke direkt vor die Basedowschen Augen hielt: »Kriminalpolizei!«

Warum so grob? Die Frustration durch den Chef an anderen abreagieren? ach die Psychologie. Die Blondine schlappte – »Wat soll dat?« – beiseite: die Bar völlig dunkel, oder war er nur geblendet? penetrant die kalte Mischung aus Biermief und Rauch, zu hören nur die Roststimme der Blonden: »Wat is denn?« – »Wohnt hier Rentelen?« »Nä.« »Wo wohnt er?« »Wohn? Hier nich mähr.« »Wo?« »Bredeney. Ahorn – nä, Ahorn heißdat nich, is wat anners – Holunder heißdat, Holunderwech, jau, neun a.« »Meinen Sie, er ist jetzt zu Hause?« »Wieso, der penntoch hier oom. Wohn tuter im Bredeney.« »Wo hier oben?« »Da – nebene Toilette Treppe rauf, aba der schläft getz, ich dachte, Sie wollten wissen, wo der gätz wohnt –« »Machen Sie Licht.« »Mannomann! noch wat?« »Ist er allein?« »Kucken Se doch säpps.«

Er ging die Treppe hoch, stieß die Tür mit der Aufschrift »Privat« auf und fand sich in einem dämmrigen Flur, der um zwei Ecken herum in einen schlecht gelüfteten Salon führte, auf dem Boden Felle und Teppiche, bauschig und zum Teil pastellfarben, auch an den Wänden Felle, zum Teil von bösen Tieren, dazwischen hing ein Poster, das er noch nie gesehen hatte: eine Lustmaschine mit einem überdimensionalen, mechanisch bewegbaren, an beiden Enden benutzbaren Phallus, den zwei elegante Damen sich eingeführt hatten, auf diese Weise miteinander verbunden, drehten sie verzückt die Räder der Mechanik, um die gewünschte Vibrationsgeschwindigkeit herbeizuführen –

Er registrierte ungehalten, daß er dem zu viel Aufmerksamkeit gewidmet hatte und erst jetzt bemerkte, wie unter ebendieser Abbildung auf einem unflätig zerwühlten Heidschnuckenlager ein Mann lag, unbekleidet und beleibt, schlafend, mit der Hand sein Geschlecht bedeckend. Langensiepen, anfangs überrascht von der schweinernen Rosigkeit auf den Fellen, machte barsch sein »Kriminalpolizei!« und warf dem Mann einen Mantel zu.

Wie ein Wurm unterm Stiefel zog sich der zusammen, kam überraschend schnell hoch und in manierliche Verhüllung: »Was soll das?«

»Sie sind Rentelen?«

»Ja. Und Sie?«

»Kommissar Langensiepen. Wir brauchen von Ihnen Aussagen in Sachen Herlotzky/Drögemöller.«

»Hab ich nichts mit zu tun.«

»Das wird sich zeigen.«

Langensiepen setzte sich auf den einzigen Stuhl, den es hier gab, einen quietschenden Klavierhocker, der vor dem Heidschnuckenlager stand, während Rentelen, im Kamelhaarmantel, sich in seinen Fellsalat zurücksinken ließ, ungeniert und lässig. »Ich hab damit nichts zu tun. Ein Hausbesitzer hat nichts mit dem zu tun, was in seinem Haus passiert.«

»Unter Umständen doch. Ihnen gehört also das Apartment der Drögemöller –«

»Das Haus. Schicksenmäuschen, mach Kaffee.«

Die Blonde, die sich in den Salon geschlichen hatte, verschwand hinter den finsteren Ecken im Flur. »Das Haus also. Und wo waren Sie vorgestern abend?«

Der Mann, den Anita Drögemöller den »Öligen« genannt hatte, langte sich von einem Regal zwischen Bett und Damenposter Zigaretten und Feuer. »Vorgestern abend war ich inne Casanova.«

»Ab wann?«

»Ab acht.«

»Bis?«

»Zirka zwei Uhr.«

»Zeugen?«

»Kenn Sie gut, den Zeugen. Heißt Drögemöller, wenn ich mich nich irre.«

»Frau Drögemöller war an dem Abend in der Oper.«

»Ja?« Rentelen warf seine Gasrakete an und grinste unverschämt zu Langensiepen hinüber. »Sind Se sicher?« Er zündete sich die Zigarette an und hustete. »Dann wa se meinzwegen drin, inne Oper. Nur dann isse um elf, so was nach elf rübber inne Casanova.«

»Und blieb wie lange?«

»Genau wie ich. Bis zwei.«

»Wer hat Sie gesehen?«

»Kellner.«

Langensiepen drehte sich etwas auf dem Hocker herum und betrachtete den Salon. »Frau Drögemöller ist sozusagen Ihre Angestellte?«

»Falsch. Nich ma sozzesagen. Vollkommen frei is die.«

»Der Freizeitkonzern Rentelen macht doch wohl Verträge –«

»Nich mitte Dröge. Die zahlt Miete.«

»Wieviel?«

»Weißichätz nich auswendich.«

»Ungefähr.«

»Wenn ich dat alles im Kopp ham wollt, hätt ich viel ze tun –«

»Dann muß ich Sie auffordern, mir den Mietvertrag zu zeigen.«

»Mann Gott! Wat hat dat mit Herlotzky zu tun?«

»Mich interessiert, in welchem Grad Frau Drögemöller von Ihnen abhängig ist. Finanziell.«

»Leckt mich doch inne Wirtschaft. Also, wat soll sein, ungefähr sintat fümf Mille.«

»Ist das nicht ein bißchen viel pro Monat?«

»Kann auch sein vier bis fünf. Hörnse mal – für die Lage? Die Ausstattung? Meinense, dat Dingen hättich umsonz gebaut? Kukken Se sich domma um in Bredeney, Stadtwald, wattie Grundstücke kosten!«

»Außerdem interessiert mich die Höhe Ihrer Investitionen in den Beobachtungsapparat. Sie wissen, die Kameras, die Mikrophone etcetera, Sie wollten ja eine Film- oder Kassettenproduktion aufbauen –«

»Wat wolldich?«

»Wieviel Geld hat Sie diese Anlage gekostet?«

»Sind Sie vom Finanzamt?«

»Von der Mordkommission. Gäben Sie mir recht, wenn ich behaupten würde, die Anlagen im Ahornweg 6 haben einen Wert von gut zweihunderttausend?«

»Wie Sie meinen.«

»Was wollten Sie mit der Anlage?«

»Dasselbe wie Sie.« Wieder dieses unverschämte Feixen. War er der anonyme Anrufer gestern aus der Marina-Bar? »Aufpassen will ich. Auf meine Kunden und Freunde. Und auf die Dröge. Wie Sie.«

»Wie menschenfreundlich.« Langensiepen war in diesem Augenblick etwas verwirrt gewesen. Hatte Rentelen tatsächlich eine Art Voyeurismus gemeint, den er, der Freizeitboß, sich mit dieser Anlage als persönlichen Luxus hatte leisten wollen? Doch er war rasch wieder auf realem Boden: »Aus Ihren Firmenprospekten geht hervor, daß Sie eine Film- und Kassetten-Kommanditgesellschaft gegründet haben, im Rahmen Ihres Freizeitkonzerns. Sie wollten offensichtlich Pornofilme drehen, keine gestellten, mit Schauspielern, sondern harte Ware.«

»Stand das auch in dem Prospekt?«

»Man investiert solche Summen nur, wenn man weiß, sie zahlen sich aus. Entweder durch Verkäufe, Videoverkäufe. Oder durch Erpressungen.«

Die wächserne Blonde hatte ihrem Chef eine Tasse mit Kaffee hingestellt, Rentelen griff jetzt danach, balancierte unsicher die Tasse, schlürfte und mäkelte: »Wat soll dat?« Er stellte die heiße Sache zurück. »Kucken Sie nich auch ma gerne zu, wenn die Dröge ne Nummer bumßt? gibbet doch zu! jeden Ölprinz volustiert sich inzwischen an son Amüsemang, nich imma bloß im Casanova die Schlenkertitten –«

»Nehmen wir an: zweihunderttausend – nur zu Ihrem persönlichen Vergnügen? für Tonaufnahmen? für Film-, vielleicht auch Kassettenaufzeichnungen? wozu, lassen wirs offen. Nun kommt aber dieser Herlotzky daher und vermasselt Ihnen die Tour, noch ehe sie überhaupt angefangen hat. Die teure Anlage umsonst, weil der nicht abwarten konnte und diesen amateurhaften Erpressungsversuch machte. Die Apparatur ab jetzt in polizeilichem Gewahrsam und Sie angezeigt wegen Verdacht auf gewerbsmäßige, in diesem Fall auch publizistische Ausnutzung beziehungsweise Verbreitung von unzüchtigen Darstellungen.«

»Der einzige, der das gewerbsmäßig machen wollte, war Hällo –«

»Und den haben Sie ausgeschaltet.«

»Wie bitte?«

»Weil Sie so ganz unschuldig nicht waren bei diesem ersten Versuch mit dem Bongartz-Tonband.«

Rentelen drückte die Zigarette aus und stand auf. »Fragen Sie doch nach inne Casanova, wo ich wa an dem Aamt.«

»Da müssen Sie mir schon überzeugendere Zeugen nennen als den Kellner Ampütte, Ihren alten Kollegen. Und als Frau Drögemöller, die als Mitwisserin sicher ihre Prozente bekam.«

Der »Ölige« im Kamelhaarmantel hatte sich jetzt dicht vor ihm aufgebaut: »Hörnse. Mit so Schabracken wie den Herlotzky hab ich et nich nötich. Genau wie ich dat nich nötich hab, so en kaputten Drecksack umzubring! Der erledigt sich von ganz von säpps!«

»Das glaube ich Ihnen sogar, daß Sie das nicht nötig haben. Könnte sein, Sie lassen das durch andere erledigen. Sie haben ja genug Leute in Ihrem Konzern, Angestellte. Und »Freie«, wie Sie das nennen. Warum haben Sie eigentlich die Prügel bekommen, damals von Herlotzky, in der Marina-Bar?«

Der Rosige im offenen Herrenmantel schob sich durch seinen Salon, offenbar benötigte er eine Denkpause. »Ma widder n staaken Lui makiern wollte der. Hatte ja sonz nix aufem Kasten, Krücke die.«

»Nicht deswegen, weil Sie an der Bongartz-Affäre doch beteiligt waren und Sie nun alles allein auf Herlotzky schieben wollten? nachdem Ihnen die Sache zu heiß wurde?«

»Mann! Ich hab schon seinerzeit im Prozeß klaagestellt, dat ich die Finger da nich drin hatte!«

»Darauf mußten Sie allerdings größten Wert legen, da es ja ausgerechnet um Bongartz ging. Der Ihnen die Kredite besorgt hatte für das Haus, für die Anlage, und den sich Herlotzky nun dummerweise als erstes Objekt ausgesucht hatte. Ich glaube Ihnen ja, daß diese Idee nicht von Ihnen kam. Aber ich werde mir von Frau Drögemöller das alles von nun an sehr viel ausführlicher darstellen lassen.«

»Von der? Aber ja! bitte!«

»Früher hatten Sie doch durchaus mit Ampütte, mit Herlotzky und diesen Leuten zusammengearbeitet, hatten Ampütte nette ältere Homo-Kunden besorgt, die Sie dann ausnehmen konnten –«

»Hörn Se mal, dat is gerichtlich im April festgestellt, das können Sie im Urteil nachlesen –«

»Freispruch, ich weiß. Aber aus Mangel an Beweisen. Und diese Beweise hätten immer noch irgendwie auftauchen können. Zum Beispiel im Gedächtnis von Stepuntat. Oder Herlotzky. Und dann wäre das mit den Bongartz-Krediten peinlich, nicht wahr? Nun ja, Gott sei Dank gibt es noch das Gedächtnis der Frau Drögemöller. Und das werde ich in Anspruch nehmen. Es sei denn, Sie würden mir nun doch selber –«

Rentelen unterbrach ihn mit scheußlichem, ja mit öligem Gelächter: »Nehmen Sie die nur in Anspruch, hähähä, prokeln Se ma schön drin rum in ihr Gedächtnis – kannze alles ham, von där, hähä.«

Langensiepen wendete sich ab und sah die quallige Blonde. »Herr Rentelen, man sagt Ihnen nach, Sie kleideten sich gern elegant, Kamelhaarmantel, Lederhandschuhe –«

»Ja ja, zum Autofahrn und zum Killen trach ich natürlich Handschuhe. Wie Steppe, Bongaatz un all die Leute, die so in Frage komm. Die ham alle blöderweise keine Fingerabdrücke hinterlassen. Ja ja, Ihr Job is schwär, Meister. Ich würd umsatteln.« Der Ölige ließ sich in die flockig-haarigen Bettwülste fallen.

»Sie wissen auffallend genau, wer in Frage kommt.«

Rentelen langte sich einen Aschenbecher vom Regal und drückte umständlich seine Zigarette aus. »Gestern klein Besuch gemacht. Is ja nich weit vonnen Holunderwech. Da wa n Sie schon lange bei Mutti. Alles fein aufgeschriem hatter sich dat.«

»Sie haben also Schlüssel? zu allen Wohnungen?«

»Richtich Mühe gibt er sich. Alles schön orntlich. Un immer noch kein am Schlawittchen, der den ›bloßen Kraftmeier H.‹ umgepustet hat. Hähaha.«

»Warum helfen Sie mir nicht auf die Sprünge und sagen mir Ihre Version?«

»Wenn Sie mich fragen« – Waldemar Rentelen kratzte sich mit Hingabe die rosige Brust – »dieser Vorder – wie heißt der?«

»Vordenbäumen?«

»Der is dä Strohmann. Den baut die Dröge sich auf.«

»Vordenbäumen?«

»Jau!«

»Und wozu braucht sie den?«

»Für ihr Alibi braucht sie den. Der gibt gerne zu, datär mit ihr inne Oper wa – krichtert en paama für lau, hähä –«

»Sie meinen, Frau Drögemöller war, als sie zu Ihnen in die Casanova-Bar kam, überhaupt nicht in der Oper. Sondern ließ sich von Vordenbäumen die Eintrittskarten besorgen? –«

»Türlich!«

»Und, falls uns die Karten nicht genügen – obendrein eine Aussage von Vordenbäumen.«

»Sicher. Nach meine Meinung war die Anita im Leem nich inne Oper. Un aufem Hällo hattesen Rochus, da könn Se drauf an – also bitte, wer da noch im einzelnen dahintersteckt, so genau kenn ich mich bei die nich aus, wat Fräulein Anita sich alles so leistet für Leute, geht micha auch nix an.«

»Ich danke Ihnen.« Langensiepen wollte sich durch den krummen Flur hinauswinden, fand sich aber aufgehalten durch ein Schauspiel, bei dem er nicht wußte, ob er einzugreifen hatte. Rentelen, offenbar aufgemuntert durch den nach seiner Ansicht günstigen Ausgang des Verhörs und voller Interesse, die zum Schluß anscheinend hergestellte vertrauliche Beraterbeziehung zu Langensiepen zu pflegen, dieser rosa-lederne Sack schmetterte plötzlich eine Schimpfwörterlitanei in den Raum, steigerte sich über »dummes Luder« und »Zimtzicke« und »Aaschgeige«, als müsse er dem Kommissar eine einschüchternde Probe seiner Brutalität geben, in solche Wut, daß er in der höchsten verbalen Not sich nur noch handgreiflich entladen konnte und seine verquollene Gespielin auf die Schlafstelle schleuderte, wo sie aufjaulend sich sofort auf den Rücken warf, um seine weiteren Attacken im Auge zu haben, doch der Angriff war schon getan, ehe sie ihn begriff, denn noch im Drehen hatte Rentelen ihr den blumigen Morgenrock vom Leib gerissen und flog wieder zurück auf den Bauch, den Kopf hinauf gedreht zu ihrem Chef. Der aber – »Bumßklöße gehörn geschlachtet!« – mit einem fetten Räuspern, als müsse er einen üblen Geschmack aus dem Hals kriegen, stampfte mit dem Fuß auf, worauf über eine untergründige Mechanik das gesamte Lotterbett in schüttelnde Zuckungen geriet, die Langensiepen in seiner Verwirrung an die Bundesgartenschau in der Gruga erinnerten, wo ermüdete Fußgänger sich auf eine vibrierende Unterlage stellen konnten, wenn sie ihre Füße erholsam durchbluten wollten.

»Pißnelke!« schrie Rentelen, »mach dich naß!« Der Freizeit-Chef schmiß den blumigen Kittel der Dame in die Ecke und wandte sich mit einer lässigen Handbewegung zu Langensiepen, wohl, um ihn aufzufordern, sich hier zu bedienen, doch der, unfähig, Wahrnehmungen und Folgerungen zu sortieren, starrte auf einen dunkelroten Punkt in der Mitte des Schüttelbetts, auf ein Gebilde, das auf- und niederzuckte, auf das die weiße Verquollene sich hinaufschleppte, um, zu Rentelen zurückblickend wie geprügelt, im Niedersetzen das rote Glied zwischen ihre Schenkel zu nehmen.

»Noch nich gesehen, den Naßmacher?« Rentelen zeigte auf die im Unterleib karessierte Frau, zufrieden wie über eine gelungene Dressur, und schwatzte: »Eins a Freizeitluxus, Superklasse für verwöhnte Ansprüche – nur bei Rentelen und Co.!« Mit Kennermiene beobachtete er die Anwendung, nickte mit dem breiten Schädel und schob dann den überforderten Polizisten durch die eckigen Gänge, über die Treppe in die dunkle Bar, unterwegs vertraulich vom »echten Sex« philosophierend, für den man heutzutage schon ein bißchen Phantasie aufbringen müsse, wenn man ihn noch haben wolle. Schließlich gebe es ein Mädel wie diese wilde Anita nur einmal. »Hähä!«

In der Tür zur Straße erklärte der sich offenbar recht wohl befindende Mann, daß gleich bei seiner Rückkehr die auf dem Schüttelrost drangsalierte Frau ihn »geil wie tausend Haubitzen« empfangen werde, ohne daß er zuvor einen Finger hätte rühren müssen, sprach's, grinste und verschloß hinter dem Beamten die Tür seiner Marina-Bar, des Hauptsitzes seiner Firma für verwöhnte Ansprüche.

Langensiepen ging zu seinem Wagen, ließ sich auf den Sitz sinken, schloß die Tür und war unfähig zu fahren. Spürte, wie seine Wäsche am Körper klebte. Sollte er nicht doch diesen Auftrag zurückgeben?

Halb elf war es und noch immer kein Kontakt zu seiner Haupteinsatzstelle im Ahornweg. Dort hatte also Hausherr Rentelen in der vergangenen Nacht in aller Ruhe die Unterlagen inspiziert. Sicher, Grevenbroich war im Recht, man konnte das »säuisch heikle Nest« nicht ohne Aufsicht lassen. Aber wie sollte Langensiepen gleichzeitig absichern und ermitteln – per Telefon? per WAZ und FAZ?

Er griff nach dem Gangknüppel und zuckte zurück, als sei der rot. Er schaltete dann außer Verantwortung, kurvte mühsam durch die leere Innenstadt auf die Schützenbahn, hinüber zum Viehofer Platz. An dem verwitternden Ziegelsteingebirge des RWE-Kraftwerks vorbei die lange Straßenbahnstraße nach Altenessen hinab.

Hinter Altenessen bog er links ein, fuhr an den Vorgärten vorbei, an der Schule links ab zu einer kurzen Reihe fünfstöckiger Häuser aus den zwanziger Jahren, die man zu einem Stadtviertel zu ergänzen vergessen hatte. Vielleicht war die Inflation dazwischengekommen oder der Schwarze Freitag, jedenfalls trieben die roh geziegelten Seiten- und Rückfronten Witze mit den sorgsam verzierten Vorderfronten aus Säulen, Helenenköpfen, Blattgirlanden und Steinzotteln, einem prächtigen Fabrik-Individualismus, der nun, nach fünfzig Jahren, gleichmäßig eingerußt war. Rahmdörne. Hier also, nur gut drei Fußgängerminuten neben Anitas »Zorniger Ameise«, wohnte Vordenbäumen.

Langensiepen glaubte noch den Treppenmief zu riechen. Den gleichen Bohnerwachs-Grünpflanzenmief wie hier in der Kneipe. Er ließ sich ein neues Pils füllen, zum siebenten Mal. Dazu bestellte er Wiener Schnitzel mit gemischtem Salat.

Nur wenige Gäste in diesem Dämmerschuppen. Einer stand am Tresen, ein anderer am Glücksautomaten, ständig Münzen einsteckend, nicht gewinnend, weiter spielend. »Rotamintieren oder Rotarieren, das ist hier die Frage«, sagte sich Langensiepen. Und er dachte an die schönen Worte des Pfarrers heute morgen, über die »Menschen im Land an der Ruhr«.

Geruch von aufgewärmtem Wiener Schnitzel, das stand jetzt vor ihm auf dem Kneipentisch. Daneben lag die heutige WAZ, aufgeschlagen die Seite drei »Aus dem Westen«, die SEIN LETZTES BLUTOPFER anzeigte. Da war von einer »erwürgten Prostituierten Anita D. (24)« die polizeigerechte Rede. Ach, welche Rede war schon gerecht.

Selbst dem klugen Grauen war sie vergangen, die Rede, als Langensiepen ihn aufgesucht hatte, gleich nach dem Ende mit Schrecken. Als er von Bredeney aus nicht in die Mittelstadt heimgekehrt war, sondern sich in die Niederstadt geflüchtet hatte zu Vordenbäumen, hierher, zwei Straßenecken weiter, als könne der ihm die Schrecken deuten. Er trank sein Bier.

Dann zog er einen weiteren Zeitungsartikel aus der Jacke. Der hatte noch von einer lebenden Drögemöller berichtet, unter der Überschrift »NOTFALLS PACKE ICH AUS«.

Dann stand er langsam auf, ging durch den gebohnerten Raum zur Theke und sagte: »Ortsgespräch« und wählte.

»Ja? Langensiepen?«

»Dito Langen.«

»Guter Mann, wo steckst du.«

»Ich bin hier noch mit Kollegen zusammen. Müssen alles mal durchsprechen. Verdauen.«

»Naja«, sagte sie, »hab mir so was gedacht.«

»Eben. Bis dann.«

»Aber danach machst du hoffentlich Urlaub.«

»Am liebsten für immer. Tschüß.«

Er hängte ein und drückte den Hörer auf die Gabel, als müßte er sich auf das Telefon stützen. Ging dann zurück, zu den Zeitungen und zu dem Schnitzel, zur alten Tischdecke mit den eingebrannten Zigarettenlöchern im bayerisch karierten Muster. Ließ sich auf den Stuhl fallen.

Da saß er nun mit seinem reichen Innenleben, der Hauptkommissar Rudolf Langensiepen, und schaute sich um. Ihn ekelte die Häßlichkeit, diese krummen Menschen, diese fetten, breiten, zahnlückigen, klobigen, schwerknochigen, dicken Menschen mit ihren ausgeleierten, humpelnden, wackelnden Figuren. Diese durch grellbunte, unpassend geschnittene Kleider entstellten Menschen. Diese durch Großbetriebe und Großkaufhäuser entstellten –

– nach dieser empörenden Szene bei Rentelen, nach dieser für den Chefkoitus mechanisch präparierten Frau, hätte er da nicht ahnen müssen, was kommen würde? Und hatte er es nicht geahnt? Das Gesicht dieser Blondine. Verquollen, verstellt.

Er drängte sich diese weiße Erinnerungsfläche aus den Augen, versuchte sich auf die Wohnung von Vordenbäumen zu konzentrieren, auf den Bohnermief, auf den altmodischen Treppenabschluß unterm Dach mit den Scherenschnitten und Zeichnungen, mit dem Drehgriff der Klingel und dem in Messing getriebenen kursiven Namenszug »Hauptlehrer i. R. O. Vordenbäumen«.

Und dann wurde es hell hinter den kleinen Viereckgläsern, hell und dann wieder beschattet, schon jetzt der Gegenschlag der Holzprothese auf dem Boden und dann, in der geöffneten Tür, dieser Kopf, kurzgeschoren die Haare, verschleierte graue Augen, wie wenn der Mann aus einem anderen Jahrhundert herüberkonserviert wäre. So erschien er jedenfalls zu Beginn, dieser Vordenbäumen, der »Guten Tag« und »Bitte« sagte und vor ihm her in sein Wohnzimmer hinkte.

Von dort konnte man über die Gegend am Kanal schauen mit den weißen Dampftürmen bis hinauf in die Wolken, darunter die Hinterwelt mit den Ziegenställen, Kokslagern, mit Ödland, Taubenverschlägen im Gartengeschling und den Kindern auf dem Aschenplatz und den Spaziergängern am Kanal.

Langensiepen fiel es schwer, diesem Graukopf hier in seinem dämmrigen Oberstübchen, worin der Einzelheitenaufmarsch erst allmählich deutlich wurde, diesem leisen freundlichen Mann zu sagen, in welcher Angelegenheit er ihm Fragen stellen mußte. War es nicht doch eine Verwechslung? Gab es noch einen anderen Vordenbäumen, einen lederjackigen rabaukigen Bruder im Stockwerk darunter?

Aber auf die Frage »Sie kennen Frau Drögemöller?« antwortete der Graue ein einwandfreies leises »Ja«. Und auf den schon zudringlichen Zusatz »Gut?« ein ebenso unbeirrtes »Ja, gut. Nehmen Sie doch Platz. Hier, bitteschön. Möchten Sie einen Kaffee?«

»Ein Kaffee wäre recht jetzt.« Erleichtert, ja dankbar setzte Langensiepen sich in den hohen Ohrensessel. Während der invalide Hauptlehrer in der Kochnische verschwand, hatte er Zeit, die Bilder und Zeichen an den Wänden zu mustern, die präparierten Insekten und die eingerahmten handgeschriebenen Briefe und Notenpapiere, die alten kolorierten Kalenderblätter und die Theaterprogramme, die unleserlichen Landkarten –

Und wie hatte dann dieser Graue über sie geredet, über die »Prostituierte Anita D. (24)« – freundlich, väterlich, klug. Damit's so endete? Hätte er diesem O. Vordenbäumen genauer zuhören sollen? Was hatte der gesagt, wie fing das an bei diesem lösenden Kaffeeduft? Er kenne sie, hatte er leise, aber mit sicherer Stimme gesagt, schon seit Jahren.

»Wir trafen uns in einer für uns beide scheinbar ausweglosen Situation«, sagte er. »Drüben, nicht weit von hier, in einer dieser lieblosen Kneipen. Ich hatte damals gerade endgültig Bescheid bekommen, daß ich nach meinem Autounfall den Lehrberuf nicht mehr würde ausüben können. Und Frau Drögemöller, ich weiß nicht, wieweit Sie sich über Ihren Lebenslauf schon informieren konnten.«

»In groben Zügen bis jetzt.«

»Sie war damals ebenfalls gescheitert. Auch sie hat ja trotz oder gerade wegen ihres Gewerbes eine ausgeprägte Sehnsucht nach bürgerlicher bis kleinbürgerlicher Absicherung.«

Er sprach konzentriert, fast ohne Betonungen, als ginge ihn das alles nur von ferne an. »Frau Drögemöllers Versuch, sich aus ihrer Vergangenheit zu lösen, sollte damals über eine Heirat mit einem – ja, er war wohl KP-Funktionär oder er war es gewesen, Polikeit hieß er – ihr Heil sah sie damals also in einer Ehe, die aber nun nicht zustande gekommen war unter mysteriösen Umständen – lassen Sie sich das mal von ihr erzählen. Diese Ehe hätte ihr immerhin Unabhängigkeit von gewissen Leuten gebracht, die rücksichtslos ihre Ausbeutung betrieben.«

»Sie meinen Herlotzky?«

»Unter anderem meine ich Herlotzky.« »Was wissen Sie über Herlotzky?« »Herlotzky – ein vitaler, von keinerlei Intelligenz oder Hemmungen geplagter Bursche. Dem sie – wahrscheinlich eben wegen dieser seiner Eigenschaften – verfallen blieb auf merkwürdige Weise.

Obwohl er ihr nie gewachsen war. Wie im Montanmanagement herrschen nun mal auch in diesem Gewerbe die Gesetze selbstherrlicher Männlichkeit. Selbst dann, wenn sie nichts anderes vorzuweisen hat als einen funktionierenden, einen in diesem Fall offenbar unermüdlich funktionierenden Geschlechtsapparat. Das Verhältnis zwischen den beiden war eine endlose Kette wechselseitiger Quälereien, Rückfälle, Verfolgungen, Bedrohungen. Nun ja, kurzum, wir haben uns gleich damals, am ersten Abend in der ›Zornigen Ameise‹ und dann auch hier oben aneinandergehalten. Bildlich gesprochen. Wie zwei Steine im Gewölbe.«

Der Hauptlehrer nahm seine großväterlich hohe Kaffeetasse in die Hände, als wollte er sich daran wärmen. »Sie können sich denken, diese plötzliche Pensionierung, obwohl ich erst 48 war. Diese Umstellung schaffte ich nicht, allein jedenfalls nicht. Jetzt, nach dieser Bekanntschaft erst, ging ich wieder an meine Arbeiten, an meine Studien, Versuche. Trotz Invalidität aus Krieg und Unfall. Ob Sie's mir nun abnehmen oder nicht, ihr verdankte ich den Antrieb.«

»Zu welchen Studien?«

»Musik und Geschichte waren meine Spezialgebiete. Ich hatte mal eine Sozialgeschichte des Biedermeier angefangen.«

»Können Sie mir verraten, welche Musik Frau Drögemöller fortwährend hört?«

»Dieses Mädchen entdeckte ihre Vorliebe für die Musik schon in den Heimen. Wenigstens das bekam sie dort mit. In der Casanova-Bar hat sie dann fast ein Jahr lang diese Damenkapelle geleitet. Bis zu dem unerquicklichen Auftritt damals mit Rentelen –«

»Eine Damenkapelle?«

»Na ja, oben ohne, mein Gott, damals war das der letzte Schrei, ging sogar durch die Presse.«

»Herr Vordenbäumen – Sie waren vorgestern abend mit Frau Drögemöller zusammen?«

Keine Bewegung in seinem farblosen Gesicht. »Ja. In der Oper. Undine. Ihre Lieblingsoper. Die geschändete, die betrogene Natur. Mit einem ungeheuren Identifikationseffekt. Den hatte ich nicht für möglich gehalten bei einem so realistischen, offenbar desillusionierten Menschen. Auch gestern wieder: Bei dem Lied ›Vater, Mutter, Schwestern, Brüder hab ich auf der Welt nicht mehr‹ löste sie sich fast in Tränen auf. Erst recht bei diesem Absturz am Schluß. ›Es rast der Sturm – die Mauern stürzen ein – Allmächtiger, du mögest gnädig sein – ‹«

Jetzt schaute der Graue mit seinen großen trockenen Augen an ihm vorbei, zum Fenster hinaus, wahrscheinlich auf die Dampftürme. »Kein Zweifel, sie selbst sah sich als Undine. ›In den Kristallgewölben wohnt sich's schön.‹«

Dies, so erläuterte er nun lächelnd, sei ein Zitat aus dem zweiten Akt »Undine« und entspräche exakt dem Lebensprogramm der Frau Drögemöller, dieser »elementarisch Getriebenen« – sagte er es so? –, die sich dennoch oder deswegen nach der Ruhe in den Kristallgewölben sehne. Aber die Natur des Mannes ist die Naturkatastrophe.»

Langensiepen war drauf und dran, sich wohl zu fühlen, im Ohrensessel, Kaffee trinkend, mit einem Gesprächspartner, den er nicht erst fordern mußte wie den aggressiven Rentelen, sondern der seine Informationen von allein ausschüttete, offensichtlich ohne Hintergedanken, versponnen in abwegige Studien, aber doch sonderbar gegenwärtig.

Als dieser krumme Graue sich aus der blaugemusterten Kanne Kaffee nachschenkte, stellte der eine Frage, ohne daß von dieser Frage die Bewegung des Einschenkens im mindesten gestört worden wäre, ohne daß sich im Gesicht des Fragenden irgend etwas abgespielt hätte: »Ist Ihnen aufgefallen, daß die Wohnung der Frau Drögemöller in ihrem Grundriß ein Schnitt durch die weiblichen Geschlechtsorgane ist?« Sagte es und setzte die Zwiebelmusterkanne sicher auf den zierlichen, hochbeinigen Rechaud.

Langensiepen hatte diese Frage zunächst nur akustisch verstanden, diese Hauptlehrerfrage, da war er sich sicher, enthielt gewiß nichts Ermittlungsförderliches.

»Sie sollten auf so etwas achten. Vielleicht sind Sie erst zu kurze Zeit dort. Vielleicht sind Sie auch mehr geneigt, in dieser Anlage eher Altar oder Guckkastentheater zu sehen. Der Vorhang zwischen den Säulen legt das auch nahe, ich gebe es zu. Sehr schöne Säulen übrigens. Noch eine wirkliche Drechslerarbeit, wir kamen bei einem Ausflug nach Hoexter an der Weser auf diese Idee. Einen theatralischen Zug gibt das, in der Tat – möchten Sie noch Kaffee?«

Rudolf Langensiepen nickte und O. Vordenbäumen schenkte ein, diese Hand, diese Stimme, dieser Blick, woher nahm der seine große Ruhe? Kriegsverletzung und Unfall?

»Sollten Sie noch länger Zuschauer in Frau Dröges Theater sein, dann werden Sie zwischen den Drechslerkunststücken aus Hoexter einige Haupt- und Staatsaktionäre bewundern können.« Er setzte die Kanne wieder aufs Rechaud und lehnte sich zurück. »Ein Salonstück mit den Spitzen der Gesellschaft. Mit jenen Einfachdenkern, denen es gelungen ist, alles dem klaren Funktionieren unterzuordnen. Kein Wunder, daß ihre ständig vergewaltigten Emotionen ab und zu herausmüssen, in einem infantilen Schwall. Sie wissen: das Menschliche. Die Gefühle. Aber die sind – und das zeigt sich dann zwischen den Barocksäulen – diese Gefühle sind nach der Unterjochung dermaßen kaputt, daß sie nur noch in Resten herauskommen. Zerstückelt. Isoliert. Grotesk.«

Er hielt sich wieder an die warme Großvatertasse. »Diese Gesellschaft der Funktionierenden erlaubt ja Gefühle nur noch standardisiert. Sie kennen diese blendenden Plakathelden. Stereotype Lächler. Aufwärtsblicker. Auf deren Stirn lese ich immer nur dieses eine Wort: ›fortune‹.«

Seine Augen kehrten aus der Ferne zurück und schauten ihn an. »Aber bitte, Sie mögen jetzt meinen, diese Trauerfarce auf Frau Drögemöllers Vaginabühne, die gehöre nicht in Ihren Ermittlungsbereich. Dann hätten Sie geirrt. Und dieser Irrtum könnte Ihren Auftrag scheitern lassen.«

Wieder blickte er an ihm vorbei, weit hinaus in den Dampfhimmel. Langensiepen fühlte sich hilflos in den Rädern von Vordenbäumens Gedankenmühle, suchte nach einem Haltegriff und fragte schließlich, und diese Frage erschien ihm im selben Moment auch schon wieder ohne Zusammenhang, sowohl mit Vordenbäumens gedrechseltem Trauerspiel der Spitzenkräfte als auch mit seinem, Langensiepens, polizeilichen Auftrag: »Diese Opern, die da dauernd zu hören sind –«

»– sind zum Trauerspiel der Führungskräfte das genaue Gegenteil, eine Gegenwelt der Freundlichkeit. Einen solchen Grad an Realität wie in diesen Opern, an sozialer Realität, gab es – von Offenbach abgesehen – bis ins 20. Jahrhundert in der Opernliteratur nie.«

So etwa sagte er es, der graue, leise Vordenbäumen, der, so verriet er, seine Aufgabe darin sah, eine vergangene deutsche Misere, das Biedermeier, von der Verklärung zu befreien. Ob ihm, Langensiepen, schon mal aufgefallen sei, welchen Unterschied es ausmache, ob einer im Süden wohne, auf den Ruhrhöhen, oder hier unten im Norden, in Altenessen, Karnap, Katernberg? »Aber es gibt doch jetzt den Emscherpark.« O.Vordenbäumen lachte, das einzige Mal, daß Langensiepen ihn lachen sah. »Der sollte ›Park des schlechten Gewissens‹ heißen. Denn der ist nach hundert Jahren Sünde nur ein ›Arbeiter unser‹, ein Schuldbekenntnis, eines, das nichts ändert am Süd-Nord-Gefälle. Aber solche Gefälle stellt die bürgerliche Verklärung ja nie als das heraus, was sie sind, Diffamierungen. Klassenunterschiede. Im Gegenteil, man nennt das ›urbane Viertelsbildung‹. Gleichgültig, ob daran Menschen kaputtgehen«, setzte Vordenbäumen noch hinzu. »Zum Beispiel die junge Anita.«

Leise sagte er das, dann lächelte Vordenbäumen wie zur Entschuldigung. Das sei halt alles so bitter, so grotesk, daß, wer es durchschaut habe, Musik brauche, es nur über Musik ertrage.

Langensiepen holte Luft, um, wie er meinte, zur aktuellen Lage zurückzukehren. »Nach Ihrem Opernbesuch vorgestern abend, wo sind Sie anschließend hingegangen?«

»Sie mußte in diese gräßliche Scheune. ›Casanova‹. Sie hatte da eine Verabredung, zu der sie mich unbedingt mitnehmen wollte.«

»Wann war das?«

»Gegen 23 Uhr zwanzig. Oder kurz danach.«

»Und Sie gingen mit?«

»Nur kurz. Gleich beim Reinkommen nahm ihr Ampütte den Mantel ab, der Kellner, den sie von früher her gut kannte und den sie ›Ämtern‹ nennen. Er nahm ihr den Mantel ab und sagte: ›Dein Chef wartet schon auf dich.‹ Er führte sie, ohne mich zu beachten, zu einem Tisch, an dem ich Rentelen erkannte. Sie winkte, ich solle mitkommen, aber – hätte ich mitkommen sollen? Ich habe mich da immer herausgehalten. An diesem Abend wäre es wahrscheinlich sinnvoller gewesen, mitzugehen, meinen Widerwillen gegen diesen Rentelen-Club zu überwinden.« Er machte eine Pause. »Ich gestehe, daß auch ich Frau Drögemöller mehr oder weniger benutze. In einem anderen

Sinn freilich, als Sie annehmen dürften.« Er hatte wieder verschleiert gesprochen, wie aus dem anderen Jahrhundert.

Langensiepen genoß Salat- und Bierdunst. Völle und Alkohol und Anonymität führten ihn in solche Konzentration und Nähe zu dem, was in den vergangenen Tagen gewesen war, daß er sogar die schwierigen Worte des Grauen reihenweise hätte aufsagen und zu Protokoll geben können, wenn noch eins nötig gewesen wäre.

Es war nur noch die Erinnerung nötig. Hier in der Kneipe, in der die Dröge einige Jahre wie eine Haustochter gehalten wurden war, nämlich hart und streng. Immerhin, hier hatte sie den O. Vordenbäumen kennengelernt.

»Aus Ihrer engen Bekanntschaft mit dieser Frau«, so plump hatte Langensiepen seine nächste Frage eingeleitet, und doch hatte der Mann deswegen auch jetzt nicht seine traurig-freundliche Sicherheit verloren; ob Vordenbäumen es also aufgrund seiner guten Vertrautheit mit der Drögemöller psychologisch für möglich halte, daß sie den Herlotzky umgebracht haben könne.

Statt an diesem groben Wort zu schlucken, hatte Vordenbäumen sofort seine Antwort gegeben. »Das wäre denkbar. Als letzte Steigerung einer ihrer zahllosen Auseinandersetzungen. Die ekelhafte, die rohe Komponente ging zwar immer von Herlotzky aus, der, wie gesagt, primitiv konstruiert war. Das schließt aber nicht aus, daß in einem Moment höchster Verzweiflung auch sie, die ja an Temperament und Vitalität ähnlich versorgt war wie er und von ihren Erfahrungen gleich geprellt, daß sie in einem solchen affektiven Moment zurückschlug.« O. Vordenbäumen nahm seine Tasse und hielt sie wieder, ohne zu trinken, zwischen seinen Händen. »Mehr oder weniger bewußt sahen beide ihre Welt als Dschungel. Durch den hatten sie sich durchzuschlagen. Nur zogen sie aus der Erkenntnis des Dschungels unterschiedliche Schlüsse. Herlotzky wollte in der freien Wildbahn dadurch überleben, daß er sich ständig als der Stärkste produzieren mußte. Ein Ehrgeiz von rührender Aussichtslosigkeit – angesichts seiner miserablen Kenntnisse und Fähigkeiten, seiner dürftigen, seiner nicht vorhandenen Ausbildung. Und auch angesichts der verheerenden Konkurrenz intelligenterer, gewandterer und mindestens ebenso gefräßiger Mitbewerber um die bessere Raubtierposition.«

Der graue Forscher in Ruhr- und Gangliendschungeln trank mit bemerkenswerter Ruhe seinen Kaffee, der stark war. »Kein Wunder«, fuhr er fort, »daß Herlotzkys Leben eine Kette von Rückschlägen war. Auch im Wortsinn. Frau Drögemöller dagegen – und nun sagen Sie mir nicht, dies sei eine typisch weibliche Einstellung, ich kenne viel mehr Männer, die es so halten, zum Beispiel mich selbst –, sie dagegen will dadurch überleben, daß sie sich versteckt, einigelt. Meinetwegen in einer Ehe, auf einer soliden beruflichen Basis, oder auch in der Flucht nach vorn, indem sie den uralten bürgerlichen Hauptberuf, also den der Vermarktung, zur Perfektion treibt. Zur Vermarktung der eigenen Person. Sie dürften inzwischen wissen, wie wenig sie sich verkauft in Wahrheit, ein Theaterbetrug in Permanenz, sie sieht das selber so. Aber dieses raffinierte, luxuriöse Arrangement dort im Ahornweg ist ja nun ebenfalls nichts anderes als der Versuch, mit Erfolg und Geld einen Sicherheitswall zwischen sich und dem Urwald ringsum zu errichten. In den Kristallgewölben zu wohnen.«

»Bei Herlotzky wie bei der Drögemöller«, fuhr er fort, nachdem er eine Weile aus dem Fenster geschaut hatte, »bei beiden von Anfang an die gleiche wohlbegründete Angst. Aber während der eine mit purer Kraft und Brutalität operierte, treibt die andere ein differenziertes Spiel. Mit Täuschungen, Selbsttäuschungen und Hoffnungen.«

Kaum merklich lächelte er wieder. Nur in den Augenwinkeln verzogen sich ein paar Falten. »Ich vermute, ich trage mit solchen Deutungen wenig zu Ihren Ermittlungen bei. Ich kann Ihnen nicht sagen, ob sies getan hat. Möglich. Ich fand sie an jenem Abend im Casanova-Eingang nervös, aber ich bezog das auf die bevorstehende Begegnung mit Ihrem Boß. Von Herlotzky fiel an diesem Tag kein Wort. ›Ich muß unbedingt zum Chef ins Casanova‹, sagte sie.«

»Saß an dem Tisch, zu dem sie ging, außer Rentelen sonst noch jemand, den Sie kannten?«

»Nein, das eine Gesicht reichte mir. Als ich Rentelen erkannt hatte, ging ich.«

»Wer kommt nach Ihrer Kenntnis der Dinge als Täter noch in Frage, außer der Drögemöller, außer Rentelen.«

»So gut wie alle, mit denen Herlotzky zu tun hatte.« Vordenbäumen lächelte wieder. »Denn meine Kenntnis der Dinge ist nicht tiefer als die von Herlotzky oder von Anita. Auch ich kann nur einen Dschungel erkennen. Sie müßten sich das irgendwann von ihr selbst darstellen lassen.«

»Aber wenn diese Frau wirklich derart abhängig ist von diesen Rentelen, Stepunat, Bongartz? Meinen Sie, daß sie dann mir gegenüber frei aussagen kann wie offenbar Ihnen gegenüber, ohne Angst vor Repressalien?«

Vordenbäumen stand auf, hinkte langsam an das Fenster und schaute über den Kanal zu den leuchtenden Dampftürmen am Horizont. Und sagte dann leise, belustigt und resigniert zugleich: »Aussagen machen, freie und unabhängige Aussagen – wer kann denn das?«

Vordenbäumen stand im hellen Fenster wie ein schwarzer Pfahl »Das können Sie nicht erschwindeln, Herr Langensiepen. Das geht nur echt. Wenn nicht das Mädchen Anita, sondern andere den Herlotzky beseitigt haben, dann existiert die gleiche Gefahr auch für diese Frau. Und dann wird sie schwanken, nicht wissen, wieweit sie sich Ihnen, also der Polizei, anvertrauen kann, ohne damit ihre Lage nur noch mehr zu gefährden.« Vordenbäumen drehte sich langsam vom Fenster weg, schaute ihn an, immer noch dunkel und groß gegen die Helligkeit. »Sie müßten sich schon entschließen. Entweder sie weiterhin als Verdächtige behandeln oder aber ihrer Suche nach Hilfe entgegenkommen. Sie müßten ihr zum Beispiel glaubhaft Geheimhaltung garantieren. Ich fand es bedenklich, daß heute morgen in den Funknachrichten ›Von Land und Leuten‹ fröhlich die Nachricht verbreitet wurde, die jedem aus der Rentelen-Stepunat-Clique hat klarmachen müssen, um welches Etablissement ›im Essener Süden‹ es sich da handelt. – Sie wissen, welche Nachricht ich meine? Sie ahnen, von welcher Bedeutung ich spreche?«

»Ich weiß. Ich ahne. Und was, wenn Frau Drögemöller dieses Vertrauen, von dem Sie sprechen, nicht verdient? Wenn sie es ausnützt, wenn sie Informationen weitergibt an die, von denen sie abhängig ist? Sie selber schließen es ja nicht aus, daß sie möglicherweise –«

Langensiepen sprach nicht weiter. Der Schwarze im Fenster aber schwieg auch. Dann sagte der leise, als rede er mit sich selber: »Dann nicht. Dann läuft eben gar nichts.« Er zog seine Schulter hoch und schwieg.

Dieses schiefe Bild stand noch vor seinen Augen, als Langensiepen dann zurückfuhr, die lange Altenessener Straße wieder hinauf nach Bredeney. Dunkel stand er in der Windschutzscheibe, der schwarze schiefe Körper des O. Vordenbäumen.

Damals, bei diesem ersten Besuch im Haus am Kanal, was war Vordenbäumens letztes Wort gewesen? Eine Warnung? »Wie hat sie mir das erklärt? Dieses so junge und so erfahrene Ding? Marion macht mir die Haare, ich mach mir die Augen und dann Glitzerbluse und kurzer Rock und es erwacht das Tier in mir – Herr Langensiepen, ich kann Sie nur warnen!«

Zweite Halbzeit

Undine
oder
O Ruhr du

Noch 1. Mai 1970

Hunger hatte er gehabt, damals, um zwölf Uhr auf dem Weg vom Norden zurück. Aber jetzt in einem Restaurant noch mehr Zeit verlieren, während die Drögemöller womöglich ihre ersten Kunden bediente, einen Großfinanzmann aus Übersee, einen internationalen Ölprinzen, der Gelsenberg oder Mannesmann seine Preise diktiert hatte und diesen Erfolg nun auch einer Frau des Landes stecken wollte?

Am Viehofer Platz bog er unter der Gertrudiskirche ab und fand im frommen Winkel ausnahmsweise einen Parkplatz, er schloß ab, etwas umständlich ging das, mußte aber sein, denn gerade hier an der Gertrudiskirche war die Auto-Klau-Frequenz die höchste der Stadt, dieser nördliche City-Rand hatte es in sich. Nicht umsonst lag die Marina-Bar zwei Straßen weiter, wo Rentelen residierte und wo sie Stepunat geschnappt hatten – jedenfalls mal für drei Wochen.

»Tag Hotte, wie isses?«

»Wat soll sein – kuck an, den Langensiepen sein Ruddoff, sieht man den auch ma widder?«

»Einmal Pommes.«

»Mit oder ohne?«

»Mit.«

»Lange nich hiergewesen, wie?« Das hieß, daß Hotte den Grund wissen wollte, weshalb er nun doch hier war. Schließlich, beim Pommes-Schaufeln, fiel Hotte keine andere Frage mehr ein als die direkte: »Wat is denn so am Laufen?«

»Sonderauftrag. Bredeney.«

»Ah ja? Bei de besseren Leute? Habter die endlich erwischt? Da – aima mit. Kost n Tacken.«

»Danke.«

»So so. Inne besseren Kreise tuter euch umkucken, sicher nur aus Versehen, wie?«

»Von wegen bessere Kreise.«

»Fümmenfümzich retour.«

»Lauter alte Bekannte.«

»Ah ja? Ziehen meine Freunde jetz alle nachem Süden? Dat find ich toffte, dat geschieht die recht, die da oom – wat hattänn die Waschfrau sonz von ihrm Leem: nassen Bauch un schrumpelige Hände. Kannse do omma na n Stadtwald n bißken schöner wohn gehn, woll?« Hotte-Vater bot fürs Geld nicht nur Pommes mit Ketchup. »Möchtich ährlich auma dran riechen annet dolce Vita, habbich Leem lang hier Beine im Bauch gestann – und wat is nu? Nix is. Machen sem Viehofer autogerecht, von wegene Vokehrsstruktur, datta keine Sau sich mähr übbere Straße traut. Fahrn Se wie de'dioten rübber nachen Zittypaakhaus, meinze, käm nomma ein hier bein Vatta Hotte inne Knackwurst beißen? Gehnse vom Paakhaus direktemang im Kinno, Sexreport siebte Auflage, wo die vonnet Lyzeum mit ihrn Tuanlährer bumßen üüm, brauchße doch ganich ze glaum, datta nomma ein Schwanz hier vorbeikommt. Außern netten Ruddoff.«

Langensiepen fror. Hier zwischen Gertrudiskirche, Roxy- und Ufa-Kino war es auch schon früher, vor der »autogerechten Verkehrsstruktur«, zugig gewesen. »Ne windige Ecke war das hier ja immer schon.«

»Sollich denn machen? Heizofen? So flott kann ich die Bockwürste ja ga nich marschiern lassen, wie dat kostet.«

»Was läuft denn jetzt hier so abends noch durch?«

»Och, manchma, ganz selten noch ein aus'm Club. Ämtern war da neulich, tat ein aus fürren Kollegen, isja im Casanova getz. Bulski habbichesehn kurz, Hällo hamse ja wohl umme Ecke geputzt. Wa dä ja auch säpps in Schuld, ollen Muskelprötze kömmer nichebrauchen. Bei so raffinierte Riffifi-Tricks wie se heute üblich sind, zum Beispiel in Bochum, da stännter doch nur im Weech –«

»Heute in Bochum?«

»Ja, weiße dattänich? 't Neuste? Schmeling boxt mit Fäusten in Bochum dat dolle Dingen?«

»Was für ein Dingen?« Lanensiepen stopfte die letzten Pommes.

»Issattän auch wah? Läuft als Pollezist rum un hat keine Ahnung! Mensch: Mainzelmänner! Hamse widder zugeschlagn! Achthunderttausend Piepen ham se eem inne Meldungen duichegeem: Dresdner Bank! Mit Geisel un alles, Stepunat hat se färtichemacht wie se da warn, waißudattännich? kam übberm Radio; Absperrung halbe Bochumer Innenstadt wegen für dem Fall es ne Schießerei geben sollte – hier!« Und Hotte hielt ihm sein Transistorgerät direkt vor die Ohren.

Aber das tönte nur »In the summertime, when the weather is hot«. Da rief Langensiepen: »Danke, mir reicht's!« rannte zurück zum frommen windigen Winkel, spürte Wut bis in die Schwanzspitze, so daß er erst beim dritten Mal den richtigen Türschlüsselansatz fand und noch aggressiver fuhr als sonst im neuen Coupé, Opas und Eumels lächelte er bissig an die Seite mit seiner neuen Zahnfront, hinter Karstadt vorbei über die Hindenburgstraße hinauf zwischen den grauen Hochhäusern von RWE und Rheinstahl hindurch Richtung Alfredstraße, ohne daß sie nachließ, seine Wut über die Desorganisation allenthalben: Wie konnte man einen derart säuisch heiklen Doppeleinsatz einem einzigen Mann überlassen? Nur damit die Abschirmung funktionierte? die Geheimhaltung? Die funktionierte eh nicht. Garantiert wurde er seit Stunden dringend gesucht – die Mainzelmänner mit 800.000 unterwegs!

Vor allem ärgerte ihn, daß er Grevenbroich heute morgen ein weiteres Mal nachgegeben hatte. Von dem stammte ja diese geniale Idee des Einmannbetriebes, und wenn er, Langensiepen, aus noch so gutem Hause stammte und noch so ordentlich und zuverlässig war, wie sollte er gleichzeitig ermitteln und absichern. Wenn die in Düsseldorf ihm wenigstens Funk eingebaut hätten in diesen elenden Coupé-Schlitten. Mit quietschenden Reifen jagte er in die Zweigertstraße, dort im Halbkreis vors Präsidium – wieso waren die Straßen so leer? – stellte den Wagen ins Halteverbot, den Schlüssel steckengelassen, am Portier vorbei, die Reihe der VWs entlang, ganz hinten seine alte Dienstmühle, sein Zweitschlüssel im Geldbeutel, jeder Handgriff ein Treffer, keine Aufschließprobleme, kommissarlike, wenn auch im Vauwee, aber trotzdem ein Start ohne Zeitverlust und schon wieder weiter die Alfred-Achse hinauf in die höheren Regionen, o Hotte-Vater, du alten Pommes-Pascha an der windigen Gertrudisecke.

Er stieg im unterem Ahornweg aus, eilte im Tempo eines erfolgreichen Kunstfotografen die lange Treppe hinauf, erkannte oben im Mittagsschatten der Silberbuchen genügend in Frage kommende Fluchtautos für 800-Mille-Räuber, eilte forsch in seine Kontrollstube, warf seine schwarze Koffertasche in den Flur und stürzte sich auf seine Überwachungsarmaturen: schwer atmend wartete er auf Resultate, die elektronischen Bilder brauchten Zeit, aber der Ton, was brachte der Ton? Ein

Gespräch. Ein Kundengespräch? Mit welchem Kunden? Wie unterschieden sich Geschäftsgespräche von Sexgesprächen? Um Leistungen ging es, um vergangene, versprochene, enttäuschte Leistungen, man stritt sich, gab sich Schuld – jetzt endlich das Bild, falsch, das Bett leer, also waren sie im Wohnraum, das Sehrohr herumgefahren – gegen die helle Fläche des Terrassenfensters eine dunkle Gestalt – Vordenbäumen? »Habbichdat nötich?« Gegen wen wehrte sich die Dröge? »Nee, is nich drin.« Was war nicht drin – Schluß mit dem Geplänkel, Fakten! »Und wenn du noch son dicken Killer maakierß bis zum Bahnhof – du sollz mich nich anfassen! Stümper watte biß, iääau!«

Er stürzte, seine Pistole unter der Jacke hervorholend, durch den Flur in die Küche, in den Wendeltreppenschrank hinein und mit Getöse darin die Blechtreppe hinunter, mit viel zu lautem Gepolter, wer soll im Ernstfall – war dies der Ernstfall? – vorm Eingang zu Anitas Halle in Deckung gehen, und dann, Pistole voraus, langsam hinein: leer. Wo zuvor noch der Drohpfahl vor der Helligkeit gestanden hatte, schimmerte jetzt sanft der Mittagshimmel überm Baldeneyer Frühlingswald.

Aber vor ihrem Schlafzimmer, im Rot des Vorhangbarocks, wartete blaß und gar nicht so keß wie bei jenem ersten Besuch, als Herlotzky zerbrochen hinten im Bidet hing, die Drögemöller. Und versperrte ihm den Weg? Dazu wirkte sie zu verzagt, sogar ihre Stimme hatte Farbe verloren: »Soll dat.«

Um so lauter konnte es Langensiepen: »Wo?«

»Wat wo?«

Mit einem milieugerechten »Mach keine Sperenzien!« schob er sie an die Seite, riß den Vorhang zur Seite: nichts, auch nicht im Bad. Ein Spiegel war angebracht worden, immerhin. Doch niemand hing überm Sitzbecken. Anita und den Weg versperren? Ihn ablenken?

Zurück, an ihr vorbei durch die Terrassentür: auch draußen niemand mehr. Das wäre aber der einzige Ausweg für den Kerl gewesen. Langensiepen sprang auf die betonierten Blumenkästen, sah unter sich nur die Kaskade leerer Terrassen. Weit unten eine Dame unterm Sonnenschirm.

Konnte dieser Typ hier hinuntergesprungen sein? auf Marion Kimmeskamps harten Terrassenboden, vier Meter hinunter auf Kiesbeton?

Er fetzte durch Azaleen, Forsythien, Rosen und Wacholder die ganze bunte Blumenbrüstung entlang, dann auch noch seitwärts zum Haus zurück, und endlich ja: Hinter bescheidenem Liguster gab es, nach Art von Feuerleitern, einen Abstieg zur unteren Terrasse: über diese Sprossen, von der Pappelreihe wirksam verdeckt, war der Kerl verschwunden – –

Rudolf Langensiepen gab's auf. Dieser geniale Einmannbetrieb. Er sprang zurück auf den Terrassenboden der Frau Drögemöller, steckte die Waffe wieder in seine Jacke und schaute noch mal, blickte aus guter Zierstrauchdeckung ausführlich ringsum in die Nachbarschaft: Straße, Parkplatz, Buchenwald, Pappelreihe, Terrassen, Schrägaufzug und Treppe – niemand, der seinen Blumenritt am Abgrund entlang hätte bemerken können. Er konnte Kunstfotograf bleiben.

Sollte er jetzt die Kollegen alarmieren? Sich um Grevenbroichs verdammtes Einmanngebot den Teufel kümmern? – obwohl das auch von den Düsseldorfer Lackaffen vertreten wurde?

Sollten die doch sehen, wo die mit ihrer Geheimregie hinkamen. Wie schön, wenn – dereinst mal vor Gericht – die Frau Marion Kimmeskamp erklären würde: »… un dann, auf eima, kam von oom runter, übbere Hühnerleiter, den Bulski – oder den Steppe – oder sonst wer – hatte der grade seine zwei Köfferkes voll Schlappen oom bei de Anita zum Verwaahn gegeem.« So etwa würde, müßte, sollte – hoffte Langensiepen – sollte sie dann sprechen.

Aber statt dessen stand da jetzt real die Drögemöller in der Terrassentür, sichtlich wiederhergestellt und hörbar wieder bei Stimme: »Wat soll dat? Mich die ganzen Rabatten kaputttrampeln? – kannze mich ma erklärn hinter wat fürn Osterhasen de da hinterherwarß am Hopsen?«

»Wer war das?«

»Wie bitte?«

»Wer das war?«

»Bisse nonnormal?«

»Wer war das!« schrie er und packte sie an der Schulter, er spürte da mitten im Zorn fragile Schulter, schüttelte sie hin und her, um so heftiger, als er so die seit Wurstvater Hotte angestaute Wut loswerden konnte: »Wenn du verdammtes Aas hier noch weiter die Unschuldsträne spielst, kannst du was erleben! Bild dir bloß nicht ein, ich rühr einen Finger für dich, wenn du hier nicht mitmachst!« und stieß sie in eines der bereitliegenden Fellarrangements. Und schob hinter sich die Terrassentür zu, zitternd, aber lässig.

»Huch! Dat hätticha ga nich mähr geglaubt, dattu so zupacken kannz! Bis ja ne echte Nummer, aua! Fand ich richtig lieb!« Sie rieb sich die Schulter. »Und hasse ja endlich mal n Du riskiert.«

Da entdeckte er, daß er jetzt nichts dagegen einzuwenden gehabt hätte, die Gespräche mit dieser Dame auf irgendeine Weise fortzusetzen. Allem Anschein nach erwartete auch sie irgend etwas dergleichen – aber in ebendiesem Moment des Entdeckens war, so registrierte er später in der »Zornigen Ameise«, schon im selben Moment war sein Tatendrang auch wieder verschwunden gewesen – diese Bedenklichkeit, woher hatte er die? Vater? Mutter? Fibel? Bibel?

»Action! nicht reflection!« sprach er laut in die mittagsleere Kneipe, aus der prompt eine Antwort kam: »Und wir bauen uns ein kleines Häuschen«, eine nette Wendung aus irgendeiner Operette, »Musik nach Tisch« nannte das der Westdeutsche Rundfunk, »Action!« sagte Langensiepen noch lauter, aber der Westdeutsche Rundfunk blieb hart auf der weichen Welle: »wenn der Mond am Himmel lacht – – Arm in Arm – bei den Malayen – zu zweien –«

Er nahm einen tiefen Schluck. Und fand Genugtuung daran, daß er damals klar und sicher den markigen Spruch in Anita Drögemöllers Wohnhöhle gestellt hatte: »Wir sprechen uns noch!« und daß sie nach dieser Abfuhr in ihren Fellen liegengeblieben war.

Oben hatte das Telefon geklirrt, als er abnahm, hatte der Anrufer gerade die Geduld verloren, also wählte Langensiepen selber, während er ringsum die neue Einrichtung zufrieden zur Kenntnis nahm: das Klappbett, eine spartanische Version aus der Polizeikaserne an der Meisenburgstraße, den Fernsehkasten, transportabel, das Transistorgerät – im Büro meldete sich Grevenbroich selbst, da die Krauledatt feiertäglich von ihm nach Hause geschickt worden sei, und verkündete, was Hotte in groben treffenden Zügen längst erzählt hatte: Die Stepunats hätten die Erste-Mai-Ruhe in der Bochumer Innenstadt ausgenutzt – Erster Mai also war heute – daher also – wieviel Tage hatte denn zum

Donner der April – und hätten mit aller Sorgfalt, wahrscheinlich seit der Nacht schon, ihren Bankeinbruch ausgeführt, hätten ihn vorgetrieben bis in das Innerste des verpanzerten Dresdner Heiligtums. Jetzt sei offenbar ein Elektrospezialist für Alarmanlagen Mainzelmannmitglied, denn Ähnliches hätte es im Programm des Steppe-Clubs bislang nie gegeben, die Geisel sei ein jüngerer leitender Angestellter, der hätte in ein paar ungestörten Feiertagsstunden eine größere Arbeit erledigen wollen und sei dabei den Mainzelräubern in die Hände geraten, das habe er nun davon, der Karrierestreber. Nachdem Langensiepen drei Minuten nicht zu Wort gekommen war, kam Grevenbroichs Posaunenschluß: »Und wo, um Himmels willen, waren Sie?«

»Herr Grevenbroich, bei allem Dank für das Vertrauen, das Sie mir durch diesen Sonderauftrag erweisen – heute hat sich gezeigt, daß diese Einmann-Idee nicht – sagen wir mal – das Gelbe vom Ei war.« Wieso sagte er jetzt »war«? Wieso dachte er jetzt anders darüber? Er belauschte sich neugierig beim Verfertigen neuer Meinungen:

»Ich mußte heute morgen diesen Rentelen einvernehmen und höre unterwegs ausgerechnet von einem Würstchenverkäufer, von Hotte am Viehofer höre ich, was los war in Bochum. Und was ich sofort befürchtet habe: ein denkbar zweifelhafter Typ saß hier gemütlich im Nest. Wäre ich nicht allein gewesen, hätten wir den gehabt.« Am anderen Ende der Leitung stöhnte Grevenbroich sein Walroßjammern. »Die Einmann-Idee kam aus Düsseldorf, glauben Sie das doch endlich.«

»Wenn Sie wenigstens für eines Sorge tragen könnten: Düsseldorf hat mich hier als Hoffotografen mit nem Playboy-Auto ausstaffiert – wunderbar, aber der braucht wenigstens Funkanschluß, damit, falls wieder Ausflüge nötig werden –«

»Wir holen sofort Ihr Playboy-Gefährt!«

»Steht schon unter Ihrem Bürofenster, Nummer D-AG-727, wär schön, wenn ich den bald wieder benutzen könnte.«

»Mit Funk.«

»Mit Funk. Und wie läuft die Fahndung in Bochum?«

»Die Spur führt über die B 1 nach Westen, Neueres weiß ich noch nicht – sind Sie sicher, daß das bei Ihnen was Kriminelles war? oder Kundschaft?«

»Nein.«
»Was heißt nein?«
»Ich bin nicht sicher.«
»Sie sollten exakt prüfen, ob da effektiv was vorliegt. Hm. Aber nicht, daß wir am Ende ein ganzes Rudel Kripo durch das Drögemöller-Appartement hetzen – die sichere Abschirmung ist dort ungleich wichtiger. Sie sollten den Zirkus hier erleben, wie die Leute den Raub in Bochum verfolgen: schaffen die's, schaffen die's nicht, man kommt sich vor wie im Fußball, nur die Revierbosse und die Lokalpolitiker sehen das anders. Eben war sogar Bongartz am Apparat, voller Sorge um die Ruhe an der Ruhr – der Oberschleimer.«

So hatte Grevenbroich sich Luft gemacht, nur um beim nächsten Gespräch mit Big Bongartz und anderen Lokalbossen wieder schwach zu sein und kriecherisch.

Langensiepen wollte gerade das Telefon wieder ein Stockwerk tiefer schalten, um unten seine Verhöre fortsetzen zu können, als dieser Anruf aus Düsseldorf kam, Sicherungsgruppe Düsseldorf, von diesem von Horobin, den Namen hörte er jetzt zum ersten Mal. »Kennen wir uns?« »In der Tat, wir kennen uns. Gestern morgen hatten wir das Vergnügen, Ihnen zwischenzeitlich eine Sonderverpflichtung zu geben.«

Langensiepen versuchte sich den Hemdsärmeligen vorzustellen, den Herrn in jenem zwielichtigen Asphaltpalast.

»Herr Langensiepen, Sie werden wissen, daß heute und morgen Spiro Chrysler, der amerikanische Vizepräsident, der Bundesrepublik einen Besuch abstattet. Mister Chrysler spricht heute abend in Düsseldorf vor dem Industrieclub und dürfte sich gegen elf Uhr, so verlautet aus seiner Umgebung, als Privatmann zurückziehen wollen. Sie werden vielleicht erst jetzt ganz verstehen, warum wir Ihre Überwachungsaufgabe technisch zwar großzügig, personell aber so knapp wie möglich ausgestattet haben, wenn Sie nämlich hören, daß heute aller Voraussicht nach unser amerikanischer Geist bei Ihnen sein wird. Wir haben dafür Sorge zu tragen, daß der Besuch ebenso extrem geheim wie extrem sicher ablaufen muß. Diese unsere Sorge überträgt sich nun zu einem wesentlichen Teil auf Sie, lieber Kollege Langensiepen. Der amerikanische Geheimdienst wird die Außenabsicherung des Gebäudes übernehmen, für die Sicherheit im Inneren tragen die Verantwortung Sie. Ich bitte Sie fürs erste um eine aktuelle Beschreibung der Umgebung des Anwesens Ahornweg 6, insbesondere der Aus- und Eingänge – Moment mal! Jetzt stell doch mal endlich einer den Pfeifton von der Sicherungsgruppe Bonn aus der Leitung! Entschuldigung – diese Skizze dient der Vorweginformation unserer amerikanischen Freunde.«

»Ja, nun«, begann Langensiepen, der einen Augenblick spürte, wie er beim Wechsel von der Dresdner Bankraubaffäre in die neuen Politdimensionen ins Schleudern geraten wollte. »Ja, nun, der Terrassenkomplex Ahornweg 6 liegt sozusagen am Ende des Ahornwegs. Und dieser Weg, obwohl er eine Sackgasse ist, ist bei Nummer 6 noch nicht zu Ende –«

»Wie bitte? Sackgasse? Am Ende? und doch nicht zu Ende?«

»An ihrem Ende läuft die Straße in einem großen Halbkreis um den sechsstöckigen Terrassenbau herum. Und führt dann hinter das Gebäude auf einen höher gelegenen Parkplatz. Können Sie sich das ungefähr vorstellen?«

»Wie stehts mit den Zugängen zur Wohnung Drögemöller.«

Das war wohl das Dynamische an von Horobin, daß er auf Fragen gar nicht antwortete. »Zugänge gibt es im Prinzip zwei: Von unten her läuft von der Straße aus eine lange Treppe und parallel dazu ein Kabinenaufzug an allen Bungalows vorbei. Beide enden oben am Parkplatz, dort gibt es also ebenfalls Zugänge. Die Wohnung der Drögemöller ist die oberste eigentliche Terrassenwohnung. Darüber gibt es noch einen kleinen Überbau, das ist die Hausmeisterwohnung, neuerdings unsere Überwachungswohnung.« Er ärgerte sich über dies »unsere«, über diese angebiederte Gemeinsamkeit mit der Düsseldorfer Führungskraft.

Zum Ausgleich für diesen unnötigen Diensteifer lieferte er noch ungefragt Informationen hinterher, zur Verwirrung der von Horobinschen Übersicht:

»Vom Kontrollzimmer gibt es einen geheimen Direktzugang zum bewußten Appartement, und zwar über den Kücheneinbauschrank, ebenso wie es an der Terrassenseite, die der Treppe abgewandt ist, eine versteckte Leiter zur darunterliegenden Terrasse gibt, zur Drögemöller-Kollegin Kimmeskamp.«

»Danke, das reicht vorerst. Ich übergebe Ihre Beschreibung als Skizze den amerikanischen Freunden, die daraus ihre Konsequenzen ziehen werden. Voraussichtlich schauen die sich aber die Örtlichkeit vorher noch selber an. Wie beurteilen Sie im Augenblick – seit dem Mord gestern – das Sicherheitsrisiko in dem fraglichen Etablissement?«

»Ist mit dieser perfekten Sicht-Überwachung nahezu null.« »So. Null.« – »Null Risiko, meine ich.« »Nahezu Null.« Von Horobin machte eine Pause, über die Langensiepen nicht glücklich war, weil sie seine Auskunft ohne Kommentar stehenließ. Er war deshalb bemüht, schleunigst weiterzureden: »Ich meine, es ist so gut wie ausgeschlossen, daß bei laufender Kontrolle hier im Ahornweg noch irgendeine Gefahr für Staatsgäste –«

»Besten Dank, Verehrter.« Von Horobin hängte ein.

Langensiepen sank in seinen Liegesessel zurück. Ein bißchen viel heute. Erst Chef Grevenbroich, dann der tückische Halbweltboß, danach der Hauptlehrer im Ruhestand, schließlich offenbar ein Mainzelmacker im Haus, und nun der politische Großkopfete aus den vorbildlichen Staaten. Alles fand sich ein, nur keiner, dem man eindeutig nachsagen konnte, daß er Herlotzky umgelegt hatte.

Er richtete sich wieder auf, um die weiteren Anrufe nach unten zu schalten, da schrillte schon wieder dies Klirren. »Rudolf? Ich wollte dich nur mal hören. Hast du einen Augenblick Zeit? sonst häng ich gleich wieder ein. – Nein, bleib ruhig da. – Wie geht es dir, was machst du? – Das kann ich nur schwer beschreiben. – Hast du da einen guten Arbeitsplatz, beschreib doch mal dein Zimmer, deinen Tisch, vorbeikommen darf man ja wohl nicht bei Geheimsachen. – Der Stuhl hier ist das Beste, ein Zwischending zwischen Stuhl, Sofa und Sessel. Sehr bequem, zu bequem vielleicht. – Weißt du, daß ich eben jetzt seit heute morgen zum ersten Mal sitze? Welche Partei muß ich eigentlich wählen, die dafür sorgt, daß auch der schwerste Job endlich Gehalt bekommt? – Vielleicht Kommunisten, aber ich kenne deren Programm nicht. – Wir sollten es uns besorgen. – In Rußland kriegen Hausfrauen auch kein Gehalt. – Weißt du, was Detlef beim Essen gesagt hat? Der Lange soll nicht jeden Tag weg sein. – Sag ihm bitte, der Lange hat ihn lieb. – Sag ich ihm. – Hab ich dir gesagt, daß ich jetzt auch in den Nächten hierbleiben muß? – Aber nein! Das ist – Du, es muß sein. – Das geht aber doch nicht. Erklär deinem Grevenbroich: Das muß nicht sein! – Auf die Dauer ist das keine Losung, sicher, aber im Moment muß es sein. – Nur, damit sich dort unsere Landesväter in Ruhe ausleben können? – Safety first! – Immer nur, wenns um Großmoguls geht. Für die Kinder aus dem Ludgerus-Kindergarten gibts auch in diesem Jahr keine Ampel über die Alfredstraße. – Wenn ich hier wieder raus bin, hab ich dir allerhand zu erzählen. Vielleicht schau ich dann sogar durch. – Allmählich glaube ich, daß du für deine fünfhundert ganz schön verkauft wirst. – Kann sein. Vielleicht lern ich aber was. – Optimist. Tschüß, Lieber, entschuldige meinen blöden Anruf. – Der war gar nicht blöde. Tschüß. Ich ruf dich an. Bald. Morgen.«

Er hatte kaum eingehängt, da war Grevenbroich wieder in der Leitung. »Langensiepen! Kurz zu Ihrer Information: heute abend um 20.15 Uhr haben die beim Westdeutschen Rundfunk – wie sagen die? – ›aus gegebenem Anlaß‹ im Dritten Fernsehen das Programm geändert und machen eine Diskussion: Sind unsere Städte noch sicher? Von uns hier, aus Essen, haben sie die Sieglinde Nüttel eingeladen, ja, ausgerechnet die, die wird'n schönen Kack erzählen, genial wieder mal – aber nur zu Ihrer Information, Sie wollten ja von nun an auf dem laufenden sein, bis später!«

Da war er schon wieder weg gewesen, der Vitalbolzen aus der Zweigertstraße, immer noch lieber den als den Düsseldorfer Computer im Hörer. Wo gab es noch wirkliche Figuren im beamteten Kriminaldienst, in dem jede Null aus Karrieregründen Poker- oder Noface trug, tragen zu müssen meinte.

Als er dann über die Geheimtreppe langsam hinunterstieg, hörte er eine Frau singen. »So wisse, daß in allen Elementen es Wesen gibt«, so sang sie nach Art von Märchenerzählerinnen. »In Feuers Flammen spielen Salamander« und »in den Kristallgewölben, wohnt sich's schön« –, das war's, was Vordenbäumen zitiert hatte, aus der Undinen-Oper. Auch unten im Wohnraum hatte die Stimme singend weitererzählt: »Hohe Korallenbäume leuchten dort – die dort unten wohnen – meist schöner als die Menschen – solch seltne Frauen nennt der Mensch – Undinen.«

Draußen auf der Terrasse lag sie, auf einem Fell, das sie hinausgezogen hatte, ein Heidschnuckenfell, buschig, lehmfarben, dunkelbraun bis schwarz. In der Sonne glänzte ihr Körper wie verschneite Hügelzüge. Sie schlief auf dem Bauch, ein Bein angewinkelt, entspannt, ein Überbaby auf dem weichen Säuglingsfell, die Arme weit über den Kopf gestreckt, auch die Finger. Bevor sie eingeschlafen war, schienen ihre Fingerspitzen die Steinkuppen im Kieselbeton umkreist zu haben.

Ihm fiel auf, daß er einen Moment lang ergründen wollte, warum das, was er da sah, schön war. Zum zweiten Mal wollte er einen Mantel über einen bloßen Menschen werfen. Auch das ließ er. Er ließ den Zitronenkittel liegen und die Frau und ging langsam durch den großen Raum, zu dem Glasbrunnen, in dem die gespiegelten weißen Wolken schwebten, zog die Rückenpolster ab, sah Knöpfe und Fächer, öffnete Klappen und fand ein Filmvorführgerät, auch eine Sitzbank voller Kassetten, beschriftet mit albernen Titeln, aber nirgends einen Stapel Banknoten, nirgends, auch nicht in Raten die 800.000. Ringsum allerdings die teppich- und fellüberlagerten Mulden und Hügel. Die hätte man mit einer Mannschaftsrazzia umstülpen und durchsuchen müssen. Aber der Tagesbefehl aus Düsseldorf und Essen hieß: extreme Geheimhaltung. Alles hier litt an akutem Geheimhaltungswahn.

Exaltiert hatte die Musik ihr Ende gefunden. Der Plattenspieler schickte ein stereophones Klick in den Raum. Stille. Zu hören waren nur noch die von der Brunnenmitte abspringenden dünnen Wasserstrahlen. Monotones Säuseln – wie hatte sie das gestern genannt? »Konzert für vier feine Pinkel.« Über den vier Wasserquellen war in der Säule diese zierliche Hohlstelle. Wenn jetzt umgekehrt jemand ihn beobachtete?

Er zog sich vom Brunnen zurück. Draußen lag die Olivfarbene unverändert. Er ging weiter, öffnete den Vorhang zwischen den Petersdom-Säulen, den Theatervorhang. Die Schlafkemenate war fensterlos. »Poofe« hatte sie den Raum genannt. Auch bei offenem Vorhang fiel zuwenig Licht hinein, als daß er hier Verstecke hätte finden können.

Hinter dem linken Säulenwerk aus Hoexter ein Lichtschalter, der für indirekte Beleuchtung sorgte, vom Himmel über dem Bett aus in den großen Toilettenspiegel hinein. Der Einbauschrank hinter der linken Drechslersäule schien wirklich nur Kleiderschrank zu sein. Langensiepen griff sorgfältig, ja vorsichtig in Anitas duftender Garderobe herum, klopfte alles ab – gab es hier doppelte Böden?

In einem anderen Schrank, auf der gegenüberliegenden Seite, lagen zweifelhafte Gerätschaften, Puder, Bürsten, Peitschen, Masken, Windeln, wie er sie zum Teil aus der Nordstadt kannte, wo er sich schon früher mit dem Gewerbe des Sexservice zu befassen gehabt hatte, allerdings auf einer weniger fellgepolsterten, auf einer schlechter durchgelüfteten Stufe.

Diese wie in einem Medizinschrank gelagerten mechanischen Mittel, diese aufblasbaren, elektrischen, plastischen, gummiweichen, plüschwarmen, phallussteifen Apparaturen für verwöhnte Ansprüche erschienen ihm in ihrer stummen und unbetriebenen Existenz kläglich und komisch. Und ganz und gar unerotisch. Er schloß den Schrank wieder zu, bemerkte aber im selben Augenblick, daß er diesen hier nicht auf doppelte Böden abgeklopft hatte. Warum?

In der Mitte der restlichen freien Wand, auf der mit violettem Leinen bespannten Fläche, von einer Lampe überm Himmelbettbaldachin besonders bestrahlt, schwebte schräg, das Mundstück nach unten, eine Posaune, die hing und schwebte da wie ein phallischer Fanfarenstoß. Was aber noch eigenartiger schien, golden eingerahmt, war jenes Bild, das er gestern im ersten Augenblick seiner Fernsehüberwachung auf dem Monitor gesehen hatte und dessen Sinn oder Gegenstand unklar geblieben war.

Es war ein Spruch, ein Gedicht. Diese musische Highsociety-Hetäre mußte diese Reime, dieses Lied wohl besonders schön gefunden haben. Gewiß hatte einer ihrer Herzensfreier ihr das gewidmet. In der unteren Ecke des Goldrahmens stak das Paßfoto eines Mannes mit großem hartem Gesicht, offenkundig der Dichter.

O Ruhr du

O Ruhr du
mit deinen Domen
aus Stahl und Rauch
in deiner Erde Feuergnomen
Staubwetter sind ihr Hauch
o Ruhr du

O Ruhr du
mit deiner Menschen Art
aus Treu und Pflicht
in ihren Herzen weich und zart
rauh, hart und kantig ihr Gesicht
o Ruhr du

O Ruhr du
mit deinen Städten
aus grauer alter Zeit
in ihren Mauern rasseln Ketten
der neuen Verwegenheit
o Ruhr du

Darunter stand: »Dortmund, 20.12.1961«. Dazu ein Namenszug »Anton P. ...« – der Nachname war kaum zu lesen. Polikeit? Er fand das Gedicht sentimental. Aber die mittlere Strophe beschrieb den Menschenschlag hier zwischen Duisburg und Dortmund treffend. Auch Marion Kimmeskamp selbst war damit richtig charakterisiert, fand Langensiepen. Er erinnerte sich nicht, wann er zuletzt ein Gedicht gelesen hatte.

Er ging um das überdachte, um das fleischfarbene Bett herum in das Badezimmer und war dankbar, sich hier am Tatort einmal ohne Kollegen oder Zeugen oder Verdächtige ungestört umschauen zu können, ohne diese verwirrend schöne, diese verwirrend direkte Frau. Vor dem Tagesstreß, morgens, beim Rasieren, im dumpfen, absorbierten Halbwachsein kam er am ehesten auf Ideen, auf Lösungen, Möglichkeiten in der Distanz, in der akustischen Hülle. Wie oft hatte er schon nach dem Duschen oder nach dem Rasieren seiner Herta zugerufen: Ich hab's!

Eine so saubere, klare Grotte als Tatort? Auch dieser Raum war fensterlos. Ein Ventilator in der Decke sorgte für Frischluft. Die Leuchtröhren machten ein auffallend angenehmes Licht. Langensiepen erblickte sich im Spiegel, diese Glassorte zeigte ihn braun getönt, die Ferieninsel fiel ihm ein, Herta müßte sich dringend um die Fahr- und Fährverbindungen nach Dänemark kümmern.

Der eigentliche Totschlag dürfte drüben im Hauptraum geschehen sein. Dort würde man ja wohl den Whiskey konsumiert haben, der Täter, die Täterin, hatte dann den Angeschlagenen oder schon Erschlagenen durch das Schlafzimmer hierhergeschleppt, über das Sitzbecken gelegt und ihm das Genick gebrochen.

Warum? Um sicher zu sein, daß er wirklich erledigt war? Sollte ein Unfall vorgetäuscht werden? In Badezimmern, auf feuchten Kacheln oder Wannenböden rutschte sich's leicht aus, in der Statistik der häuslichen Unfälle kam das Badezimmer als Ort für letzte Augenblicke gleich hinter der Küche.

Und wenn es nun tatsächlich ein Unfall war? Herlotzky, mit seinem Nachschlüssel hier eingedrungen, trifft seine alte Freundin nicht an, nimmt sich statt dessen Anitas Flasche »Black and White«, trinkt ausgiebig, geht schwankend zur Toilette, will im Stehen urinieren, schwankt und schlägt seitlich hin, unglücklich mit dem Hals auf diesen Beckenrand. Sein Alkoholspiegel sprach dafür, auch die Fingerabdrücke, nur von ihm. Und natürlich von der Besitzerin der Flasche. Aber das zweite Glas? Hatte sie – im Schreck – ebenfalls getrunken?

Er knöpfte sich die Hose auf und vollzog Herlotzkys möglicherweise letzte Aktion. Hatte man Herlotzkys Hose kontrolliert? Natürlich nicht. Spermaspuren?

Aber es gab den Röntgenbefund, den doppelten Wirbelbruch, nicht nur die eingeschlagene Schädeldecke.

»Kannzen gleich draußen lassen!«

Er zuckte zusammen. Mußte sie sich immer so anschleichen? An diesem Ort war immerhin vor zwei Tagen einer erschlagen worden, von hinten. Womöglich von ihr.

Auch sie griff ihn nun von hinten an, aber anders: »Draußen lassen! Gönn ihm domma n bißken – Freiheit –«

Sie hatte von hinten herum nach seiner Hand gegriffen, mit der er sich die Hose verschloß, schmiegte dabei ihre ganze Körperlänge an seine rückwärtigen Partien und kraulte und schlängelte. »Ich bin nämlich nymphoman. Und ero – rotoman –«

Er ergriff ihre Hand, zog sie von seinem Hosenladen weg und drehte sich um. Sie hatte ihren Kittel wieder angezogen. »Sie vergessen, ich bin nicht Ihr Kunde. Ich habe einen Mordfall zu klären.«

»Un pinkelz dabei in meine Toilette. Datt hammer gärne. Erst übba meine Blumenrabatten rübberkafäckelt wie die schnellste Maus von Bergeborbeck, meine schön Blümkes kaputtrampeln, dann einfach hier reinpullern, dat vorrat ich alles für dein Grevenbroich, Herr Krimmenalkommessar. Wat sachße eintlich schon widdo ›Sie‹ zu mir? Kannz nich Ditta gegen mich sagn oder Dröge – ›Sie‹ is kein netten Zuch. Musse nich machen.«

Und dann begann sie es auszunutzen, daß er immer noch ihre Hand von sich forthielt. Im Nu hatte sie sich in seinen Arm hineingewickelt und seine Hand an eine Stelle ihres Kittels praktiziert, wo die Knöpfe nur sehr lückenhaft geknöpft waren.

Er stieß sie mit einem wütenden »Ach!« zurück und ging energisch aus dem Baderaum:

»Frau Drögemöller, lassen Sie das! Wir haben noch eine Menge zu tun.«

»Jawoll! Hasse recht, eine saumäßig süße Menge gibt et hier zu tun – packen wir's an – gibbet doch zu, willz doch onnix anners! Sei do endlich ma ährlich!«

»Ziehen Sie sich jetzt an, damit wir weitermachen können mit dem Verhör! Und überlegen Sie sich, ob es für Sie nicht sinnvoller ist, mir jetzt mitzuteilen, wer vorhin bei Ihnen war und über die Terrasse abgehauen.«

Er stand im Schlafraum und meinte, eine entschiedene Figur zu machen. Sie aber schaute ihn groß an: »Kann ich dir dat nich auch im Kittel sagen?«

»Bitte!«

Sie stand im Badezimmer, der Mund halb geöffnet, kein Lächeln, riesige Augen, die Brauen hochgezogen. Langsam, ohne sonst eine Bewegung, öffnete sie mit der einen Hand, die noch immer unter dem Zitronenkittel bei ihren Brüsten war, die Schleife. Der Frotteestoff fiel auseinander, fiel auf den Boden. Doch sie kam nun nicht wieder auf ihn zu, war nicht noch einmal kokett. Sie blieb dort stehen, wo er sie hingestoßen hatte, schlaff, ohne Hülle, ohne Schutz. Im indirekten Licht sah es aus, als wollte sie lachen. Aber es hätte auch Weinen sein können.

Dann machte sie Gott sei Dank eine andere Bewegung. Sie schüttelte den Kopf und flüsterte: »Hast du ne Ahnung.« Und nach einer Pause: »Keine Ahnung hast du. – Du! – Langen –« Sie wollte wohl weitersprechen, hatte aber zu schlucken.

Er machte eine hilflose Bewegung zur Seite, fühlte aber, daß jetzt die Flucht in den Hauptraum, vor die Protokollmikrofone, keine gute Lösung war. Brachte sein zäher dienstlicher Widerstand gegen ihre zahlreichen Anträge, mal deutlich, mal versteckt, nun endlich als Resultat ein Geständnis? Oder worum ging es ihr jetzt?

»Also. Was ist los?«

Sie kam langsam auf ihn zu. Nicht mehr in dem elastischen, übermütig wippenden Schritt wie sonst. Sie schlurfte. Ihre Figur erschien nicht mehr so extrem jung in diesem schlaffen Gang. Sie ließ sich hängen. Nackt war sie und schaute ihn an. Dicht vor ihm blieb sie stehen. Berührte ihn nicht, aber schaute ihn an. Aufgeklappt.

»Du. Hömma.« In ihrer Stimme kein neckischer Ton mehr. Sie sprach leise, statuarisch, mit langen Pausen. »Männer, die mir wat vormachen, nehm ich nich voll. – Und solang du hier Beamter spielz, is nix drin.« War dies noch dasselbe Gesicht, das so tolldreist bei Geisthöfel gewesen, das so abenteuerlich gestrahlt hatte, als sie von ihrer Geburt berichtete? Nichts mehr von Charme, nichts mehr von Frechheit. »Musse schomma n bißken deine Unneform ausziehen. Nich die – hasja keine an. Die in deim Kopp mein ich. Herr Hauptkommessar. – – Dattet ganz kla siehß un nich frierß: Ich muß wissen, woran ich bin. Übbrigens gehört bumßen mit dazu.« In ihren Augen war für einen kleinen Moment dieses bedrohliche Leuchten.

»Is dir dat klar?« In der Pause danach, in der sie wieder durch ihn hindurchschaute, waren die Augen wie vorher, traurig, staunend. »Ein Geständnis willze? wieso soll eintlich ich hier alles erzähln? Meinze, wärs wat Besonderes? – – Nee. Dat meinze nich, dazu bisse zu lieb. – –Aber Schiß hasse. – – Kripo würd dich rausschmeißen. Olle würd dich abhaun. – – Vor dir selber hasse am meisten Anx. Kennz dicha säpps noch ga nich. Wär ja auch zu schrecklich. Huch. Immer schön Kripo spieln, dann läuftat Leben von ganz von säpps. Keine Experimente. Gottes willen, könnz ja soga Spaß an haam, mit sone Schickse wie mich ma richtich zu reden. Wär ja entsetzlich, nich? Wennat ein soga Spaß macht, au weia, wat dann? Dann mit sone Wüste Gobi onnoch im Bett?

Kumma: Du willz wissen, wär dat wa, vorhin. Meinze denn, ich sach dir dat so einfach? Oder ob ich dammals ausse Marina-Baa den

Anruf hab gemacht? Überleech domma. Ich will nich, wat ich dir sach, ich will nich, vodellich, dat se dat morgn zwischen Emscher un Kanal alle wissen. Dat is nämlich – wovor ich Schiß hab. Kapierßat? Da bin ichet, der – vostehß, wat ich mein? Wennze wenichzens en Funken Vostand has, würdßet begreifen – du! Du muß genauso klein beigeem wie ich. Und dat heißt: Unneform runter! Entweder de glaubs, dat dich dat Ditta reinleecht. Oder glaubset nich. Musse säpps wissen. Un ich auch. Ob den Langensiepen mich reinleecht odda aba. – Naja, lieb bisse, aba vielleicht feige. Muß ich wissen. Davon hängt getz alles ab. Hassat kapiert? Hömma! Du!«

Sie hatte ihn zuletzt immer flehender angeblickt. Jetzt, auf sein kleines, steifes Nicken hin, löste sich ihre Anspannung. Sie fiel ungeschickt, durchaus nicht mehr katzenhaft, gegen sein Brustbein und machte einige kaum verständliche Äußerungen, gewürgte, gehustete Worte wie »Aaschgeige, datte bis – habbichet dochewußt, dattu nich total plemplem bis.«

Und dann hatte es sich ergeben, daß die Uniform zerriß in der indirekt beleuchteten Dunkelkammer, ein Ablauf, von dem ihm die Chronologie abhanden gekommen und die ihm nun auch gleichgültig war, von dem jetzt, in der finsteren Ameise, nur einzelne Phasen aufstiegen in der Erinnerung, Einzelheiten, von denen er wußte, daß er sie in jedem Fall schön nennen mußte, gleichgültig, ob er andere Wörter kennenlernen würde, gleichgültig, ob er achtzig Jahre alt werden würde oder ob er nach tausend Jahren in einer Versammlung moralischer Geister säße oder immer noch in einer dumpfen, stinkigen Spelunke, deren Toilette so penetrant gesäubert wurde, daß sie nicht einmal nach Urin roch, in deren blöder Dämmerung er ab und zu immer nur diesen Tierblitz in ihren Augen sah, diesen bedrohlichen, nach Vernichtung gierigen Augenblick unter ihren Haarsträhnen.

Wie war es möglich gewesen, daß sein von Kind an eingeübter, sein durch Eltern und Lehrer und Leistung eingedrillter Kontrollapparat schließlich doch noch mal hatte ausfallen können?

Und weshalb versuchte er nun nicht, auch diese Ereignisse zu rekonstruieren, wo er doch auch im dumpfen Winkel dieser Altenessener

Pinte nichts anderes tat, als Ordnung in die vier Tage zu bringen, alles der Reihe nach zu wiederholen, abzuhören und anzuschauen?

In diesem Fall spürte er dazu wenig Lust. In diesem Fall fiel er auch noch in der Erinnerung aus der Rolle und hatte Freude an der Verwirrung, genoß das Durcheinander, die Zufälle und phantasierte sich das Ganze aus den Teilen neu zusammen und verlängerte und bewahrte sich so das Spiel, das er nun doch noch riskiert hatte. Sicher zu spät zum endgültigen Verriß der Uniform, bei der seligen saftigen Drögen, sicher zu spät, aber doch ein Faktum. Fecit.

Erinnern? Einzelheiten vielleicht. Blicke, Berührungen, Erstaunen, die Haut, die süße, glatte Haut. Das ja, aber sonst? War es zu Anfang das Erstaunen? Vielleicht. Er hatte ja über Prostituierte nicht nur seine polizeilichen Kenntnisse. Er wußte über sie nicht nur von den nächtlichen Schlägereien zwischen Kunden und Zuhältern, von den Racheakten der Hinausgeworfenen, von den Protesten wütender Männer, die sich nicht reell bedient, die sich um ihr Geld betrogen fühlten. Er wußte es auch aus eigener Erfahrung: damals, als sie den Ausflug gemacht hatten nach Dortmund und ihre Kleinstadtängste überwinden wollten, als sie zu dritt, neunzehnjährig, angetrunken mit DAB, mit »Dortmunder Arbeiter Bier«, »der andere bezahlts«, davorgestanden hatten, und dann war Hermann Schroeder einfach vor ihnen hineingegangen, und sie hatten ihm gesagt, wenn er als erster ginge, dann würden sie das auch tun, und nun also mußten sie – diesen Schock dann, die Brutalabfertigung, diesen Mutti-Hohn auf die »Rotzigen«, die »sich ärß ma de Windeln abwickeln« sollten, später dann die polizeilichen Bestätigungen, auf seinen Nachtstreifen durch Essen. Er wußte doch, was es auf sich hatte mit diesen angeblichen Abenteuern, mit diesen angeblichen Freuden in den Freudenhäusern –

– dieses Unerwartete. Keine zielbewußten Attacken, kein Routinegriff, kein zynisches Manipulieren mit dem Schwanz, damit alles schnell vorbei war, statt dessen Zärtlichkeit –

Wie kam sie dazu. Ihn so sanft zu berühren, zu lächeln. Das konnte sie doch nicht vortäuschen. War er deswegen so begeistert gewesen, weil er spürte, daß ihre Gesten und Zeichen stimmten? Und warum »spürte« er das? Weil sie nicht redete?

Weil sie plötzlich all ihr mutterwitziges Geschwätz, mit dem sie die Bongartz oder die Geisthöfel angefeuert hatte, vergessen zu haben schien. Statt dessen diese kleinen summenden Töne, dies zufrieden wohlige Raunen, später dann die Seufzer, der tiefe Atem. Der japsende animalische Atem.

Wie es zu dieser Offenheit kommen konnte, warum sie ihre forschen Hurenkünste nicht anwendete, warum – wußte der Kuckuck oder dieser obergescheite O. Vordenbäumen. Sie meinte es so, wenn sie ihm den Nacken streichelte und den Rücken, sie meinte ihn. Wenn sie sich auf ihn legte, ihn küßte – küssen, wo hätte das je eine Berufstätige getan? Die Lippen eines anderen mit den eigenen berühren, mit seinem Mund den des anderen öffnen, das konnte man doch nur in Sympathie, in –

– damals, in jenen Augenblicken, so erinnerte er sich, hatte er das nur im Hinterkopf registriert, hatte er sich nur begeistern lassen und war er zum Denken nicht mehr in der Lage gewesen, dazu elektrisierten ihn allzu viele Aufregungen und machten ihn entschlossen, dies alles auszukosten wie ein Wunder der fünftausend Brotlaiber oder des Wassers, das plötzlich zu Wein geworden war, entschlossen, alles zu trinken und zu nehmen, kindlich, als dürfe er, um den Zauber nicht zu zerstören, nicht fragen.

Nicht fragen, ob denn seine Sympathie für Herta mit dieser neuen Sympathie –

Damals hatte er die Augen geschlossen, spürte er unter seiner Hand ihren langen warmen Rückenbogen, tastete er ihn ab wie ein Geschenk, diese seidigen Seiten und Möglichkeiten, die es leibhaftig zu erkunden galt und auszukosten

Und wie sie ihn bei diesen Reisen beobachtete, mit braunen Augen. Jetzt erst sah er, welche Farbe sie hatten. Mit diesen Augen lächelte sie ihn groß, wie prüfend an, sah sie seiner Begeisterung zu. Ebenfalls staunend? daß er nicht über sie herfiel, besitzergreifend? Sondern daß er jede Entdeckung genoß wie einer, der sich Zeit nehmen wird für das Essen, der es gar nicht erst zur Abfütterung kommen lassen und vor zwei, drei Stunden das Lokal nicht verlassen wird. Der jeden sanften, weichen Hügel und jede Mulde abschmeckt, zwischen Hals und Schulter und Nacken oder den Flaum und die wechselnden

Temperaturen, wenn er an ihren Schenkeln vorglitt, dann auch die Innenseiten entlang.

Und wie er irgendwann bemerkt hatte, daß der Ausdruck ihrer Augen anders geworden, ihr entspanntes Lächeln verschwunden war, ihre Augen kleiner, fast geschlossen erschienen und wie sie nun ihrerseits Wünsche anmeldete, Berührungen wollte und Veränderungen. Wie sie sich beide in diesem Wechsel gefielen und in der Lust, den eigenen Wünschen Widerstand leisten zu können. Und wie er dann doch aus ihren Atemstößen das Wort »komm« herausgehört hatte, und, da er auch hier nicht schwach erscheinen, nicht als erster aufgeben wollte, wie sie da seine Hand ergriffen und zwischen ihre Schenkel gedrückt und aufgestöhnt hatte und wie da ihr Gesicht gewesen war. Verzerrt? In seiner Hand ihr Schoß, weich und straff zugleich, diese aufgequollene Anspannung in ihrem weit geöffneten Mund wie in ihrem Schoß, die gelöst sein wollte, sich aber unter jeder Berührung nur noch mehr spannte und auf eine Befreiung hinauswollte.

Ein Zittern, so wußte er noch, war durch ihren Körper gelaufen, aber die Einzelheiten wirbelten und zerstoben in seinem Gedächtnis – was blieb? Ihr entstelltes Gesicht? In der Mitte des Zyklons ihr Gesicht?

Und? Nachdem der Bann gebrochen war? Warum danach nicht das Erwachen? Der Ekel? Warum lächelten sie in der Erschöpfung? Verschwitzt, benommen? Weil also doch Sympathie im Spiel war? Welche Sympathie?, aufgrund welcher vorausgegangener Annäherungen? So fragte sich Langensiepen, der ordentliche Beamte Langensiepen.

Unerklärlich fand er auch, woher sie danach wieder die Ausdauer nahm, ihm nun im Haar und in den Ohren zu liegen mit ihrem Haar, mit ihren Ohren, ihrem Mund. Wie sie die Brüste über sein Gesicht gleiten ließ und ihm Töne, kleine unvollständige Worte in die Ohren raunte mit einer Stimme – *also so einer – du – so einer bist du – du Guter* – in einer hohen, singenden Tonlage, die er zuvor nicht von ihr gehört hatte.

Er sah in der Erinnerung alles deutlich. Sah, wie ihr Bauch, ihr Hintern, ihre Schenkel mit Wölbungen und Tälern und Buchten sich ineinander fügten und alles die Rundheit von Kreisen hatte und von Hügeln, Mulden und Wellen, auch dann, wenn sie auf dem Bauch lag, keine Masse hing da seitlich weg und verflachte, Schenkel wie Schultern kindlich prall, und er fragte sich jetzt, wie sie in den zehn Jahren ihres Gewerbes diese Festigkeit – undenkbar, daß ausgerechnet sie mit Leib und Seele in irgendeiner Art Unschuld geblieben sein könnte?

Wie viele Biere waren noch zu trinken, wenn er dahintersteigen wollte, hinter diesen Berg an Rätseln, durch diesen Ansturm einer »elementarisch Getriebenen«, einer »Undine« – wie wenig halfen ihm jetzt die Formeln des Hauptlehrers.

Aber auch Vordenbäumen hatte ja seine Sprache verloren, als alles vorbei und zu spät war. Als er, Langensiepen, sich hinunter nach Altenessen geflüchtet hatte zu dem einzigen Menschen, von dem er hoffte, daß der seine, Rudolf Langensiepens Verstörung begreifen könnte.

Da hatte der geschwiegen. War so merkwürdig ruhig geblieben. So still, minutenlang, daß Langensiepen schließlich selber aus seiner Abwesenheit aufwachte und zu dem Invaliden hinüberschauen mußte. Da sah er, daß der vor sich auf die Knie schaute, auf zwei Kästchen, auf zwei kleine Käsekästchen. Ihre Deckel waren durchsichtig, so daß man sie in Ruhe betrachten konnte, die beiden Falter. In gerundeter Lehrerschrift waren sie bezeichnet mit Jahr und Ort ihres Fundes: „Birkenspanner, 1949, E.-Werden« stand auf dem linken mit dem hellen Insekt. Und »Birkensp. mutiert, 1969, E.-Borbeck« auf dem rechten, mit dem gleichen Falter. Gleich? Gleich war das Exemplar von 1969 mit dem aus Essen-Werden nur in Größe und Bauweise, nicht in der Farbe, die war dunkel, die war fast schwarz, die war »mutiert«.

»Was ist das?« hatte Langensiepen gefragt.

»In den zwanzig Jahren, die dazwischenliegen«, hatte der Hauptlehrer geantwortet, ohne den Blick abzuwenden, aber mit einer Bewegung der Hand vom einen zum anderen Kästchen, »in den zwei Jahrzehnten wurden sie an der Ruhr immer seltener. Weil die Landschaft in der großen Qualmzeit des stärksten Kohleverbrauchs aller Epochen immer dunkler wurde. Die Tarnung versagte. Die hellen Tiere wurden gefressen.« Und dazu zeigte er auf das linke, auf das helle Exemplar und nickte und machte eine Pause. »Dann ergab sich der seltene Fall, daß wir Evolution nicht mehr nur annehmen müssen.« Er sprach langsam und monoton. »Die theoretische Notwendigkeit wurde Ereignis.« Er zeigte auf das asphaltgraue Exemplar und sagte leise: »Seit die Umwelt in zwei Jahrzehnten Änderungen durchmacht, zu denen sie sonst Jahrtausende braucht, werden wir Zeuge. Mutation. Durch Anpassung. Tarnung als Überlebenstechnik. Die Falter waren schon fast ausgerottet, da wurden sie ebenfalls dunkel und überlebten.«

Das war alles. »Die Tarnung funktionierte wieder.« Mehr hatte der nicht zu sagen zum Ende der Drögemöller. Benommen, wie er gekommen war, hatte Langensiepen sich hinausgeschlichen aus der Wohnhöhle des Grauen.

Und was war Ereignis geworden »in den Kristallgewölben«? Hineingerollt hatte sie sich in ihn, in ihrer ganzen Länge, hineingekuschelt in seinen Schoß, als sei dort eine Känguruhtasche und sie das Baby, das seine Mutter sucht. Ach, die Psychologie. Hatte sie ihm nicht erzählt, wie, gleich nach ihrer Ankunft im und durch den Pott, 1945, in Stoppenberg, ihre Mutter auf und davon war?

Und wie plötzlich war sie wieder erwachsen, als klarwurde, daß dieser »olle Wonneproppen« und »Pennbruder« durchaus nicht auf und davon wollte wie jene Herren, die Anitas Freundlichkeit sonst als Dienstleistung in Anspruch nahmen. Als sie nämlich aufgestanden war, um etwas zu trinken zu holen und er – weil er nicht wollte, daß sie ihn bediente wie gestern diesen Alfonso? und womöglich auch ihn drüben an der Bar, wenn er es nicht hören konnte, beschimpfte? – und er – aus Eifersucht also? – sofort auf den Füßen war, hinter ihr stand, sie festhielt, seinen Mund in ihrem Nacken, in ihrem Haar und ihren Bauch hielt, ihre Brüste, und wie sie von nun an ein anderes, ein funkelndes Gesicht hatte und ihr ganzes verrücktes Repertoire von Umarmungen und Experimenten und wechselnden Mutter- und Baby- und Raubtierrollen durchspielte, was machte sie da so erfinderisch wie verschwenderisch? Freude über die Entdeckung, daß er hinter seiner Anpassung und Tarnung *nicht* uniformiert war?

Woher denn sonst diese diebische Lust und unermüdliche Wendigkeit »im Stehen, Sitzen, Liegen, un wenn wer denn ma Englein sind, denn machen wirs im Fliegen«? Dabei zerriß ihr Mund immer wieder zum Tiergebiß, kurz vor der zerstümmelnden Attacke, und wurde dann doch wieder nur weicher, offener Kuß, sie liebte diese

Kämpfe mit ungewissem Ausgang. Ihre Kunden kamen mit festgelegten Wünschen, wollten »Draufgänger« sein, herrisch und brutal, oder aber Babys, hilflos, Strafe suchend oder Schutz. Jetzt hatten alle Varianten ihre Chance, vor allem der Zufall, und sie liebte es, ihn, ihren »Langen«, zu unterwerfen, »schwach« zu haben, weil sie wußte, daß er sich mit dieser Machtverteilung auf die Dauer nicht abfinden würde. Hier war nichts geklärt, gab es die plötzliche Umkehrung aller Verhältnisse, Aufruhr ebenso wie friedliche Versöhnungen – – –

Der Typ an der Theke drehte sich langsam um, nach Langensiepens Rülpser. Als der Sportsfreund sah, daß in der Rülpsecke auch nur einer war, der in sein Bier sinnierte, da wollte der seine allzu kritische Wendung wiedergutmachen. Und hob sein Glas.

Prost.

Nicht einmal ein schlechtes Gewissen hatte den Rudolf Langensiepen geplagt. Zum Donner. Das war doch nun Ehebruch gewesen. Wo blieb denn wenigstens hier, im Anblick dieser tüchtigen Sportlerecke mit den blanken Pokalen und den hellen Wimpeln, wo blieb denn nun die Moral? das Gebot?

Fressen und dann bloß Sattsein?

War sie satt, wenn sie ihn fragte, ob er denn nicht den »fiesen Vize heut aamt umleiten« könne. Dann könnten sie doch, ja könnten – sie hatte den Kunden, er hatte die Nutte erwartet. Und beide hatten sich gehäutet. Beide? »Bisse doch viel wat Ehrlicheret als ich ärß dachte. Kannz sogaa kleine Mädchen happy machen.«

Und was hatte dann diese Erkennungstour gestoppt? Das Telefon knurrte, Langensiepen schoß Kaltschweißernes in die Handflächen und machte bange und Beine:

»Langensiepen?«

»Mann, was ist denn bei Ihnen los, wie lange dauert das denn, bis Sie am Apparat sind, haben Sie Dünnpfiff und sitzen aufem Scheißhaus? Das können Sie aber nicht machen, ausgerechnet heute, wo, und deswegen rufe ich an –« Und dann kam eine atemlose Arie Nummer zwei über den amerikanischen Vizepräsidenten, Version Grevenbroich, mit herzhaften Einlagen aus dem Dumme-Witze-Repertoire, das auch dieser Chef seit Jahren nicht mehr zu erneuern für nötig hielt, das man aber als Arbeitsatmosphäre zu schätzen hatte, gleichgültig, ob handfeste Anpfiffe darin eingewickelt waren oder nicht.

Und unterm Elefantencharme des Vorgesetzten war es dann passiert, daß Langensiepens Kaltschweißernes auch auf die Stirn und unter die Füße quoll und den ganzen Büroscheiß mit all dem Angstschweiß der letzten Jahre wieder hochquirlte und durch die Halsröhre würgte: Himmelarsch, wo hatte er Distanz und Überlegung gelassen? Ausgetrickst hing er in den flaumenweichen Fängen dieser Upperclass-Anita: Wenn sie wirklich die Whiskeyflasche geschwungen hatte, dann blieb ihr natürlich als einzige Rettung die Ehrlichkeitsmasche! Und wie wollte der Kommissar Langensiepen aus der Provinz in diesem Snobiety-Revier »gespielt« von »echt« auseinanderhalten? Er, der treusteife Stiesel, der mit Herta so friedlich-harmonisch dem Ende aller Lustbarkeit entgegengelächelt hatte, natürlich, diese »Undine«, dieser als Mensch maskierte Schwellkörper, der mußte ihn ja soweit bringen, bis sie, dieses versierte, durchtrainierte, mit allem Emscherdreck gewaschene Castrop-Rauxel-Hürchen, bis sie ihn glatt um den Finger wirbeln konnte, um dann in aller Ruhe sämtliche Herlotzkys, Bongartzens und Geisthöfels und womöglich auch noch Vizepräsidenten in den dunklen Kanälen ihrer Intimhygiene verschwinden zu lassen. Wie klein war er da geworden.

Wenn ihn nicht Anita liebevoll wieder in ihre Finger genommen hätte. Während er noch telefonierte mit Grevenbroich. Darauf einen Extraschluck: mit dem Chef sprechen, während einem ein guter Mensch das Rückgrat stärkt.

»Herr Grevenbroich, Sie brauchen sich keine Sorgen zu machen, ich stehe hier schon meinen Mann!« hatte er sogar, weil ihn nun wieder der Hafer stach, gesagt, und Anita, die sich auf dem Sitzpolster am Brunnenrand waagerecht und im richtigen Niveau an den Mann, den er zu stehen vorgab, heranschlängelte, prustete durch die Nase und nahm das Ergebnis ihrer Sorgfalt sanft in die Lippen. »Was heißt hier Gefahr, wenn ich die Dame da unten ständig im Auge habe?«

»Wie verhält sie sich denn inzwischen, macht sie denn nun mit oder mauert sie.«

»Macht inzwischen nahtlos mit.«

»Und heute abend bei dem hohen Besuch?«

»Bin sicher, sie weiß exakt, worauf es ankommt.«

»Ich hab da kein gutes Gefühl.«

»Ich dagegen schon.«

»Wieso?«

»Weil ich aus Düsseldorf höre, daß die Außenüberwachung von den Amis selber besorgt wird.«

»Um Gottes willen – im Jeep, mit MPs oder wie?«

»Natürlich diskret, die Gentlemen werden als Gärtner und Böcke verkleidet in den Jasminsträuchern stecken!« »Wie bitte? Was ist?«

»Noch mal: keine Sorgen! Das läuft hier wie geschmiert. In aller Stille sozusagen, wie bei ner Beerdigung, im engsten Familienkreis, und es steht morgen garantiert nichts in der WAZ. Versprech ich Ihnen!«

»Au Weyer. Na gut. Ihr Optimismus in Bongartz' Ohr. Vergessen Sie nicht die Sendung heute abend!«

»Auch das!«

Höchste Zeit, daß der eingehängt hatte. Aber dann war's schon wieder dieser Apparat gewesen. Langensiepen ließ ihn erst mal ordentlich klingeln. Als er nahezu ausgeklingelt hatte, nahm er ab.

„Langen«, sagte Georg, und dann sprach er, was er hörbar auswendig gelernt hatte: »Ich wollte mal fragen, was du machst. Herta hat gesagt, ich sollte dich selber fragen. Und ob du gerade Zeit hast, mir das zu beantworten.«

»Ja, das ist so –« Anita hatte sich in seine Seiten vergraben, in die Lenden, deren Kraft »erlahmt« war. »Paß mal auf – was ich hier mache, ist: Ich muß sehen, daß wichtigen Personen nichts passiert, verstehst du?«

»Was passiert?«

»Daß sie nicht verprügelt werden oder so. Die haben das auch nicht so gerne, die wichtigen Personen.«

»Lehrerinnen?«

»Nein, das sind hier andere. Obwohl Lehrerinnen viel wichtiger sind und mehr verdienen müßten als die hier, da hast du recht.«

»Baggerführer?«

»Nein, Politiker, weißt du, Herren aus Bonn. Oder aus Amerika. Und Fabrikbosse. Bankdirektoren. Das muß ich dir mal in Ruhe erklären.« Anita stieß ihn in die Seite, feuchtwarm. »Aber jetzt habe ich leider wenig Zeit.«

»Ist das – bist du eine Leibwache?«

Anita stand auf und strich beim Weggehen wirkungsvoll über seine Arschbacken. »Ja, hast recht, Leibwache, das ist es genau. Ich erklärs dir mal in Ruhe. Grüß Herta und Detlef schön.«

»Ja, Langen, wann kommst du denn wieder?«

»In ein, zwei Wochen wohl mal kurz, wenn ich eine bestimmte Aufgabe fertig habe. Bis dahin bin ich Leibwache. Aber tschüß jetzt.«

»Tschüß. Jetzt häng ich ein.«

Als sie dann endlich zum dienstlichen Teil gekommen waren, zum Verhör gegen Entgelt, befand sie: nein, für die vergangenen Stunden sollte er nichts berechnen lassen, ob er wohl behämmert sei.

Und so lief denn für die Damen Bläsing und Hagedorn der zweite offizielle Teil ihres Gesprächs an. Er hatte dabei immer wieder mit Gesten und Grimassen zu drohen und zu betteln, denn schließlich sollten die vergangenen Stunden keine, nicht einmal unartikulierte Spuren im Protokoll finden. Die verdienten Abschreibdamen mußten an Anitas Aussprache schon genug herumrätseln und sollten sich darüber hinaus keine unnötigen Gedanken machen.

Er begann: »Wer war heute nachmittag hier?«

»Tibulski.«

Ohne Umschweife sagte sie Tibulski. Als wenn der nicht am Vormittag in Bochum die Dresdner Bank heimgesucht hätte.

»Tibulski wollte prüfen, wie sicher der Ahornweg 6 noch ist?«

»Wattu schlau bis. Wo kommtat auf eima her?« Sie setzte sich ihm gegenüber in den Sessel, mit boshaftem Grinsen, das aber gleich wieder verschwand. »Gefiel hier den Bulski aba ga nich mehr.«

»Wieso?«

»Ich sollt aufhörn, mittie Polente gemeinsame Dinger drehen.«

»Hat er das gesagt?«

»Ganz schön sauer war der. Wehe, wenn ich irnswatt an die Bullen vopfeif. And so on.«

»Hat er gedroht?«

»Könn do nix wie drohn. Hatto gannix anners gelärnt. Dat heißt, den Bulski, der hat Pech gehabt, der Junge. Nu mußer mitten Schwarten mitmachen.«

»Den Fall Bulski kenne ich. Vom Bongartz-Tonband. Erzähl mal genau, was Tibulski gesagt hat.«

»Der war ganz schön nervös. Wehe, Dröge, wenn ich dich nur eima erwisch krumme Sachen machen mittie Bullen unter eine Decke, dann bisse dran, un wat nich alles. Wenn einer von die Typen in Herten oder in Bramkamps Büschken auftaucht, der erste, der erledicht is, bis du. Une sone Arien.«

»Herten? Bramkamp?«

»Naja, halt so Niederlassungen, nich?«

»Ich war heute morgen bei Rentelen – er meinte, du baust Vordenbäumen als Strohmann auf.«

»Ach unsan Öligen.« Sie sprang auf und holte von der Terrasse das graubraune Heidschnuckenfell zurück in ihr Wohngewölbe. »Ausgerechnet den schäbbigen Waldema muß dat sagen, den schrappigen Krödder, Säger watär is.«

»Wer hat dich vorgestern abend hierher nach Hause gebracht? Vordenbäumen jedenfalls nicht. Rentelen?«

»'ßja bestußt, meinz ich laß den Öligen hier nomma rein?«

»Ist ja schließlich seine Wohnung. Rentelen bekommt von dir monatlich 5.000 Mark.«

»Hau! Datter sich dat auße Näse hat ziehn lassen, bißa auchen tüchtich Jüngelsken, tüchtiger als ich erß gedacht hab du – hempetepempeiahahi –«

Das war so einer der Momente, in denen Langensiepen sich sorgen mußte um die Gedanken der Hagedorn und der Bläsing. Mit dem »Du« würden sie ohnehin zu tun haben. Ob man diese Neben- und Zwischentonbänder später löschen konnte? Wahrscheinlich nicht. Zuviel drin über den Mainzelclub, wurde noch gebraucht. Zehn Jahre Archiv.

»Ja, fümf Mille kricht den Schrapphals, geden Monat, minnigens doppelt soviel als der Schuppen hier wärt is – soll ich denn machen gegen diese modernen Freizeitgestalter –«

»Rentelen war an dem Abend also nicht in dieser Wohnung?«

»Wenn ich dir dat sach, dann stimmtat. Is dat jetz kla?«

»Kann es sein, daß er vorher schon mal hier war, während du noch in der Oper –«

»Kann sein. Im ›Casanova‹ sachter soga, er wär an dem Abend zum Bongartz, weißet noch. Mit dem lief doch dat Tonbandtheater, wat meinz, wieso dat alles wegen Mangels an Beweise ein is gestellt worden un se nuren Hällo anne Hammelbeine gekricht ham, weil der ze doof wa. Den Rentelen machtoch sein Freizeitkonzert mittän Bongartz sein Geld, kucken dich doch an den Trimm-Dich-Paak in Wanne oder waat ma, spielt auch egal wo, auf alle Fälle, die zwei, die ham sich gefunn.«

»Und ist dir klar, daß Rentelen gestern abend noch hier in der Hausmeisterwohnung war?«

»Sicher dat.«

»Wieso ›sicher dat‹?«

»Ach du mein lieber Hausmeister – dat is doch dem sein Eigentum is doch dat, der kann doch hier rein oder raus wannet ihm Spaß macht, bei de Kimmi, bei mir genauso, für die fünf Mille.«

»Zeig mir mal deinen Mietvertrag.«

»Mietvertrach! Wenn ich dat schon hör!«

»Du hast keinen Vertrag? Zahlst die fünf Mille ohne – und wenn er nun morgen sagt: ›Sechstausend oder raus!‹ Was dann?«

»Verträge? Da käm ja womöchlich dat Finanzamt. Außerdem sitzen wir Weiber immer annem kürzeren Schwanz. Son Papierken nützt mich doch gaanix, meinz, ich könnt gegen Rentelen Prozeß machen? Bin donnich leemsmüde.«

»Wann genau war er gestern abend hier?«

»Nachem Alfönschen seinen Abgang, ja? Kam dat Treppchen runtergebullert, dacht schon, mein süßen Langen sein Siepen wär vielleicht doch hiergeblieben, nee, nix da: steht den Öligen inne Tür.«

»Was wollte er von dir?«

»Ob mir klaa wär, wat ich dem Bullen ze erzähln hätt, un wat nich. Sonz wär mein Geschäft im Eima un ich säpps dito. Dat Ditta dito – klar?«

»Rentelen hat also Schlüssel für alle Wohnungen?«

»Türlich.«

»Kein bißchen ›natürlich‹ ist das. Der Besitzer kann ohne Einwilligung des Mieters –«

»Wie mein süßen Ordnungshüta sich dat so vorstellt – hömma! Wennze wat gegenem Waldema haß, dattär uns hier in Ruhe laßt, dann bleib auch gefällig hier im Ahornweg, statt dasse bei Mammi na Hause untere Heiadecke – kann ich denn wattafür, wer alles von diese fiesen Konsorten en Schlüssel hat von Kimmi und meine Wohnung?«

Sie wickelte eine Haarsträhne um ihren Zeigefinger, kaute daran, und beobachtete ihren Interviewer. Schließlich – in ihren Augenwinkeln zeigten sich Falten – war klar, daß sie sich über seine Zerknirschung freute – sie rückte ihm auf den Schoß und pinselte ihre Haarsträhne über seinen Mund. Er gab sich einen Ruck und sagte in sachlichem Ton: »Ab jetzt bleibe ich sowieso vor Ort, auch nachts. Da können deine Konsorten sehen, wie sie künftig –«

»Mein lieben Scholli vonne Zweigertallee, bravo! Wurt aba auch höchste Zeit für mein Privatschutz hier, haßja kein Schimmer wie hier die Bonner Bundesbonzen alles wer hier so ein und aus und hereinspaziert und hoch das Bein« – sie machte mit den Fingern die obszöne Kolben-Zylinder-Bewegung –, »wenn ich dir da mal paa Namen unterbreiten sollte, aber is ja ärztliches Schweigegeheimnis, nich?«

»Immer noch der Reihe nach: Rentelen und Herlotzky, seit wann kannten die sich? Oder noch eine Stufe vorher, erst müssen wir wissen, seit wann kanntest du exakt den Ermordeten, den Helmut Herlotzky?«

Sie setzte sich wieder in den mannshohen Ledersessel ihm gegenüber. »Den kanntich, seit wer rausflogen aus Steele.«

»Weswegen mußtet ihr dort raus, und wer ist ›wir‹?«

»Wa doch klaa – von wegen dat wer uns lesbisch. Mittat Marion, aamts im Dunkeln, habbichdoch erzählt, konntonnich gutgehn, hattat fromm Doris uns vopfiffen. Wenn unsereins schomma n bißken Spaß hat anne Freud, sind se gleich wien Deubel hinter eim her. Is do waa. Hat mat schomma gut, un wenn et auch nur heimlich wa untere Decke, bumß iset aus, ging dat Licht an im Schlafsaal und die Stinkhexe stanta, riß eim die Decke vonne Beine un krichten Anfall ärster Klasse: ›Das ist nun die Dankbarkeit und die Liebe, die ich euch gelärnt hab, sone Verwahrlosung is micha noch nie vore Augen gekommen, dat is ja n Fall für die Polizei. Ab mit euch! Raus! In diesem Hause seid ihr nicht mehr geduldet! Hier oben gedenfalls nie mehr! Da gähnt ja ein Abgrund von Schande.‹

Inne Tür, dat set alle noch hörn konnten, die Kimmi ganz laut, nu wart ihr auch egal, geflogen wärn wer so oder so, schrie se: ›Mit deine voknautschte Möse würdich dat sowieso nie machen!‹ Krichtien Schreikrampf. So habbich die Abromeitsche selten gehört: ›Raus!‹ Kamen wer innem ›Besinnungsraum‹ im Keller, im Bunker mit ohne Fenster.

Annern Morgn ab na Vogelheim. Heim für schwere Fälle. Da warnwer mittemang die Kriminellen. Diebstahl, Weckelaufene, Reskonvaleszenten vonne Ausgeflippten und Drogenkranke und sonne rabiate Sexowelle wie wir zwei. Alz wennwer da nich überhaupt die krummen Touren erß hätten lernen können.«

»Hast du überhaupt mal was gelernt?«

»Außer Religion un Posaune nix wie Mumpitz. Kochen, Wäsche plättn, nähn, Gaatnabeit, all son sturn Betrieb – ganz schön Malooche, ich mein, annerswo hättata minnigens fümfhundert gegeem, wat hamwer gehabt? Vierzich Maak auf som Konto wo wer nie wat gesehn ham von, ging anne Fürsorge, sachtense.«

»Und in Vogelheim hast du nun Herlotzky kennengelernt?«

»Wat heißt kennengelernt. Kla gesehn, wattat für ein wa, ham wer erß später.«

»War er einer der Insassen?«

»Langsam, vorher ma die Pulle her.« Sie holte aus der Brunnenbar Kognakflasche und Gläser; stellte sie vor ihn auf den niedrigen Tisch, schenkte ein und legte sich ihm gegenüber dem dunklen Sessel in die Arme, trank und erzählte weiter und drehte sich beim Reden fortwährend Haarsträhnen um eine Brustwarze.

»Also, dat wa gätz so. In Vogelheim hattense ne neue Tour – immer gleiche Soaten in gleiche Räume. Diebstähle inne beiden großen Schlafsäle, Drogen innen Anbau – wa dammals noch nich so Mode – schwern Jungs mit erste Brüche im Hauptraum, aba gewerbliche Unzucht un so war da n ganz schön Schwung zusamm innem Extraschuppen, für datta keiner die Kniffe vonnen andern abkuckt un die Klauer aufen Strich gehn un die Strichmiezen dat Abstauben anfangen: letzte Trick vonne Heimleitung aba wa ja Humbuch so kam immer de gleichen

Talente aufenander zum Weiterlern, nu, bei uns zwei aus Steele, da hatten se noch en besondern Einfall, weil wer ja beide eintlich nix Schädlichet getan hatten – gegen Geld un so – aba, gehörten wer doch schomma zu de Abaatigen, hamse uns in dem Abschaumbunker en extra Zimmerken im Keller gegeem, netten Zuch vonne Heimleiter, da waret uns am Tach alles egal, hamwer uns gesacht, lieber Gott, laß Aamt wern, dann is allet in Butter.«

»Wie alt wart ihr?«

»Vierzehn, fünfzehn? Ja. 60 wa dat. So ging dat da ne ganze Zeit bis im Oktober, wo de Heizperiode im Gang kam. Unser Zimmerken wa ja gleich nebene zentrale Koksheizung. Un tä Hausmeister, dammals ging ja allet noch mit Kohle, dä hatte gätz inne kälteren Tage hatte der geden Aamt noch so nach zehn, wenn Ruhe im Dom wa, mußte der noch nachfüllen kommen un den Ofen fürre Nacht kla kriegen. Hörten wer gedesmal, wenn der am Rumpeln wa un am Schüppen. Schließlich warer färtich, Feiaamt. Ginger gleich na nebendran inne Brause. Geden Aamt datsälbe. Hörten wer immer genau, jetzt machter dat, jetzt dat. Wir uns natürlich, neugierich Volks, wat wer warn, alles schön ausgemalt, und ich mein, dazu musse wissen, der Hällo –«

»Dieser Hausmeister war Herlotzky?«

»Ebent. Wa ja schon älter, 19 oder so, sonne Schwäabeit wa grade dat Richtige für den, wolldich sagn, der wa ja nu auch gut in Schuß, wattie Figur betraf un so. Für Kohleschippen gut zu brauchen, onnoch für wat anneret.« Sie lachte wieder ihr vergnügt freches Lachen und wippte mit den Beinen zwei, drei Extratakte auf der Sessellehne, einen grünen Slip trug sie jetzt, immerhin. »Wir also, heimlich, in unsere Heia wieso nix wie waame Gedanken, haam wer uns ausgemalt, wie der wohl wäre so mit nix an untere Brause. Hatten wer ja alles in diser Weise noch nich gehabt. Gedenfalls die Kimmi, dat Aas, die kennt ja keine Pietät. Nachen zweiten Aamt mußte se doch unbedingt ma duichet Türken plinsen, erst nur ne Ritze, aba da wa nix ze sehn, nur wie er halt hinterher abgezogen is mitte Abeitsklamotten unterm Aam. Nächßen Aamt datselbe, dat gleiche Spielken. Kimmi konntat nu nich mähr aushalten, sie gleich anne Tür, ich hinter ihr, beide im Anstaltsnachthemd, draußen klaare Bahn, also da wart nich mehr lange, gekichert un geschubst hat se mich, bis dat dat Aas mich direkt vor den Kärl hatte – wir vor Aufregung gleich zurück inne Betten, son Schiß hatten wer, die Aufregung, wat jetz kam. Heimleitung oder aba Hällo, den Prolo – also jetz oder nie, konnten wer mit alles rechnen.

'tkam, wie't kommen mußte. Tür ging auf. Kein Licht. Nix. Wußten bloß, der Kerl, jetz iser im Zimmer. Schrein ummöchlich. Hätt ja doch nur Ärger gegeem. Un wollten wer ja auch gaa nich Hilfe. Gedenfalls, so gezittert habbich selten wie in den Moment. Na ja, wat soll sein« – sie trank ihr Glas leer –, »stiecher halt ein. Erst ma bei de Kimmi. Machte ga nich ers Worte, gesacht hatter überhoppt gaanix. Un dat wa ja auch wohl besser so, würd ich heut sagen, wo ich den bescheuerten Typ näher kenn. Watter im Bett machte, wa immer nochet Beste, watter aufe Beine brachte.

Ja. So lief da von nu an unsern verlängerten Aamt, ja? Den Hällo immer frisch waam vonne Brause. Kam rein, ga kein Gedöne, nix, brauchter auch ga nich, wa ja vonnet waame Wasser prima aufgeheizt und wir von die ganze Waterei un die Geräusche hatten wer wieso ja zu der Zeit schon immer unsere Sause, dat is so der Organismus, sacht man ja wohl ›die innere Uhr‹ oder wie der Tömmchen dat erklärt, gedenfalls brauchten wer ganich erß Fummelei un Menkenkes konntär wieso nich.«

Sie setzte das Glas, um das sie ebenfalls ihre Locken gewickelt hatte, auf den Tisch und warf sich im Sessel herum und schaute nun in den Nachmittag hinaus, wo ein Spatzenvolk einen Außenseiter erwischt hatte und beschimpfte. »Dat Spannendste wa: wie sollten wer't nu abwechselnd gestalten? Der hatte ja jedesmal, ach du dicken Anton, der hatte ja gleich zwei Gänge auf Lager – einen kurzen, einen langen. Ja, da warn wer nu am Kungeln vorher immer, wer heut erster anne Reihe käm. Wat soll ich sagen: er kam ja zuerst einfach immer rechts in dat Bett. Danach linke Heia. Nu mußten wer nur richtich tauschen, schon wart geritzt. Unterschied merkte der kein bißken, vostehße? Hatte jeder ma wat von. Hat ja alles so seine Vorzüge: Anne zweite Stelle hatteset zwa länger, aba mußteste erß ma zukucken. Dat heißt – zukucken is ja auch leicht übertrieben – ze sehn wa ja nix. Nur eem hörn, wat sich abspielt. Au weia, wattär fürn Apparat reinzeschieben hatte, werd ich jetz noch ganz jibberich vonnet Bloß-dran-Denken. Wenn ich den öden Bongartz oder sone abgeschlaffte Würmkes hab wie den Geisthöfel mach ich öfters Augen zu und denk an die ersten Zeiten und dä Fall, na, wirter sozusagen erträglich, nich? Kotzmisecki und Kotz sei Dank habbich neuerdings für solche Fälle dem Siepen sein Langen –«

Sie schenkte sich wieder ihr Glas voll, schwenkte die braune Flüssigkeit im Fensterlicht und roch daran. »Wie't auch wa, hamwer uns immer noch geeinicht beit Abwechseln. Eima brauchtat den ehr, andertma hatte der't nötiger alzen annern und Hällo ging amatonisch imma inne selbe Richtung: erst rechts, dann links. Dat lief wie't Aamtgebet. Ficken ging wie stricken, eins rechts, ein links.

Wenn der mal komisch kommen wollte mit Küssen un so, kam nich in Frage. Mußter raus, hamwern gekratzt un gebissen. Hinterher, nachem zweiten Gang, wollter dann dofe Witze, Schweinkram erzähln, wahscheinds um dat dritte Mal hochzekomm nachne Weile. Aba da gabet nix, hinterher konnten wern berhoppt nich mehr gebrauchen. Nur noch selber kuscheln, streicheln, einschlafen, erstklassich einschlafen, sowat kennich heut ga nich mehr wenn ichätz nich plötzlich dich Gauner hätt als sozzesagen neuen Hausmeister –«

Langensiepen riß die Arme beschwörend in die Höhe, zeigte auf ihr Tonstudio, sie begriff, und sicherheitshalber schoß er schnell die Frage dazwischen: »Da – darüber hinaus gab es also keine weiteren Beziehungen zu Herlotzky?«

»Wat heißt Beziehungen? Dat reichte ja wohl, wolln mal sagen. Der hatte dat bald kapiert, datta nachher nix mehr drin war, Hauptsache er konnt seine zwei Nümmerkes bringen. Ab trimoo zoch er Leine. Nä, ich sach ja, tachs, wenn wern schomma sahn – nix, kein Wort. Ich glaub, dammals wußter am Anfang nichma, wer wir waan. Woher denn? Wa ja auch scheißegal. So wie't war, warer unser First-class-Abendtrost – basta –

Wat soll denn dat, Liebe un so, die ganzen Gefühle. Dat is doch wie dise Religion von Abromeits ihre Ehrentraut, ich mein, son billigen Ersatzkaffee für den eintlichen Juchhuu, ja? In den zuckerigen Augenblick wennze voll unter Strom stehß dann kommze dir ja vor wien Härrgott – is ja klaa, dat die Nönnekes aufe Religion fallen, weil se sonz nie annen richtigen Spaß rankomm. Mitten lieben Jesus un du mein süßen Bräutigam, dat singen die doch, habbich doch säpps gehört, sollnse ja auch meintzweegn, nur sollnset mirnich weismachen, dattat wat Besseret wär, diese ganzen schwummerigen Gedöne vone Erlösung un wat nich alles. Ährlich: Erlösung? hasse donnur wennet klingelt. Allet annere is Vortäuschung falscher Tatsachen. Is do wah!«

Sie hatte sich mit ihrem Glas erhoben und balancierte auf einen der künstlichen Fellhügel hinauf, schwankend und wohlgelaunt. Dann aber war sie zum Aufnahmeknopf gegangen und hatte auf Aus gestellt. Um zwischen seinen Knien sitzend unbehindert ihre Ansichten vorzutragen:

»Eins sachich dich. Irnswo is allet Betruch. Auch dat Vögeln. Kommt mir vor, wie soll ich sagen, wenn ich dat so seh, wattie Kerle alles aufen Kopp stelln, bisse man dran sind. Irntwie is dat, ich mein, dat Bumßen is wie n Schweigegeld. Ja? Vonnen Härrrgott. Zum Ablenken, nich? Son Klümbgen, n süßet, daß keiner meckert un se alle mitmachen. Dat Motörken! dattär ganze Betrieb überhaupt im Gang bleibt. Mann, ich weiß nich, wie ich dat sagen soll: damit eem keiner klaa sieht, watten Beschiß dat Leem in Wahheit is.

Leem, wat is dennet Leem: Kärl schifftich ein rein, Frau nach neun Monate drückt sich dat widder raus – dat is dann plötzlich en Mensch, äi! Da hasse in deim heißen Leib en Kinderkuchen gebakken. Schomma gesehn, wie die so aufe Welt komm? Zeicht man ja euch Männer nich. Kommt gleich hinter schwere Verdauung, musse nur fester drücken. Beschiß is dä gleiche. Ich kannet dich flüstern wie wer dat schnuckelich Marion den Balch mußten abmachen habt ihr ja keine Ahnung, aber Gesetze machen könnter un Schuppo spieln, Abtreiber einlochen un glaichzaitich hinterm Bumßen herlaufen, Mann! verlogenet Pack, watter seid!

Is do alles Illusion, ja? In Wahrheit is do alles, wie sachtat der Tömmchen, wat ma, ja: ›wildgewordnet Eiweiß‹. So sachtär dat. Gequirlten Quaak sach ich. Un wennze Glück haß, wie ich, dann kommße gleich duiche Lokusröhre aufe Welt. Ich fint, dat hat wenichzens Format. Stattatte da in Watte un alles schön reine, nä, geh mich mit Liebe, Rellegion un so, dat is allens nur ne mickrige Notlösung – fürem Hauptbetruch.

Aba der? der is ganz schön, wenner grade im Gange is, der Hauptbetruch. Gib ich nix für här. Wennet funkt. Besonners mit dich, Langen. Kannzich wat drauf einbildn. Spaß habbich nur mit Typen, die ich – ja, wenn ich die echt gern hab. Von hunnert vielleicht ma ein.«

»Und mit Herlotzky blieb das so cool, so sachlich?«

»Mit dem? Der wa – der wa irntwie wa der ga nich da, ja? Mit dem hamwer do nur im Dunkeln gemunkelt. Sonz absolut nix. Beinah n Jahr lang. Wattär fürn Gesicht hatte, tachs über, dat hammer doch – wie soll ichätz sagn –«

»Verdrängt?«

»Vodrängt? Vielleicht war der bloß wie so ne Maschine, ja? Gedacht in Wahheit habbich im Dunkeln immer nur annet Marion. Un die genau umgekehrt, hat se mir vorraten. Deswegn wollten wern ja auch hinterher raus ham so schnell wie möchlich. Kammama sehn, wattat allenz fürren Betruch is. Säppsbetruch. Dat meiste.«

Sie stand auf, schaute ihn lange unschlüssig an. Woran dachte sie? An ihre Freundin? Sie drückte ihm einen zarten, fast flüchtigen Kuß auf die Stirn und stieg wieder hinauf in die weichen Hügel, in den dämmrigspiegelnden Hintergrund der Wohnhalle, balancierte dort Körper und Kognakglas und dozierte stehend freihändig weiter:

»Gloppset mir nicht? Nä. Isja auch kein Wunder. So vadorm wie se dich ham. Geden Monat bestimmt zwei Mille aufe Hand, sagn wer netto, stimmtoch! In son Beruf hasse doch ga keine klaare Kucke mehr fürre Vohältnisse. Machs dir donnur wat vor.« Sie sprang über eine der Vertiefungen hinweg auf den vordersten Hügel.

»Als Beamten märkse ga nich, dat dein lieben Härrgott, dat auch der bloß en Scheißarbeitgeber is. Genau son Schmierlapp wie alle dise Geldsäcke hier im Ruhrpott un in Krankfurt un in Bankfurt –

Die ein geem Lohn. Härrgott gibt sein Trick sippzehn: Vögeln. Kein Fitzken besser is der. Läßt onnur so viel springen, dattie Leute grade noch beide Stange bleim. Ha! Stange is gut. Dat Bumßen is fürrem Menschen wat fürn Aabeitnehmer sein Lohn is. Schweigegeld! Datter weiter macht. Wat echtet kriegen tuter nie. Aber weitermachen tuter doch.«

Sie wälzte sich, lachend, das geleerte Glas in die Höhe haltend, wälzte sich über den vorderen Polsterabhang hinab und blieb vor dem Brunnen liegen, jaulend, mit geschlossenen Augen, gelöst. Sie hatte es gesagt.

Er schaute verlegen hinaus. Der Himmel hatte sich bezogen. Die Sonne war schon seit einiger Zeit verschwunden, die Hügelketten schwebten im Dunst. Heute war also Erster Mai? Anitas neuerliche Spontanschwall ängstigte ihn, ihm war unwohl, wenn sie diese unübersichtlichen, diese schwer faßbaren Wörter und Fragezeichen über ihn ausschüttete. War es möglich, daß jemand klüger, weitsichtiger denken konnte, obwohl er kein einziges Wort korrekt aussprach, keinen einzigen Satz richtig hinbekam?

Er zog sich zurück. In dienstliche Spekulationen, in Spekulationen über das Verhältnis der Drögemöller zur Kimmeskamp. Über diesen zurückgesetzten »Hällo«, der sich als Maschine mißbraucht sieht und merkt, daß in Wahrheit die Freundin gemeint ist –

Während diese Hexe da im grünen Slip – früher wurden »Undinen« ersäuft, verbrannt –, während dies Spontanpaket sich an ihren Plattenspieler heranrobbte, baute Langensiepen seine Rückzüge weiter aus zu einer Geschichte von der gekränkten Marion Kimmeskamp, die Sorge hat, ihre Freundin zu verlieren, die nicht erträgt, daß ihre »Ditta« immer wieder diesem Brutalklotz Zutritt gewährt – war dies das Motiv? war die ›Kimmi‹ die Mörderin?

Und während diese Anita, ihre Platten sortierend, obszön auf dem Bauch zu wippen begann, sah der Hauptkommissar »Kimmi« und »Hällo«, die beiden Gekränkten, damals, am Mordabend, am Brunnenrand beisammensitzen, während die Frau des Brunnens und des Hauses in der Oper war und anschließend in der Casanova-Bar, Langensiepen sah die beiden trinken, sich streiten, den Stein wegrollen vom Brunnen, damit die Rachegeister herauskonnten, um in die harte Flasche zu fahren. Waren nicht Lesbierinnen die eifersüchtigsten unter allen Liebhabern?

»Wat kuckse wie n Auto? Weiße keine Fragen mehr? Oder wußteste dat schon, dattie Chefs hier – deinen meinen ihren euern unsern seiner mir mich – dattie alle« – sie richtete sich in der Bauchlage halb auf und stützte wieder wie eine Emscher-Sphinx ihr Kinn in die Hände –, »dattie alle nuren Chef da ganz oom imetieren? Nix sonz. Abromeitsche ihren Trick: ›Glaum un Hoffen.‹ Dann könn wer alle nur noch ›beetn un abeetn‹. Glaum un Hoffen, nur damittä Schornstein raucht. Damitta wat am Zappeln is un am Ende von den ganzen Klapparatismus kuckse im Bidet, wie Vatter Hällo sein muskulösen Hömmut.«

Langensiepen fühlte sich unbehaglich, sie trank zuviel, schien kaum mehr vernehmungsfähig. Er stand auf, ging zum Brunnen und schaltete das Aufnahmegerät wieder ein. Sie hielt ihn am Fuß fest, er schüttelte sie ab und setzte sich wieder in seinen Sorgenstuhl.

»Wie lange ging das gut, diese Tour mit Herlotzky neben dem Heizkeller?«

»Solanget halt gut ging, dat heißt eintlich auch doch widder zu kurz, nich? von wegen der Länge, haha, haate Abeit machten haaten Prengel, sachich immer.«

»Mich interessiert, wie gesagt, wie das mit Herlotzky zu Ende ging.«

»Ja, ja, schon gut.« Sie hatte sich auf den Rücken gedreht und legte nun ein Bein über das andere, so daß Fuß und Unterschenkel wie ein Ausrufungszeichen in die grüne Brunnenmitte zeigten. »Nach fasten Jah kamet raus. Als nämlich dat bei dat Marion eingeschlagen hatte und die aufe Suche wa nachen Aaz. Kamse ze spät nach Hause. Kam allet raus bei de ärztliche Prüfung. Ich abb hatte Knötges inne Eileiter, konnt säpps den Hällo nich gegenanbumßen. Obich früher öfter n kalten Unterleib gekricht hätte, ›Ja‹ sach ich, ›Kalte Abreibung hieß dat bei de Abromeit, innen Kartoffelmatsch in Freisenbruch.‹ Wat soll sein, mit Kinder wirds halt nix in diesen mein Leem – dafür konntich doppelte Preise nehm für mit ohne Gummi, warn se mordsschaaf drauf. Verdufteten wer ab duiche Mitte. Warn ja fuffzehn, Marion schon sechzehn. Hällo hat uns die Adresse gesacht, wo wer –«

»Herlotzky flüchtete ebenfalls? Wurde polizeilich gesucht?«

»Wenne geden Aamt unzüchtige Sachen machß mittie unschuldigen Dingerkes, bisse docheliefert! – Treffpunkt ›Stolperecke‹. Seinerzeit wa ja die Stahlstraße noch bis fast nach m Krupp-Tor im Gang, hamse ja weggerissen heute, nu iset den Vokehrsplatz hinter Karstadt – dat heißt, wart ja dammals ärß recht, wa? Ganz schön Kraisvokehr hatten die da –«

»Dort traft ihr euch mit Herlotzky.«

»Langsam langsam.« Sie stand auf. »Da kam nonne ganze Menge dazwitschken.«

Sie setzte sich wieder auf den großen Sessel ihm gegenüber, diesmal nahm sie eine der schweren weichen Seitenlehnen zwischen die Schenkel, legte ihren Kopf seitlich auf die obere Kante, so daß die brünette Haartolle über die dunkle Rückenlehne des Sessels fiel, und ritt so entspannt und mit Behagen durch eine freundlichere Phase ihrer Vergangenheit: »Dat war, als wer – Dingens – Anhalter machten. Bergeborbeck bei Rot-Weiß, wollten wer also zur ›Stolperecke‹. Kam son Merzedes – dat Kimmi hatte schon einer mitgenomm, dä Sausack hatte so getan, als hätter Platz nur für eine. Kimmi hatte halt schon mehr Busen un alles, wa't kla, Vögelheimer Kinderchor, den kannze bei Rot-Weiß geden Samstach hörn.

Gätz kam also den Merzedes. Ich stolz wie Oska, dattat Marion man nuren Opel gekricht hatte. Ich denk, laß dich ruich auf wat ein: Hunger hattich un wollt weg von die Vogelheimgegend, nix wie weg un wat ze essen.

Den innen Merzedes wa nu aba n ganz annern Typ als ich dachte. Dä Wagen gehörte dem auch ga nich. Habbich erß hinterher rausgekricht. Wa von son Konzern-Betriebs – wat? Abeitsvorsitzender oder so, irnswo da in Oberhausen. Hatter Ärger gehabt un fing am Erzähln un am Erzähln un ich wolltoch bloß da runter nache Zitti wat essen un zu dem Hällo sein Treffpunkt.

Andererseits hatte der ja gleich Verständnis für unserein. Hatte betriebsmäßich säpps Schikanen, hab kaum wat von kapiert, nich? Aba gemerkt habichet gleich, dattär genau son Rochus hatte auf seine Aufsichtstypen.«

»Wie hieß der?«

»Polikeit.«

»Der wurde dann dein Verlobter?«

»Dat weißte also von Vordenbäumen. Ja, Gott, so kam dat: kaum raus auße Vogelheimkacke un am selben Tag schon den Anton Polikeit kenngelernt – wa dat nix? Nu is er auch gleich mit mir in som Restaurang un hat erzählt und erzählt, ich man gesehn, dat ich wat inne Rippen krich, weil ich dat wieso nich verstand mittie Verbesserung vonne Gesellschaft un so.

Ich wär auch son Fall wat nich ginge un sein un mein Ärger wär ein unteselbe Sauerei datich da in die ganzen Heime ganix lärn tät nix wie Relligion un Gaatenabeit un son Tinnef un sonz nur krimmenelle Typen. Dat würd alles besser innem Kommenismus aba dat wär noch lange hin. Ihn täten se grade als Abeitsdirektor rausekeln, weiler gegen de Kohlenstillegungen en Trauerzuch organesiert hätte nach Bonn un nu wärer untenduich bei sein Konzern. Krichter alle möchlichen Drohungen dat sem absägen würden – also es wa en Affentheater was der Mann duichmachen mußte.

Habbich ihm gesacht, ich würd gern Abeit annehm inne Stadt. Dat hatter aucheglaubt un er meint, ich sollt jetztman nur nich so aufem wilden Buff gehn, dann käm ich untere Räder vonne Ausbeuter. Er wüßt schon wat für mich.

Also, da simpwer gleich hingegangen nach sone Pinte hinter Altenessen annem Kanal, wo die Omma Wutke regierte. Ne olle fuchtelige Tante, aba ga nich übel. Bei die solltich ärß ma Bedienung machen, die würtat allein nich mähr schaffen mit ihre schlimmen Beine. Könntich umsonz wohn un mittie Papiere, da würder sich schon drum kümmern.

Also ich bei de Omma Wutke am Tresen, später solltich ne richtige Lehre kriegen, würter für sorgen. Aunblicksgen!«

Sie verschwand hinter dem Barockvorhang, klapperte drinnen eine Weile mit Schranktüren, knisterte im Bad und kam schließlich in neuer Aufmachung zurück: Die Haare lose zum steilen Hügel hochgesteckt, unter dieser Aufbauschung blitzte sie naiv und süßlich im Zuckerpuppen-Make-up: »So ging ich serviern inne ›Zornige Ameise‹!« In einer Samthose also, über den Hüften sehr knapp, hauteng.

»Anton Polikeit«, sagte sie und ritt wieder zehn Jahre zurück, diesmal auf dem anderen Sesselschenkel, »dat wa dä ärste, der sich ma richtich um michekümmert hat. Bin ich dem immer aufrichtich dankba, kannze mir glaum. Dä wa kein son kiebigen Hund wie die annern alle. Wollter auch ganix für ham. Also amfangs wenichstens. Hättat ja ham könn wie den Opeltyp vonne Kimmi.

Nu ja, Kumpel Antek hattat allmählich wie son Vatter auf mich abgesehn. Kam egalweg bei mich inne ›Ameise‹, fracht wie dat so läuft, solltiche Omma nich so ärnz nehm, rauhe Schale, weicher Kern, hat mir Papiere besorcht, die Sachen mitte Pollezei – alles lief, weiler de Finger da beit Abeitsamt, beit Jugendamt, überall hatter se dringehabt.

Un dann, Weihnachten 61, brachter mir auch dat Gedicht da untere Posaune mitte ›neue Verwegenheit‹ im goldenen Rahm. Hatte der extra für mich gedichtet.«

»Das Foto zeigt Polikeit?«

»Dat warer mal. Später warer fett un mitten Baat un so.«

»Wie lief's weiter?«

»Bestens. Bissen als Betriebsdirektor gefeuert ham. Floch er als Kommenist. Propaganda hätter gemacht fürrem Osten. Wane haate Zeit. Aabeit gabet fürm keine, weiler ja nur Bärchmann gelärnt hatte und für untertage warer längst zu alt. Warern ganzet Jah bei uns am Tresen – nix zu machen mitne neue Stelle, der wa anne Emscher bekannt wien bunter Hund. Polletik hatterja auch weitergemacht im Untergrund, warnse doch vabotn dammals bein Adenauer, de Kommenisten.

Währenddem kamer denn auch bei mir im Zimmer un hat sich mit mir ebenfalls abgegeem. Alles wat rächt is, där hatte dat vodient. Mitte Lehre konnter mir nun nix mehr helfen. Kurz bevorer abging, weit weg, na Bonn als Förtner, da iser dann richtich bei de Omma Wutke vorstellicheworn un hat Verlobung angesaacht. Sowie dat in Bonn richtig laufen würde, dann würter mich holn. Dat Omma Wutke krichtie Tür nich zu. Antek gab Lokalrunden anne Kumpels un da hammer heftig un kapaaftig un haubitzenmäßig ein gefeiert inne Zornige Spelunke wa schwer wat los mitten Gemütlichkeitsvoain Drei Rosen un alles!

Ich mein – die Omma hatte ja irnswie recht von wegen den Altersunterschied, warer ja bald fümmenfümzich, nich? Dat wa schon enorm. Hätt jajeder annere genau so gekuckt un wa ich ja auch im Bett anderen Bumßfallera gewöhnt. Sind se auch ganz schön am Witze reißen gewesen: die kleene Kröte mit den alten Knacker, den Lustmolch. So ging dat in sein alten Stammlokal, alles Kollegen.«

»Während dieser Zeit mit Polikeit ist die Verbindung zu Herlotzky abgerissen?«

»Wo denkße hin. Nie is da wat abgerissen. Kännzat Ditta schlecht. Un kännzen Hällo schlecht. Hattichet bald raus. Dat heißt, erß ma hab ich gekuckt, wo dat Kimmi abgebliem wa. Gleich inne erste Woche, heimlich, dattie Olle nix merkte untä Anton brauchte dat onnich ze wissen, wohin meine Interessen gingen, nich?«

»Welche Interessen?«

»Au weia, is dat nu schon widder nötich?«

»Es gibt seit dem Mord an Herlotzky ein gewisses Interesse, deine Interessen genau zu kennen.«

»Hau, wat feierlich mit eima.«

Sie rutschte von ihrem Lederpferd herunter und kam langsam auf ihn zu mit kreisenden, samtweichen Hüftsignalen. »Jetz hasse wol momentan ga keine gewissen Interessen? Lauen Herrn Siepen? Sitzt da egalweg auf sein Ärschken, kann ich hier de Beine recken wie ich will. Spielt sich nix ab, wie?« Sie hatte sich neben ihn auf die wulstige Lehne gesetzt. »Meinz die kriegn dat raus? Bezahlz doch wieso de Stundenpiepen. Hasse dochen Recht aufen Päusgen.« Dabei grinste sie ihn schadenfroh an, weil er wieder händeringend um die Seriosität seiner Tonaufzeichnungen bemüht war.

»Wie dachte Herlotzky über deine Beziehungen zu Marion Kimmeskamp?«

»Nix dachte der. Weiler nix von wußte. Hätter nix von kapiert. Hätter't gewußt, hätter sofort reingeschlagen.«

»Er hat eure lesbischen Interessen in all den Jahren nie bemerkt?«

»Wa ne Nummer zu blöd für.«

»Also weiter.«

»Zu Befehl, Herr Inspekter.« Sie kraulte ihm mütterlich das Nakkenhaar, ließ aber zum Glück wieder davon ab. »Erste freie Ruhetach inne fleißige Ameise: ich sofort inne Straßenbahn, ab nache Zitti. Polikeit hatte an dem Tach widda Ärger mitten Betrieb, konntich also ruich nachen Limbecker Platz juckeln un kucken, wo se die Kimmi gelassen hatten. Stolperecke wa se nich, statt dessen son öligen Typ, den Waldema.«

»Rentelen?«

»Wat ich denn hier suchte? Ja, den Herlotzky. Türlich, den kennter, der wär aba gätz grade nich da. Ich weitergefracht: Sonne Marion, obber die gesehn hätte. Er: ob die so in mein Alter wär, ja, da wär wat da seit vorgen Sonntach. Ob ich die schon von früher kenn würd un un un, wieso ich denn da in die öde Pinte bei de Wutke wullackte, hätt ich doch bei ihm viel leichter un besser. Kurz un klein: hattär mich da gleich am ersten Aamt besoffen gequatscht un ein ausgegeem noch un nöcher – bis ich dat rausgekricht hätte, wo die Marion nu steckte, wär dat alles krumm gegangen, wenn se nich Gottsmiseki auf eima säpps inne Tür hätt gestanden. Mann, hammer uns ein abgefreut! Inne ›Stolperecke‹, alle wie se da wan – fürre Kimmi hättich die stehngelassen. Dankbakeit in Bezuch aufem Polikeit fühlte ich wohl, aba Gott je, et waja wie gesacht für mich schonnen älterer Härr, hätt ja mein Oppa sein könn.

Un diese gewissen Qualletanten vonnen Hällo unte Kimmi warn mir ja denn noch deutlich in Erinnerung, wie?

Dä Ölige fuhr mir aba bis nache ›Ameise‹ hinterher, wa där da manchen Donnerstach anne Theke am Reen un am Reen, ging dat hin un her n ganzet Jah un noch viel mehr, da wa schließlich vonnem lieben Antek Polikeit nix mähr von ze sehn. Vonumft im Eima. Hatte icha keine Ahnung wattat heißt, mit son Lui gehen.

›Dummet Blaach‹, hat se gesacht, de Oma Wutke, ›wenn schon, dann libber mitten olln Antek als mit disen Fiesen außem Sägerott.‹ Wat soll sein: Anton wa nonnich ganz in Bonn inne neue Stelle, da wa dat pärfekt mitte Brutalemanns un Söhne vonne Stolperstraße.«

Sie rutschte vom Lehnenwulst neben ihm herunter auf den Teppich, schenkte sich ein und lehnte sich wieder an den Sessel, zwischen seinen Beinen.

»Wer gehörte damals zum Rentelen-Club? War Stepunat schon dabei?«

»Wa mir ja ga nich bewußt, watta gespielt wurd. Hatja ärß ma nix in Kopp wie lecker Kimmi, dösigen Hällo und Raibach machen mitten Öligen. Steppe? kam ärß später dran. Wa die Dröge mannur ne Schickse zum Verhökern, dumm Deubel, wat ich wa.«

»Verhökern, das hieß also durch Herlotzky, oder wie?«

»Dä waja die Enttäuschung. Auszumhalten nur inne Nacht, in liebestechnische Beziehung. Aba anschaffen ging ich fürrem Öligen. Steppe? von dem hamse immer mal wat gesungen un gemunkelt. Den schönsten Ittacker denet je gab un wattär alles los macht, aba davon verstand ja unserein nure Hälfte. Beim Schwatten mußten wer wieso Klappe halten, bei sone Sachen warn die Weiber nichefracht.«

»Und wer war gefragt?«

»Waldema, Bulski, Schwatten.«

»Tibulski? Der eben hier war?«

»Un Kutti.«

»Kutti?«

»Ämtern. Kurt Ampütte. Son Busenknabe vonnen Öligen, hatte son süßet Ärschken, woll?«

»Jetzt Kellner im ›Casanova‹.«

Sie saß immer noch zwischen seinen Beinen. Jetzt drehte sie sich anerkennend zu ihm um: »Nu kuckt unsern Langen schon richtich en bißken duich! Ich sach ja: Guter Service beim Rammeln – und säpps der Bauer wird schlauer.«

Anerkennend streichelte sie Teile von ihm, denen er bislang nicht die Fähigkeit des Durchkuckens zugetraut hatte. Ihrem kraulenden Vormarsch suchte er aus dem Weg zu gehen und rutschte nach hinten, doch sie hatte den längeren Arm und grinste: »Gegen die deutsche Meisterin im Kraulen un Seitenspringen kannze nix machen!« Sie stand auf und ließ das Häufchen Glück wieder in Ruhe.

»Ja, Stepunat!« Dieser »Waller« sei halt wirklich der schönste Ganove, den das Ruhrgebiet je auf die Beine gebracht habe. Immer eins a gekleidet: weiße Handschuhe, Bärtchen und eine Menge anderer Verzierungen. Lange Zeit habe sie von Stepunat immer nur Gerüchte gehört. Zum ersten Mal gesehen habe sie ihn bei einer Keilerei in einer Pinte, da sei der Schwatte »ganz schön gemein« gewesen, auch zum Schluß, als sich alles auf einen Parkplatz verzogen habe: Alle gegen einen, das sei doch kein Mut, der sei immer schon falsch und nur ein Angeber gewesen, der seine Freude daran gehabt habe zu kommandieren, ein Gockel, wehe, wenn man ihn beleidigt habe, da habe er kurzen Prozeß gemacht. Damals bei dieser Schlägerei sei ihr zum ersten Mal klargeworden, in welch kriminellen Club sie geraten seien, sie und die Kimmeskamp.

»Alzichen Hällo dat sachte, wat tä Steppe fürn unfärn Itacker wär, hatter mich ein reingedonnert, sonne Bombe. Datichdat nie widder riskiert hab inne ärßten Jahre, son Kommentar. Dat ging ne Tille nix an. Ich sollt froh sein, dat wer vonnen Schwatten zum Leem hätten. Warer halt unsern Abeitgeber, den Waller.«

»Das war in welchem Jahr?«

»Registriert dat erste Mal warich dreienseckßich. Hamse mich für 22 vokauft. Sowat konnt allens den Rentelen, warich abba ärß 18.«

»Wie kam es, daß Stepunat dein Arbeitgeber wurde?«

»Visitenkaate hatter nichehabt. Ankloppen wa onnich. Zwa hatter ja Sinn für so Gedöns. Ich habben irnswie innerlich abgelehnt, ja?«

»Das ist mir alles noch nicht exakt genug. Du arbeitetest also für Herlotzky? Oder für wen?«

»Gabet Sonderpreise für Junkfrau-Aufreißen. Un dat wa eem Rentelen seine Idee. Der wart, der die guten Typen ranschleppte –«

»Und du gehörtest wem?«

»Wat heißt gehörn – gehörn tat ich den Club. Bleim wolltich aba bein Hällo. Weil ich dacht, mit dem werd ich am ehrsten färtich. Öligen wa mich zu unheimlich, zu fies, ja?«

»Und als Club-Chef war dann auch Stepunat für dich zuständig?«

Sie hockte sich im Schneidersitz neben ihren Plattenapparat, legte einen ihrer Theatergesänge auf und holte aus: »Den Prolo Hällo, den nahm doch keiner für voll. Der wa nur son Krawallmann mit Bizeps. Wenn se maln Bekloppten brauchten, mußter ran. Son Supermann für schwere Fälle ab zwei Zentner: Wo stehtat Klavier! Dafür hamsen übert Ohr gehaun wo't ging.« *Es ist um die Bestimmung ein eigen Ding fürwahr.* »Krich ich heut noch de Wut, wenn ich dran denk, wie wer bei Karstadt dat Dingen gedreht hatten mittie Hauptkasse, Althoff hieß dat ja dammals. Den Öligen hatte den Transportweg rausspioniert mit seine ganzen Vitamin Be's, de Hauptmalooche aba hatte Herlotzky am Hals. Ging ummen Haa schief, dä Nachtfritze – son Zweimeter-Bulle kam plötzlich außem Aufzuch mit Pistole, Hällo stand bei Seite, Ämtern un Waldema schon Hände hoch: Hätte da den Hömmut nich mit Handkante Pistole runtergewichst untä Nachteule die Fresse polliert, dattie sich um ga nix kümmern mußten, nur de Kohln inne Taschen stoppen –

Un wat hatter gekricht? Anschnauzer! N andern Tach. Warummer den kaputtgemacht hätte. Die Schubiacke wat se wan.« *Schön ist diese Kunst, allein uns bringt sie zu wenig ein.* »Dat ich beim Bruch auf

Straße Schmiere stand – kein Schnatz krichtich dafür. Hättich man besser angeschafft so lang.

Aba so ging dat in eins duich. Innen Güterbahnhof die dicken Kisten mittie Wickelungen echt Kupfer, un dann den Bruch bei Nobelkaffee den ganzen Panzerjohnny ärß ma beiseitekarren zum Verlötn, wer hattat alles geschleppt? Hömmut. Die schlabbrigen Ärmkes vonnen Kutti unnen wackeligen Öligen kannze vogessen.« *Und kaum, daß uns ein Weilchen der Hoffnung Blume keimt –*

»Habbichem gesacht: Hömmut, wat läßte dich dat bietn! Du haste Abeit, un ten Umsatz, wer macht den? Fürt Maloochen bisse gut – wo is de Abrechnung?

Mit eima sachter: ›Abrechnung? Kannze haam!‹ Un Wumm! un: ›Nochen Wort untu liechs inne Köttelbecke!‹ Un Wumm hattich die ganze Johnny-Wut von dem inne Visage, dattich drei Tage nix einbrachte von wegenem kaputten Nasenbein, mit sonne Katoffel inne Kucke. Wattä Schwarte vodient hätte – ich habbet abjekricht. Typpisch. Noch n Schlücksgen?«

In der Wutke-Pinte, die noch immer »Zornige Ameise« hieß, hingen jetzt breite Brummer und schwerhintrige Hummeln auf den Barhokkern, jetzt war Schichtschluß ringsum. Immer wieder tat sich der fettige Vorhang auf, krumme Figuren schoben aus dem schwarzen Loch an den Tresen, gingen zum Stammtisch und in die Ecke vom Gemütlichkeitsverein.

Erster Mai war damals gewesen, und er hatte es nicht gemerkt, auch nicht, als in der windigen Gertrudisecke sofort ein Parkplatz frei gewesen war. Es ging ohnehin zuviel durcheinander in diesen vier Ermittlungstagen. Wenn man allein bedachte, was alles diese Anita vor ihm auskramte, diese verfilzten Verhältnisse, »alles vergaunert und vervögelt«, diese wüsten Andeutungen und finsteren Eindeutigkeiten. Stepunat war als der »Schwatte«, als »Steppe« und als »Waller« von nun an Boß – wie hätte Langensiepen das Unheil kommen sehen sollen, selbst wenn er überall zugleich, wenn er bei Wittkamp, Kimmeskamp, Vordenbäumen, Anita, Bongartz und Rentelen und in den Papieren gesucht hätte und gefragt und verglichen – mit Entrüstung schob er sein Bierglas von sich weg: ihm, dem ordentlichen Rudolf Langensiepen, ausgerechnet ihm diese Abraumhalde voller verschmierter Zusammenhänge zuzumuten.

Wie konnte er sich hier, im Eckenmief der brav gewordenen »Ameise«, den hin und her springenden Ablauf der Ereignisse wiederum anders klarmachen als in der Unklarheit von acht oder neun Pils, in deren Wirkung sie ihm alle wieder zu Gehör kamen, diese gefetzten Anita-Worte, deutlich, als würden sie eben jetzt gesprochen. Hatte sie die wirklich so gesagt? War diese abhörbare Klarheit nicht ein Biereffekt? Resultat einer erhöhten Selbsteinschätzung wie beim Autofahren unter Alkohol, wenn man es ebenfalls besser zu können glaubte, wenn aber auch hier nur der Glaube die Wahrheit war?

Er schob die Zweifel von sich und holte das Bierglas wieder heran. Hauptsache, er fühlte sich wohl in dieser Erinnerung, oh sie nun mit den Protokollen der Hagedorn und der Bläsing wörtlich übereinstimmte oder nicht.

Zum zweiten Mal an diesem Tag meldete sich dieses Ekel, rief dann dieser von Horobin an, der sich für die Störung entschuldigte, aber er müsse ihm den Spezialbeauftragten des amerikanischen Geheimdienstes, einen Mister Hailey, ja buchstabieren könne er den, den müsse er kurz annoncieren – annoncieren hatte er gesagt, stimmt – ja, der käme so gegen 18 Uhr in den Ahornweg, davon hätte er den Hailey nicht abhalten können, der müsse halt sehen, wo sein Schützling diesen Spätabend oder auch die ganze Nacht zubringen werde, schließlich sei Mister Hailey mit seiner Person für die Sicherheit des Vize verantwortlich, ja, Hailey spräche einigermaßen Deutsch, wäre aber ein ganz und gar schweigsamer Typ, typischer Mann im »background«, so hatte Horobin gesagt, der das Amerikanische zweifellos perfekt beherrschte.

Inzwischen war Horobin längst wieder aus der Leitung, mit einer nochmaligen Entschuldigung für diese Störung, der so formsichere wie inhaltsleere von Horobin – schon dieser Name, wie das tönte: o, o und i! mit solchen Plastiktypen mußte man nun auskommen.

Zum Glück prasselten dann wieder Anita Drögemöllers Wortkaskaden an ihn hin, formlos, aber prall geladen: »Ja«, maulte sie und dann noch mal »nu«, und dann war der Start schon gemacht: »Ja, nu – nu wart aba so, dattän Schwatten mich gewissermaßen nötich hatte. Zur Vorzierung. Wie er ja auch en Bärtchen nötich hatte. Hällo hattat lange nichemärkt, dattä Boß schaaf wa auf mich. Aber dann: mein Gott, auchen blindet Hühnken findet mal den Einfall, nu kam also Hällo seine Taktik anne Reihe: Ich sollten Waller mittat Sexowelle und so interessieren, damit bei de Vorteilung vonne Mainzelprozente mehr übbrich bleiben sollte fürrem Hällo. Friseur, Kleider, Essen, alles mußt er ja für mich herhalten, mußter sehn, datter zu de Kundenlöhne onnoch rankam an die Club-Umsätze.

Wie ich die Kiste mitten Steppe zum Klappen krichte, ich mein, betreffs der Verzierung hähä, wie – spielt egal, gedenfalls: maaschierten dat erste Mal zwanzich Prozent vonne Kunnenlöhne inne Dröge-Kasse. Da warich richtich ährlich stolz auf die ärsten säpps vodienten Mille. Stolz – ich mein, en gutes Geld mochte das ja wohl nich sein: ›der Sünde Lohn‹ hätte se in Steele gesacht, de Abromeitsche.

Nu fantich dat Leem ga nich mehr so beknackt. Die Jüngste – un schon im Umsatz dicke drin. Gab ja ne Menge alte Mehlkühe inne Stahlstraße seinerzeit. Da wa ich ne gewisse Attraktion fürre besseren Kunn. Watta dä Waldema weil es im Wald geschah alles anschleppte als Freier – Bongaatz iset ja noch hoit. Nur mittlerweile ja wohl als Konsul. Dafür icha gätz als Callgirl – in dulci Jubelpo! So ändern sich die Zeiten – kannzo nur lachen!«

»Kannst du mal ein bißchen genauer schildern, was Stepunat damals im einzelnen trieb, als Boß. Und was für Herlotzky dabei übrigblieb?«

»Übrigblieb is gut. Nix blieb. Großen Knatsch kam. Ich mein: Autos war ja schon lange Zeit Haupteinnahmequelle vonnem Club, die ganzen Sachen mitte Vosicherungen: Klein Auffahunfall trixen, rumpelige Späßkes, die annern hatten ja egal Schuld, wenn se kein Abstand hatten gehalten. Bulski mittie Repperaturkiste, zufällich kamer immer grad vorbei: Abschleppen, Ausbeuln, Bombnrechnung – Vosicherung zahltat bißken, dat lief wieset ham wollten. Bisse halten Bulski aufe Finger gehaun ham. Wase futsch, de Wärkstatt. Unnen Bulski seine Blagen auf Fürsorge.«

Sie saß immer noch am Boden, neben dem Plattenspieler, hatte die Musik gestoppt, stand nun auf und setzte sich Langensiepen gegenüber in den Sessel: »Nannte ich insgesamt acht Autos mein eigen seinerzeit. Aba nur aufem Papier. Denn wo nu dä Bulski im Kahn saß, kamen seja auf den Dreh mittie Import-Export-Schose. Bombige Bezuchsquelle. Hatten wern Öligen zu verdanken, obzwar den konnte keiner leiden, aba ohne dem seine Bekanntschaftskreise wär dat ganix geworn. Von Turin, Holland, Aachen, Antwärpen, Baan-Baan kannter überall welche, un Bongartz wa sein heimlichen Boß. Na, will ich nix gesacht ham.«

»Was blieb da konkret für Herlotzky?«

»Nichen Fitzgen. Rausschmeißer, Planierraupe, Brechstange, wie soll ich sagen – im Club der Spezialisten warer ne Fehlkonstruktion. Sachich immer zude Kimmi: Den mittat Köpgen vonnem Öligen untän Ahrgeiz vonnem schönen Waller, da wärer Mister Super. Aba so? konnt ja nur schiefgehn.«

Statt vom Schiefgehen zu erzählen, stand sie von ihrem Sessel auf und setzte sich sanft, wie schwebend auf seinen Schoß. So rücksichtsvoll sie ihr Gewicht auch verteilte, so aggressiv überfiel sie ihn mit ihrem Mundwerk.

»Nu bisse mehr als ne Stunne mit die Dröge zugange – un keima Entspannung?« Sie züngelte in seinem Ohr, fingerte mit hundert Fingerspitzen rund um seinen Hals, Nacken, Rücken, ja auf dem Kopf und beiden Schenkeln zugleich, wo und wie immer sie sich Zugang verschaffte, das war überaus irritierend. »Bisso ga kein Mensch! Verdammte Zucht. Ein echter Mensch, schon aus Höflichkeit läßt der irgendwann die Sau raus. Wennichzens am ärsten Mai könnze mal 'n sozialen Tach ham!« Ihre zarten, huschenden Fingerkuppen glitten an seinen Lippen entlang, kreisten wie gehaucht hier und dort, ein elektrisierendes Sperrfeuer überfiel ihn, ein Fingerfeuerwerk, das, nachdem es seine Wirkung getan hatte, abgelöst wurde von ihrem Mundzauber, der die aufbereiteten Nervenfelder heimsuchte wie ein Föhn, zufrieden summend ging er über Land und Haut und spottete Hohn den derben eckigen Wörtern, die sie zwischendurch ausspuckte: »Übber seckßich Minuten nix Waamet im Bauch! dat überlebt keine Sau!« Wilma und Maria, was würden die denken.

Ihre Attacken wurden unterbrochen, Telefonsurren erlöste ihn, dankbar ergriff er den Ordnungsruf und meldete sich mit fester Stimme: »Langensiepen.«

»Bundesministerium des Inneren. Ich verbinde.«

Dann klickklackte es aus Bonn, und eine zweite Stimme erklärte: »Einen Moment bitte, der Herr Minister telefoniert noch.«

Zum Geier, Anita umrundete den Brunnen mit drohenden Knurrgeräuschen, Langensiepen stellte die Tonaufzeichnung ab und hörte sein Herz klopfen beim Warten auf den Herrn Minister. Und nun näherte sich die Dröge mit schwanzlastigem Gang, glitt neben ihm auf die Bank und schaltete hinter den Polstern einen Knopf, der den Telefonton so verstärkte, daß sie den Bredeneyer Salon rauschend ausfüllte mit der Vorzimmermitteilung: »Ich verbinde.«

Der Polizist vor dem obersten Polizisten des Landes, er hatte kaum noch Stimme, als er auf die Frage antworten sollte: »Ja? Mit wem spreche ich?«

»Langensiepen«, würgte Langensiepen heraus. »Kriminal-Kommissariat Essen-Süd.«

»Sie sind mit der sicherungsdienstlichen Observierung der Wohnung Essen-Bredeney Ahornweg 6 beauftragt?«

»Jawohl.« Schon ärgerte ihn dies elende »Jawohl«, schließlich glaubte er zu wissen, daß der ein Männersack war wie jeder andere.

»Ich gehe davon aus, daß Sie informiert sind, was heute abend auf Sie zukommt, ich möchte aber nicht versäumt haben, Ihnen noch mal persönlich die Bedeutung dieses Besuchs nahezulegen. Sie wissen, daß der Vizepräsident morgen mit uns über das Devisenabkommen für die US-Truppen verhandelt, ich würde sagen, bei den Milliardenbeträgen, die hier zur Debatte stehen, geht es nicht nur um die absolute Sicherheit unseres Gastes, sondern auch – ich will mich mal so ausdrücken – um eine gewisse private Zufriedenheit und Ausgeglichenheit unseres Verhandlungspartners. Das bedeutet unter anderem, daß wir auf ein Größtmaß an Diskretion, aber auch auf ein Größtmaß an Delikatesse achten sollten. Wie sieht denn Ihre Überwachungsmöglichkeit im einzelnen aus, wenn Sie mir das mal kurz skizzieren wollen.«

Während dieser Ansprache des obersten Dienstherrn hatte Anita ihn sanft auf das Sitzpolster am Brunnen hinuntergezogen, und siehe, beim Antworten fand er nun wieder Atemluft: »Die von Ihnen genannte Wohnung habe ich ständig abhörtechnisch unter Kontrolle, aber auch durch Kameras, also optisch, jedenfalls habe ich auf zwei Monitoren und durch ein ausgezeichnetes Periskop ständig Wohnraum, Schlafraum und Bad im Sichtbereich, ohne daß umgekehrt von dort aus jemand etwas bemerken kann.«

»Woher kam das Geld für derart großzügige Apparaturen?«

Anitas aufbauender Zugriff schuf klare Antworten: »Die Anlage war privat installiert. Da sollten Pornofilme gedreht werden, beziehungsweise Aufnahmen mit Industriegrößen zu Erpressungszwekken und dergleichen – das haben wir schon nach dem ersten Versuch sicherstellen können.«

»Schön schön. Aber aus den Unterlagen der Sicherungsgruppe geht hervor, daß vor wenigen – halt – vor nur zwei Tagen an dieser Stelle ein Mord – hören Sie – da scheint mir mit dem Funktionieren dieser Anlagen doch einiges im argen zu liegen und unter diesen ungewöhnlichen Umständen –«

»Nein«, fiel ihm der Wiedererstarkte tatsächlich ins Wort, »das passierte, *bevor* wir diese Anlage sicherungstechnisch nutzten.«

»Ja, aber reicht denn diese Anlage wirklich aus? Ich meine, es beruhigt mich nicht sonderlich, zu hören, jemand wird mir hinterher genau schildern können, wie der Vizepräsident umgebracht wurden, weil das über Monitor genau zu verfolgen war.«

»Dazu müssen Sie wissen« – wie keß konnte Langensiepen plötzlich sagen, was der Innenminister wissen mußte –, »daß der Beobachtungsstand ja nicht irgendwo liegt, sondern unmittelbar über der fraglichen Wohnung. Notfalls ist man über eine Geheimtreppe in wenigen Augenblicken am Tatort. Außerdem sorgt heute der US-Geheimdienst zusätzlich für die Außenüberwachung.« Anita sorgte mit konzentrierten langsamen Bewegungen ebenfalls für qualifizierten Außendienst.

Als hätte davon sein Gesprächspartner Witterung bekommen, begann der einen überraschenden Gedankenschlenker laut zu formulieren: »Es wäre eigentlich angezeigt, daß – daß ich diese alberne Maifeier heute abend in den Schornstein schieße und selber die Überwachung leite, schließlich – schließlich –«

»Mir scheint hier wirklich für alles gesorgt, außerdem würde Ihre Anwesenheit zusätzliche Geheimhaltung erfordern – ein einziger Pressemann riecht das heraus und – «

»Sie haben nicht ganz unrecht«, gab der wichtige Herr zu, mit belegter Stimme.

Langensiepen nahm Anitas Hand von einer Stelle, die ihm die Konzentration zu rauben drohte. »Im übrigen bin ich sicher, Sie haben morgen einen Verhandlungspartner, der sehr zufrieden ist.«

Der lachte ein belegtes Lachen. »Wenn Sie recht haben, sollte man euer Bredeneyer Etablissement zur staatlichen Dauereinrichtung machen. Aber im Ernst und ausdrücklich: Dieses unser Gespräch wie alles damit Zusammenhängende ist strengstens vertraulich – klar?«

»Die Presse wurde vom gesamten Komplex systematisch abgeschirmt.«

»Bestens. Morgen früh rufe ich Ihren Bericht ab. Wiederhörn.«

Damit war der aus der Leitung, der Innenboß, und als nun die Drögemöller »Toffte!« schrie und »Siepen seim Langen« gründlich und griffig gratulierte, da atmete auch Langensiepen tief auf.

Er schaltete den Tonmitschnitt wieder ein und setzte seufzend seine Hintergrundermittlungen fort. »Wie kam es«, so fragte er sonor, noch ganz Staatsmann, »zu dieser sagenhaften Fahrt nach Baden-Baden?«

Sie hockte sich bequem neben ihn auf den gepolsterten Brunnenrand und hielt die Hand unter einen der Wasserstrahlen. »Is ja't reinste Gangsternest, Baan-Baan. Hat noch diser Tage mich Tömmchen klargemacht. Da hamse seit vorigen Dammals de Mücken alle hingetan, dise Ruhrbarone, sachtär. Der deutsche Aabeiter, sachtär, wattär maloocht hat, davon ham sich die Bonzen ihre flotten Villen gebaut im Schwaazwald.«

»Was speziell hatten Stepunat und Rentelen dort zu tun?«

»Von Baan-Baan gingen die geknackten Kutschen direkt innem sonnigen Süden. Un umgekehrt. Schon seiten halbet Jah wa immer ein unterwegens. Mal n Kutti, mal den Bulski, omma n Öligen. Abrechnung sollte halbjährlich vonstatten gehn. Und seit zwei Jahre imma in disen Milljonärsnest.

Habbich ganz sachte ma gesacht, wie't wär, wenn auch wir zwei da mal hinführen. Wir also Köfferkes gepackt –«

Schon wieder drängelte sich Geklingel ins Verhör, diesmal war es ihr Apparat, und Langensiepen hörte nun auch ihr Gespräch raumfüllend mit, ein Freier, einer von den wichtigen offenbar, einer von den Geldgebern aus Düsseldorf, nein Duisburg diesmal, an diesem Abend freilich sei er in Düsseldorf, sagte er, und ob sie sich nicht anschließend treffen könnten zum Essen, auf halbem Wege, in Mülheim, Möller-Menden, oder Schloß Hugenpoet oder noch besser auf der »Schwarzen Lene«: »Mit dem sanften Blick auf den nächtlichen See«, hallte die zarte Freierstimme durch den Raum, da sei ja doch wohl auch Krupp seiner schwarzhaarigen Helene begegnet, warum dort nun nicht auch er seiner brünetten Sirene – ja, hatte sie da gesagt, schon sehr gerne, lieber Heidiweich – Haidenreich hieß der –, aber erstens hätten sie hier im Ahornweg Sex diesen Blick ja immerzu, den sanften auf den See, und den hätte er bei ihr auch viel gemütlicher, sozusagen weicher gepolstert, ha ha, aber heute abend, da sei sie ebenfalls in wichtigen geschäftlichen Unternehmungen, da ginge es um Deutschland, ja mindestens, wenn nicht um mehr, dagegen sei seine Schöne-Aussichts-Hütte ein Papiertiger, das müsse er schon einsehen – er sah es ein, aber erst ein sentimentales gegenseitiges Versprechen auf ein Wiedersehen am nächsten Abend, wo er ebenfalls in Düsseldorf handele, konnte Herrn Haidenreich bewegen, einzuhängen.

Anita tat einen übertriebenen Seufzer, Langensiepen hatte Mühe, sie wieder reden zu lassen über die harten Dinge, die sich abgespielt hatten damals in Baden-Baden.

»Ärßte Mal, dattich rauskam aus mein ganzen Emscherschlammassel. Ab nachet Weltbad, stolz wie Oska!«

»Zu welcher Zeit etwa war das?«

»Juni seckßenseckßich wa dat, weiß ich noch ganz genau von wegenem Knatsch wo eem alles dann eintraf. Aba ärß ma n Happen inne Lunge, prost!« Holte sich Flasche und Gläser und raunte rauchig »wirße öller, brauchßes döller, auch Anita Drögemöller« und kauerte sich offenherzig neben ihn. »Also: Bahnhof laach da plemplem weit draußen. Wir n Taxi. Rein nach Baan-Baan, ging alles prima. Straße wo die alle hinwollten, wußten wer, nuret Nümmerken nich, wa sone Villengeengt. Hällo, dän feigen Sack, im Weltbad, ließer mich alles machen. Wa ich auf eima gut genuch: ›Komm frach du se libber.‹

Ich also immer vornewech. Ärß ma in son Scheißteuerhotel Zimmerken genomm, wat heißt Zimmerken, Salong wa dat für Prinzen un Ganoven. Hatten wer ma n Rentelen-Puff in Dortmund, der wa genau so mit Plüsch un Bömmelkes zum Schrein! Na, gedenfalls: Köfferken dagelassen un nix wie los, noch an diesen selben Aamt wollten die annern da ja ihre Vohandlungen duichführn wegene Prozente, den Ort mußten wa nu ärß ma finden.

Ich mich duichefracht nache Kaiser-Franz-Josef-Straße oder so ähnlich, den Elefant immer hinter mich her. Un dann wa dat echt richtich wie in n Krimi: dicke Villa mit Gaatn, aamts im Dunkeln Beleuchtung un Paak un Bäume un so, alles toll angestrahlt. Wir uns da ärß ma rangeschlichen, Lage gepeilt, ob schaafe Typen auf Lauer odda Video, wa abba sauber, nur sone Gaatenpaaty: saßen se da alle aufe Riesenterrasse schön mit Blick aufe Geengt un wan mittie Ittakkers am Pokern. Gedenfalls ginget um Geld. Saßen se da draußen un, hamwer dann später gehört, wa schon alles vorbei, den ganzen Raibach. Klein Hällo kam zu spät, konnt ma widder inne Röhre kucken. Hatten wer uns ja gedacht.

Nu wolldichet aba wissen. Sachtichem Hällo: Wattie ausklamüsert ham, ich krich dat raus! Ja dann geh mal vor, meinter. Konntichet widder riskiern: Ich also rein in den Paak. Ja wo kommß denn du her! Kuckt ma, wär da noch is, un ach, is aba nett, komm, Ditta, setz dich ran annem Tisch, hasse wat ze picheln, halt Schnauze Hällo, häts au besser im Sägerott bleim solln Wache schiem, wat denkßich eintlich.

So ging dat. Ich man gleich am Tisch zwischenen Steppe un son waamen Ittacker. Dä hatte prompt dat Knie un die Hand anne Front un ich wolltoch nix wie unsern Boß ausquetschen. Dat wa n echt Stück Aabeit; den Hällo sollt ja nich fuchtich wärn, Steppe onnich, wenn se wat gewahr würden von meine Tricks du kriss dat Reißen.

Gedenfalls, mittemal hattenset alle eilich mit Schlußmachen. Wolltense na Bett gehn. Wahscheinds schomma, weilen Schwatten beim Poker schwer ein gewonn hatte, dä un den Öligen. Ja: wo ich denn wohnte. Wat? in den feudaln Hotel? biß wohl leemsmüde, bei die vornehm Pinkels fallter doch gleich auf. Ob dä Hällo nochanz bei Trost wär oda obber mich ummedingt loswern will an ein von diese pengsionierten Ruhrscheiche.

Gabet kein Vertun, mußtich wie ich wa inne Villa bleim, die den ein Typ da gehörte vonne Turiner Autobrangsche, dä mich da untere Gürtellinje ze fummeln hatte angefangen. Na, gätz also: wer mit wem? Wennsen Geschäft fertich ham, sind se ja alle schaaf wie Mustangs, die Kanalljen.

Kam ärßma den Ittacker un schwänzelt sich ein ab, habbich kein Wort verstann, nur wart ja kla, wattä wollt. Mit eima sah dat nach Schlägerei aus: Waller am Kochen. Hällo wieso schon – Gottseisgetrommelt – haam se dem verklärt, er soll erß ma Schmiere stehn draußen in son Häuschen, Wache schiem, annen Portal, bis zwei Uhr. Dann käm Ämtern en ablösen. Dat hattär gefressn, bestußt, wie der war, meinter, et wär ne Ehre, wupp, wa där schomma an Seite.

Dann den Schwatten sich wichtichemacht: Er müßt mir wat mitteiln von wegem Club, dat wär intern, ging de Turiner Freunde derekt nix an. Ich also ab na n Zimmer mittem Waller – dem Ittacker n Äugsken zugeplinst.

Auf Steppe sein Appartmang: er n großen Härrn gemimt mit viel Geld, putzt sich raus un redet voll Stuß. Kuck ma hier, wattichne neue Kanone hab, hier in Baan-Baan gekauft, ganz schön dicken Kalliber. Un son Senf. Sexowell wa der ja echt gehemmt. Mußter sich ärß produziern. Wat soll sein: Fall für Anita. Hemmungen sachte wekkestreichelt, den Schwatten so kirre wie möchlich, dattat alles schön klappt mit sein klein Kanönchen un ich am Ende alles weiß über die Bilanzen, woll? «

Sie trank lachend einen Schluck. »Du hälzet ja nich für möchlich, aba wullacken mußt ich bei dem wie ne Krankenschwester, wieson Pflegekindchen. Et klappte ja auch, weiß onnich wie, schließlich und eineweegens, hasse ganz schön Last mit sone Prinzen. Daafß dich ja auf ga kein Fall wat märken lassen, sonnz is dä Pannas am Dampfen, musse tun alz wenner wer weiß wie wat bieten würd: ›So toll lang kannze dat, au, wei. Mann, Waller, o un ach‹, na, un den ganzen Zinnober. Gedenfalls, der haddet ja auch geschafft, nur: dann warer k.o. Nix mähr von dise Halbjahresrechnerei. Stickum Styrum umsteigen weck warer innem sibbten Himmel von seine tolle Leistung.

Ichätz da nich faul: mich aufe Socken gemacht, leise in dat Zimmer von den Chef aus Turin. Konnt ja sein, datär ehr mit wat rausrückt.

Heißa! wattä ein Tanz machte. Wie ich da zu ihm komm, meint, er wär den Casanova sein Jüngsten. Wenn där nur halb so viel Bohei hätt gemacht un Madonna mia mittat ganze Zoich vonne Schlager. Ich son bißken auf Voteidigung. Sollt mir doch libber ärß von nem Geschäft erzähln. Dat lecker Sümmken: der: nix capito. Tader wennichßens so. Schließlich meinter, wat ich an Gage haam wollte, für den Aamt. Scheiß doch dä Hund wat drauf. Habbichem lauter Vockswaagn un Märzedes aufen Papier gepinnt: da kamet endlich raus, dat süße Raibach-Sümmken über't vagangene halbe Jahr – «

»Wie hoch?«

»Gut sechshundert Mille.«

»Mark?«

»Türlich Maak, nix Dollar, biß wohl nichanz trocken!«

»Das war also der Umsatz?«

»Jedenfalls der, den er zugab. Un nur bar. Et gab ja noch die Gegengitschen von Turin rauf. Ham ja nich bloß Pinkepinke geblecht, varechnet wurden auch Naturalien, ja?«

»Gut, nun hattest du endlich alles raus – wie kam es dann zu Schwierigkeiten?«

»Bin ja berhoppt nonnich färtich. Den flotten Turiner wollt michanich gehn lassen. Aba ich mußtoch retour nachen Steppe, wär der was gewahr geworden, wärt zappenduster. Konntich aba den Autofreier nich kla machen. Hol dem einen runter und hab geschworn, so richtich mit zwei Fingerkes inne Höh: annern Morn käm ich widder. Irnswat mitte Sonne wußtich, o Solo mio oder son Stuß bis ich ihm ne Uhr aufgepinnt hab aufem Papier, ließer mich endlich ziehn.

Gätz, am annern Morn, ach du dicken Anton, dat Frühstück. Alles mit Personal un so und Unneform. Dat vogeß ich nich. Wir vonne Ruhr warn schon alle am Spachteln, typpisch Frühaufsteher. Da kam mein Operettenheini so clamheimlich von hinten im Salong, fängt mich am Knutschen, wo dä Schwatte direkt neeman Eier im Glas wa am mampfen – hätße sehn solln! Springter auf wie geistesgestört, Stuhl fliecht inne Geengt, stehn die da vornander rum ächt wie zwei Gockelhähne, n Augenblick dachtich, ich müßt losplatzen, aba dann hätten se aus mir Wirsingkohl gemacht oda Schwaazwälder Kiaschtoate –.

Die beiden Schwatten, ein schöner alzen annern, schnauzense sich an mit Hände un Caramba total, den Steppe kann ja italienisch, geht er ja immer, wenner sich vodünnesiern muß, als ›Travaglini‹ – jätz aba wurtat langsam dochefährlich, mit eima den Travaglini dat Messer inne Hand. Offen. Hasse ganichemärkt wie. Hau, machtän Ittacker 'n Geschrei. Singter sone Extra-Arie, fuchtelt mitti Aame, zeichter mit Schwurfingerkes auf mich, bis auf eima den Waller dat ze doof wird: packt er den Autotyp am Schlawittchen, drehtenem Kragen um, dattä ganz rot wird aufe Bäcksges, hältem dat schaafe Dingen vore Nase: dä Turini war am Quietschen und am Jauln –

– mittehm steht Hällo inne Tür! Ich weiß nich, ob er sich dat ganze Hickhack schon längere Zeit angekuckt hatte, gedenfalls, plötzlich gibter Steppe dat dran, läßt sein sonnigen Geschäftsfreund los und schmeißt so Kulleraugen auf den Hällo.

Der kommt ran, wußt genau, worum die sich inne Wolle hatten: um sein eigen Dittakind. Den Torrero aus Turini, kaum datter freie Bahn hatte, fängt widder Zirkus an, weiler meint, dä Hällo tätem helfen. Machter dem hinterm Rücken vonnem Steppe mitte Finger so, hier, dat klaa wa, den schwatten Waller un ich hätten gevögelt un ich wär doch in Wahheit Hällo seine Mieze un alles ganz unglaublich.

Wat jetz kam, kannich ga nich erzähln. Ächt Rabatz. Nich mähr feierlich. Kaum dat Hömmut aufmucken wollt, warn se alle übberm her. Ne falsche Bewegung gegenem Schwatten, schon wa't passiert. Watter sich da einmischte? Nu hatten se endlich ein, wo se sich widder alle einich waan, die Geschäftsfreunde. In Steele hatten wer auch immer sone kleine dösige Rote, die taten wer egal puffen un verarschen, wehrte sich schon ga nich mehr. Genau wie Hällo. Warn se happy, dat se ein hatten, wo se sich vertragen konnten gegen, unsere vonnem Freizeitclub mit die vonnem internationalen Kundnkreis.

Die ham den ganzen Vormittach an dem rumgezwiebelt. Aufe Fliesen hatten sen nackicht anne Tischbeine drangebunn. Wieso er sich aus internationale Sachen nich raushält. Die Ittacker sollten Werkzeuch holn, fürre Erziehung, kamen se mit Raskierkling, Bügeleisen, Schere, Nägel, Feuerzeuch, Kneifzange, alles wattän Waller Spaß machte. Er säpps innem dicken Sessel, rührt kein Finger. Un den am meisten prokelte und bohrte, wa den Öligen: konnzem kennlern. Dat häddich nichedacht. Immer feste rin innet Gekröse.

Iset mich ährlich schlecht geworn, konndich nimmähr mit anhörn dat Gewimmer ›Höddo auf!‹ in eine Tour. Wolldich weg, aba nee, ich sollt sitzen bleim. Wegen mir hattär Steppe dattoch alles insziniert, datter mir zeigen konnte, watten tollen Boß er war. Dat wa sein Ersatz fürt kleine Kanönken, ja?

›Bisse gätzen anständigen Mensch? Willze noch eima mein Geschäftsfreund beleidigen? Wat fälltich ein, mittat Dittakind hinter uns herspionieren? Wär is hier Chef? Sachätz wä Chef is! Wär vodirbt hier egal dat Geschäft?‹ Un Hällo unterm Tisch: ›Höddo auf! Au! Ja, nein, du bis dä Chef! Willtja nimmä widdo tun, aua, hilf mich doch, Ditta!‹ ›Du siehßja, Ditta is einverstanden, die hilft dich nich, son geistigen Kleingärtner wie du ein bis. Gätz krisse, wat du in Waaheit vadienz, un zwaa dat füre Dummheit, dat füre Frechheit, dat für deine dummdreiste Aat, jawoll, Dummheit gehört bestraft.‹ Un Hällo immer ›Au tu mir nix, tu mir nix, höddo auf!‹«

Sie warf eine Handvoll Wasserstrahl in den Raum und sprang auf. »Sisse, alz ich dat allens sah, wart gelaufen. Aus diesem Club, da musse raus. Habbicheschworn. Ohne Fingerkes inne Höh. Nee – dise Typen: konndich nich mit leem. Is doch abaatich, odda nich?

Habbichesehn, dattich na Haus kam. Duichen Hinterausgang, ab duiche Mitte, innet Hotel, Köfferken gepackt, Zahlemann un im Taxi nachem Bahnhof, ab un weck aus den Scheißkaff.«

Unterm grünen indirekten Brunnenlicht hatte sie fremdartig ausgesehen, verquält, verkrampft. »War ich ähr widder inne Haimat als die in ihre Blechgitschen. Ich stantepee nache Stahlstraße, Polikeit seine Papiere geschnappt un ab na Omma Wutke. Den Antek hatte micha die ganze Zeit geschriem, dat wär nix da anne Stolperecke, ich sollta weg. Er würd mich auch bestimmt na Bonn holn komm, bei de ärste Gelegenheit.

Ich also widder hinterm Tresen inne ›Zornige Ameise‹, da wa ärß ma Ruhe. Vorläufich. Wa ja heilfroh, dat ich bei die olle Schrulle noch ankam. Hättse ja auch auf stur schalten könn un sagen: ›So eine nemmich nich mehr.‹ Aba die mit ihrn schlimmet Bein, die wa froh, gabet auch neuet Leem inne Bude, wenn ich datta schmiß.«

Sie stand auf und hielt sich den Kopf. Dann ging sie mit einer hastigen Kehrtwendung zum Brunnen und schaltete die Tonaufzeichnungen aus. Wozu? Kam nun ein Geständnis, das sie nicht auf dem Band haben wollte?

Sie ging langsam um den Brunnen herum, rieb sich das Gesicht, rieb sich die Augen – bedrückten sie immer noch diese Erinnerungen an Baden-Baden? »– Ich brauch schnell wat zum Ablenken für mein Kopp.« Und dann schien sie ein Mittel gefunden zu haben. Sie steuerte auf den Vorhang zwischen den Säulen zu, hielt kurz davor an und erklärte ihm: »Jetz krisse se vorgeführt – Männer!«

Sie verschwand in dem, was Otto Vordenbäumen Guckkastentheater, Altar oder Vaginabühne genannt hatte. Hinterm Vorhang klapperte sie mit einer Schranktür, offenbar dort, wo sie ihre Spezialgeräte aufbewahrte, schlug die Tür wieder zu und, ja, sie kicherte. Dann bewegte sich der gewellte rote Stoff. Offenbar wurde auch der Vorhang präpariert, und dann tat er sich auseinander, aber nur um einen kleinen Spalt und nur in der oberen Hälfte. Die untere hielt zusammen. Darüber trat nun keine Anita Drögemöller in Erscheinung, sondern – Langensiepen hatte einen Moment Mühe, zu erkennen, um was es sich da handelte – zwei Gebilde nach Art von Puppenspielfiguren, die sie über ihre Unterarme gestülpt hatte, die miteinander Zwiesprache hielten.

Zwei riesige, zwei rosige menschliche Schwänze in ausgefahrenem Zustand. Übergroß und in täuschend ähnlicher Fleischfarbe, virtuos handhabte Anita die beweglichen Köpfe und ließ die Klöten klunkern.

»Häi! Doo! Ich bin der Größte!«

»Halt's Maul, der Größte bän äch!«

»Unverschämtheit – ich bin sexundzwanzmich Zäntimeter lang, der Längste in der Bundesrepublik!«

»Aaschgeige, kannzat dännich sähn, dat äch länger bän? Dreißmich Zäntimeter! Außerdem bän äch der Schwanz von deim Boß, musse wieso Fresse halten, wär mähr Kohle einsackt, der hatten Längeren, märk dich dat! Aus, Ponkt, basta, Zack und Schluß!«

Der Kürzere, der schüttelte sich vor Lachen, seine Klunker sprangen in der Elefantenhaut hin und her: »Ho ha ho ha ho! Dafür habe ich die längere Abschußliste!«

»Wattän, wie bitte?«

»Meine Kanone hat seit neunzehnhundertfünnefzich dreitausendsexhundertsexßich Abschüsse. Alles eins a einwandfrei Volltreffer mit beiderseitigem Orgassmus!«

»Anfänger! Seite Olömpiade 1936 habbich viertausendunddrei Nummern gerammelt, sölbstverstöndlich sämtlich mät voll befrädigendem Abschloß!«

»Verkalkter Knacker, dat sind doch pro Jahr bloß hundertfünnefzich Nümmerchen, du Kümmerchen. Ich aba gedes Jahr zweihundertachtundachtzich, das macht sich en bißken anders bis 1980!«

»Schlappschwanz.«

»Zimperling!«

»Greis!«

»Anfänger!«

»Sättenstrolch!«

»Würmchen!«

»Playboy!«

»Grönschnabel!«

»Wer hat se für dich denn aufgerissen, die Miezen?«

»Wattänn wattänn, ohne mich kein Raibach, kein Rummel, kein Schummel anne Ruhr!«

»Alle Räder stehen still, wenn mein Starker mal nich will.«

»Wenn er mal nich will? – weil er nich kann!«

»Hiermät bäste frästlos entlassen!«

Nach dieser Entscheidung des maßgebenden Organs fiel der Vorhang, Langensiepen applaudierte, die Drögemöller kam grinsend aus den wallenden Falten, rieb sich mit den beiden Prachtexemplaren zufrieden die Brüste. Hielt dann die rotglänzenden Puppen in die Höhe, triumphierend, als hätte sie die in siegreichen Nahkämpfen tatsächlich Kunden abgeschnitten. »Sintie nich knorke? Endlich kann ich se ma aufen Aam nehm!«

Langensiepen nickte, aber eher so, als müsse er Deckung suchen.

»Kannze de dollsten Dinger mit einem Finger. Beispielsweise, wennma en lahmen Stammkunde auft Kreuz gelecht muß werden, dann nimm ich mir gern diese Operettenköppe« – sie griff sich aus der Vorhangspalte neue Utensilien, textile diesmal, putzige Umhänge und

Hüte, und hatte im Handumdrehen aus ihren protzigen Längen zwei artige Männchen gebastelt –, »brauchße die Kerle nur en Mäntelchen umhängen, schon sehn se aus wie Aabeitgeber aus Krankfurt un Düsseldorf: brav un propper, keine Fliege Beinchen knicken, immer nur auf unser aller Wohl besorcht, nich? Damit mach ich so laue Kunden ärß man bißgen Späßgen vor, bis plötzlich Knall Fall Hüllen platzen un die Wahrheit is am Dampfen!« Mit einem winzigen Ruck oder Druck fielen die Bemäntelungen und verschwanden in der Tiefe der Vaginabühne, aufs neue begann der Schwanztanz: »Rat ma, von wem ich die hab!«

»Ich kenn ihn nur oberflächlich, deinen ›Kundenkreis‹.«

»Kennze genau. Der hier is fast geeden Tach inne Tagesschau.« Sie hielt den Entscheidenden hoch. »Von zwei oberste Frankfurter Bankjohnnys habbich die. Denen gehört doch, sacht dat Tömmchen, denen gehört doch praktisch die ganze Bundesrepublik.«

»Und wenn die dereinst« – sie hob die Gliederpuppen wieder in die Höhe –, »wenn diese Bankdragoner ma im Eima sind, dann iset zappenduster in Deutschland!«

Sie hielt sie in die Höhe, als habe sie in einer Boxveranstaltung die Siegerpose vorzuführen, dazu leckte sie sich mit der Zunge über die Lippen und Zähne, als wollte sie beide Organe auf der Stelle vernaschen.

»Hier den« – sie ließ den einen sinken und tippte mit ihm auf den anderen –, »hier den is vom Bankfurter Spitzenjohnny. Un den hier, ja – den is von seinen persönlichen Referent. Kam der doch eines schön Tages hier innen Ahornweech: ›Zum Prüfen‹, sachter. Wollter alles ärß ma ›prüfen‹. Der machte dat ausführlich. Waren gründlichen Junge.

›Huch!‹, habbichem gesacht wie man dat so üblicherweise ja fürre Kundschaft sacht, ›du has wirklich den Schönsten! Musse mir hierlassen, den Jubelpriester! issat Beste, wat je in mein Appartment reingekommen is. Ehße gehß, schnippelichen dir ab. Souvenir!‹ – ›Nee‹, sachtär, ›nix drin!‹ Den könnder noch gut gebrauchen, anderweitich.

Naja, wat soll sein. Seinen Chefjohnny kam denn ne Woche später dito bei Ditta innet Juchhu, ich hattat allens fast widdo vogessen, aba nach drei Tage, watta eintraf? n Päcksgen! Mit dise zwei Apparate. ›Zur Erinnerung an deinem Bankjohnny und seinem Vorkämpfer!‹«

Sie schwenkte ihre Siegestrophäen, murmelte von »Frankfurter Würstchen« und erging sich in komisch vergnügten Verwünschungen.

»Unwat is, wennat wech is vonnem Mann? Nix is. Aus is! …« Und deswegen wäre der ganze Jux in Wahrheit ein Jammer, des Herrgotts Arbeitgebertrick, was sie ihm schon einmal zu erläutern versucht habe. Die Hälfte der Menschheit bestünde aus Männern, »bestußte und beknackte«, weil Männer gehandicapt seien von ihrem »Trimm-dich-Prügel«, auch und gerade dann, wenn sie ganz andere Dinge trieben, Geld machen, Auto kaufen, Titel erwerben oder die längste Summe auf dem Bankkonto, es sei immer dasselbe, habe ihr Otto Vordenbäumen bestätigt. »Untär sachtie Wahheit!« Und diese Wahrheit sei traurig, denn wenn die Männer ihre Schwanztänze nicht austoben könnten, dann sei nichts mit ihnen anzufangen, unbrauchbar seien sie dann und langweilig. »Miesepriems.« Nur wenige Ausnahmen gebe es: »Polikeit teils, teils. Hauptlehrer Vordenbäumen ganz. Und auch so en gewissen Hauptkommessar zeicht wenigstens Ansätze. Aber sonst? Kuckse dich doch an: Steppe, wat war der ohne sein klein Motörken.« Kein Mann wolle Schlappschwanz sein. Um Gottes willen, nur das nicht – dies hier sei der heilige Schornstein, der unbedingt rauchen müsse und auf keinen Fall beleidigt werden dürfe. Sonst gäb's Terror.

»Aba dän größten Schiß hamse, wenn eines Tages ma –« – und nun steckte sie sich plötzlich den einen ihrer mit Manneskraft bewehrten Arme von hinten zwischen ihren Beinen nach vorn durch, so daß die stattliche Länge protzig von ihr abstarrte – bei Rudolf Langensiepen setzte für einen winzigen Moment die Atmung aus – »Sisse!« schrie Anita, die seine Schrecksekunde bemerkt hatte, »sisse, da hamwert! Exaktemang dat iset! Wenn eines Tages ma wir so anmarschiern täten, blieb euereim de Luft weg! Nur ja kein Zacken auße Krone! Un schon ga nich diesen Zacken hier!«

Sie zog den angemaßten Zacken wieder zurück und schlingerte an Langensiepen vorbei in die gediegene Sitz- und Eßecke und stülpte dort ihre beiden Trophäen über eine zweiarmige Wandlampe – die beiden kerzenförmigen Glühbirnen paßten problemlos in die Frankfurter Bankgeheimnisse. Sie schaltete die Lampe an und betrachtete die Stümpfe. Die glühten rot. Und dann sprach sie mit Inbrunst das

Wort, das ihre gesammelten Erfahrungen zweifellos präzisierte und richtig wiedergab: »Armleuchter.«

Langensiepen war aufgestanden und bewunderte mit unsicheren Gefühlen das Arrangement. Auch dies gehörte gewiß zu dem von Vordenbäumen prophezeiten Trauerspiel der Spitzenkräfte. »Denen gehört praktisch die ganze Bundesrepublik.« Der Kommissar zog sich zur Brunnenanlage zurück und versuchte, aus vorsichtiger Distanz, Anita Drögemöller wieder zu einer polizeilich ergiebigen Gesprächspartnerin zu machen. »Das ist sicher alles richtig«, sagte er. »Oder jedenfalls – ich meine, diese Bankbosse, der Bongartz und all das gehört durchaus zur Situation hier im Ahornweg. Und der nähern wir uns ja nun auch in unserem Interview, nicht wahr? Nachdem du also wieder in der ›Zornigen Ameise‹ warst –«

Sie schaltete das Licht in den Stümpfen aus. Offenbar war sie besorgt, sie könnten verglühen. Sie ließ sich in den Sessel darunter fallen und wirkte erschöpft. Langensiepen startete die Tonaufzeichnung. »Mussat schon widdo sein?«

Es mußte. Sie nahm sich einen Kognak und trank und kaute dann an dem leeren Glas und an dem, woran sie sich erinnern sollte. »Stolperecke wurd anne Seite gebaggert. Is heute Kraisvokehr. Berliner Platz. Saßen se gätz inne Marina-Bar. Modern, nich? Da wa nu den Öligen Könich. Ooom auf. Und kam von da im ›Aasch der Welt‹, so nannten se die knollige Omma ihre Pinte. Weile Geegend da ganz schön duichenanner is noch vonnem Kriech und Demontage, Ausbeutung un alles. Ja, Gott, Omma tat, als würd set nich gewah – Kimmi kam als ärste hatte die dat raus, wo ich steckte, kreuzte se regelmäßich auf, mußtse abladn, wat se ihr alles widder fürn Stress un Ärger gemacht hatten im Sägerott.«

»Wer kam noch?«

»Hällo. Ging mir schwer aufem Wecker, sollt widder retourkomm innem Neubau, hättense jetzen tollen Kunnkreis. Aba der Anita wa dä Appetit vogangen. Hömmut konntich nich riechen, nahmichen au nimmähr auft Zimmerken mit rauf da inne ›Ameise‹, nee.

Alle Freier würden sülzen nach mir, sachter. Wo denn dat knackich Ditta jätz wär. Kimmi allein wär ja nich jeden sein Geschmack. Nä, wart aus. Seitdeemer Fresse polliert krichte in Baan-Baan konntichen nimmähr voknusen, onnich im Bett. Mußtich dran denken wiesen genudelt hatten unterm Tisch im Salong.

Hauptsache: Kimmi kam regelmäßig, Klasse Weib. Wo de einesteils mit vonümftich kannz reedn. Un die eemt säpps en Gefühl hat fürre Juckbeere, is do wah! Dat weiß doch jeda: Semmeln musse waam un knackich genießen–«

Langensiepen zuckte bei solchen Ausbrüchen immer zusammen, wußte nicht, wie lange das anhalten würde und ob es sich lohnte, den Tonmitschnitt abzustellen.

In den »Arsch der Welt« sei aber auch der Ölige gekrochen gekommen, sagte sie, denn der wollte damals eine ganze Reihe neuer Betriebe aufmachen, hatte nun den Konsul an der Hand, Kapital spiele keine Rolle, habe er gesagt, nur flottes Personal, das sei's. Was der alles erzählt habe, wenn der Tag lang gewesen sei. Sein herziges Ditta-Kind müßte doch allmählich von der Wutke-Wirtschaft und vom Herlotzky die Nase voll haben, das wär doch kein Umgang für sie, sie sei nun mal eine Spitzenkraft, ein Zahn für bessere Kreise, bei der Figur und bei der Veranlagung. Strichgehen und kalte Beine in den Bauch stehen, ja weiß Gott, das sollte sie anderen überlassen. Sie bekäme ein Appartement ganz für sich allein, ohne Lude, da ginge alles nur telefonisch. Wie in einer Arztpraxis.

Von solchen Versprechungen habe sie lange nichts glauben mögen, habe erst mal Tatsachen sehen wollen, zum Beispiel Unterlagen über das Kapital, von dem er dauernd geredet hätte. Auf diese Weise habe sie dann erfahren, daß Rentelen mit Bongartz-Krediten arbeitete – der ganze schöne Freizeitkonzern gehörte praktisch dem großen Ruhrboß Friedrich. Keine Haare am Sack, aba im Puff drängeln.

Das sei damals nicht einfach für sie gewesen – einerseits das gemütliche Leben als Attraktion bei der Witwe Wutke, andererseits die goldenen Aussichten: nun solle sie doch endlich kommen, zehnmal so viele Eier könnte sie in der Viehofer Straße verdienen und danach in Bredeney, im Appartementhaus, sie sei wohl bekloppt hier in der langweiligen Beize am Ende der Welt. –

Auch der andere, der politische Pförtner, der schrieb ihr, sie möge nun nach Bonn kommen, er, Polikeit, habe eine Dreizimmerwohnung. Und schließlich bohrte auch noch Ampütte, der wollte, daß sie mit ihrer Posaune in die Casanova-Bar käme, dort zögen sie eine Klasse-Show ab mit einer Damenkapelle oben ohne –

»– dä Hällo hier, dä Ölige da, den Ämtern vorne, de Omma hinten un inne Briefe den Antek Polikeit – alle wolltense wat anners un ich säpps wußt ja onnich wie un wo. Bloß dat Kriminelle, da wolldich nix zu tun ham mit. Aba wat soll dich denn machen. Alle taten nu so, alz wenn ich se gehörn würd, wie son Eima. Nich? Wo se mit machen konnten, wie set grade wollten. Mal vollmachen. Ma gegentreten. Bisse weckeschmissen wirß.

Hällo, allzer eines Tages reinkam und den Öligen anne Theke hängen sah, wie der grade widder die Reklame machte fürn Zweichbetrieb vonne ›Salons international‹: n Hochhaus innem Süden, noch besser alzen Eros-Zenter, alles hygienisch, Bredeney un so. Freu ich michätz noch, dattär Wiecorek dem Hömmut dat gesteckt hatte heimlich: Boingte der Hällo dem Waldema ein rein, datter gleich vonnem Baahocker unterm nächßen Tisch segelte. Kamer ne Weile ga nich mehr aufe Gummibeine.

Un nu aba wa die Omma am Zetern, alze hörte, dattie Kerle da auf mich ihre Ansprüche erhoben. ›Die? Auße Gosse hab ich se gezogen! Laßt die Fottfinger von dat Mädel! Da is für Säger wie euch nix dran verlorn, raus hier! Dat issen anstänniget Lokal!‹ wase am Krakeeln, un dä Hömmut hauten Rentelens Waldema ›Hörßet ja säpps!‹ boing den Baahocker nomma vor de Wamme, datter gleich widdo unterm Tisch kegelte wo er grade hergekomm wa, ›dies is en anständiget Lokal!‹ – Hau, wa den Hällo in Faaht, Rache für die Turiner Nagelfleege. Meinter, jetz könntert widder riskiern un dat tät mich imponiern – nix da. ›Untat Anita is'n anständiget Mädel!‹ schrie die Omma.

Abba gegen den dösigen Hömmut seine Möbelpacker-Aame wa nix zu machen gegen, der schnappte sich dat Ditta, kneifter beide Hände in eine Faust rein, so, mitte annere schiebter die Omma an Seite und son angeschickerten Tresentyp, den Wiecorek, son Bärchmann, große Klappe un nix dahinter, den schmeißter innem Kleiderständer, dattat alles duiche Geegnd fliecht und raus iser: Zieht der mich die ganze Straße runter nache Haltestelle, gabet nix, gegen dem seine Kohlenschaufeln kamße nich an, habbicheschrien, waamir doch alles egal, ›Du Drecksau!‹, konnten se ruich alles hörn, er immer: ›Wer hattich denn außat Vögelheim rausgeholt?‹ ›Du Aaschgeige!‹ dattie in die Häuser im Fenster hingen un sich ammesierten über uns beide, ob die wohl beschickert sinn, ham die gewiehert. Inne Straßenbahn weiter im Text: ›Du wärs heut noch bei de Nönnekens Rüben am Rupfen ohne mich!‹

– bis annem Viehofer ging dat, wo se getz den scheußlichen Platz bauen, blieben de Leute widdo stehn, bis son Schuppo kam: Papiere! Zack, aus wa den Spaß, auffe Wache hamwer uns immer noch Meinunkegeicht wattat Zoich hielt, habbich geheult, se solln mich vor dem Kärl in Sicherheit bringen – kam ich widder auf freien Fuß, kaum dat se de Omma un den Wiecorek als Zeuge hatten rantellefoniert. Omma brachte Papiere mit, wa dä Fall klaa. Von wegen Freiheitsberaubung, Hausfriedensbruch – ich gleich widdo zurück mittie Wutke und den Wiecorek, runter nache Altenessener ›Ameise‹.«

Sie wollte noch weiterreden von der Freiheit, die »irnswo« auch sie sich »nich antasten« lassen wollte, aber ihr Telefon zerklingelte den Aufschwung ins Theoretische. Es meldete sich einer namens Krenzmann, ein Kunde, ein eiliger und potenter, wie seinem Wortschwall und seinem Keuchen zu entnehmen war, das über Lautsprecher den Fellsalon füllte. Er nannte die Dröge seine »Ruhr-Raffinerie«, bei der er sich unbedingt »auftanken« müsse, haha, so raffiniert nämlich wie sie, so frisch auf das Bett wie mit ihr ginge es in deutschen Landen nie, und er habe schon den Sekt im Kofferraum: »geladen und gespannt wie zehn nackte Neger«, natürlich meine er damit den Druck in den Flaschen, haha, er werde dieses Überschäumen aber nicht bloß symbolisch, sondern konkret an ihr exekutieren, also wann: sofort? gleich? später? Wie bitte? morgen erst? und auch da erst ab elf? wie er's denn bei der heiligen Ruhe an der Ruhr so lange mit voller Pulle aushalten solle, er, die Lokomotive Krenzmann, ob Anita denn vergessen hätte, wie er sie beim letzten Mal durchs Zimmer geschoben habe, er, Krenzmann Krawenzmann, werde dieser sentimentalen Konkurrenz-Gurke Haidenreich von der Schönen-Aussicht-Hütte eins vor den Latz knallen, auf jeden Fall und »Weih geschrien«: dann eben bis morgen abend um elf und »Aschka mit Anlauf und hundertachtzig Prozent!«

Kumpel, müde und krumm am Tresen aufgereiht wie Konfirmanden, nahmen stumpf-dumpf die Handlungen auf dem Bildschirm zur

Kenntnis, mit offenem Mund, schluckten die Oblate aus dem heiligen Kasten. Erst als politische Nachrichten angekündigt wurden, widmeten sie sich wieder ihren Gläsern. Wie war es nur möglich, fragte sich Langensiepen, daß in derselben Stadt in derselben Zeit, in der diese freizeitlichen Sportsfreunde hier unten schier nichts zu bewegen schien als der Gedanke, so wie es ist, so ist es, daß zur gleichen Zeit in den Vierteln mit den bissig lächelnden Autoschnauzen solche Gegenteile gedreht, geschoben, gehandelt und verändert wurden.

Zum Beispiel dieser Mister Hailey, der stumm in der Appartementtür gestanden hatte, nachdem er etwas Unverständliches in die Sprechanlage gesprochen, Anita ratlos die Augenbrauen hochgezogen und der Hauptkommissar entschlossen an Spinnrocken und Tropengrün vorbei über den Flur zur Haustür gegangen war.

Einen Mantel trug der Hailey an diesem schwülwarmen Frühlingsabend und sprach in der Tat nichts und hatte eine unverschämte Art, an Langensiepen uninteressiert vorbeizuschauen.

Dieser Hailey war gelangweilt an ihm vorbeigelatscht, den Flur entlang in den Salon, war dort stehengeblieben, hatte ein bißchen gekaut und war auch schon auf den Brunnen zugeschlappt, hatte dort kauend den Sehschlitz fixiert und kopfschüttelnd Langensiepen angesehen, er nahm ihn also doch noch zur Kenntnis, wie freundlich, und nun weiter, was würde der noch entdecken, das war ja fast wie Ostereiersuchen, die schöne Drögemöller schien der gar nicht zu bemerken, nur die technischen Anlagen interessierten den, beinahe hätte Langensiepen heiß oder kalt gerufen, aber der Kerl fand auch so fast alles, wenn er nur genügend an seinen Aufgaben gekaut hatte. Da schaltete er zum Beispiel in Anitas Schlafzimmer das Licht aus, zog aus seinem Mantel eine Stablampe und richtete den Strahl in die Ecken hinter den Lampen, und siehe, nun konnte auch Langensiepen sie zum ersten Mal erkennen, die Kameras. Allerhand praktische Erfahrung hatte dieser Hailey mit solchen Etablissements, wer weiß, wo der seinen Chef schon überwacht hatte, sicher in Bangkok, mindestens in Kopenhagen und in Monte Carlo und –

Nachdem Mister Hailey auch im Bad offenbar alles rechtens oder passend oder praktikabel gefunden hatte, bummelte der wieder zurück in die helle Wohnhalle, blickte mißtrauisch die Decken entlang und schaute dann zum deutschen Kollegen und wieder hinauf zur Decke. »I'll show you«, bot Rudolf dem Ami an, glücklich, die Haileyschen Gedankenbahnen erraten zu haben, hüpfte im Küchenschrank die enge Stahltreppe hinauf und zeigte oben nicht ohne Stolz, wie man durch Knopfdrücken und Schalterzüge unten alles überschauen konnte.

Nur machten die Monitore nicht mit, die gaben auch nach dem Warmlaufen kein Bild.

Ratlos fingerte Langensiepen zwischen den Knöpfen umher – da legte dieser US-Typ selber die Hand auf den violetten Schalter, sprach – und bei dem Ausspruch blieb's ja wohl während seines ganzen Besuchs –, sprach volltönend: »Please, switch on!«, wohl in der Annahme, Anita, das Nachkriegskind, beherrsche die Natosprache. Und richtig, Anita beherrschte, das US-Kommando wurde dort unten auf der Stelle verstanden und befolgt, dort unten gab es eine generelle Sperre, Anita löste die Sperre, und der violette Schalter erlaubte Oben-Unten-Kommandos.

Der Hailey hatte dann noch ein bißchen die Kameras geschwenkt und die Bettkanten ins Visier genommen und ihn, den Kollegen von der Ruhr, ernst angeblickt, nunmehr um einiges zu aufdringlich, hatte dann aber an sich, an seinem unnötigen Mantel heruntergeschaut und aus der Manteltasche eine Schallplatte geholt, eine kleine, eine Single, die hielt er ihm andeutungsweise entgegen. Für wen? Wozu? Für den Besuch des großen Chrysler?

Langensiepen nahm sie. Eine amerikanische Produktion war das, wer kannte sich da aus, aber bekannt kam ihm der Titel schon vor: »Pomp and circumstances« stand drauf, ›Pomp und Umstände‹? wo hatte er das gehört, und was sollte er hier damit? Aber da war der stumme Wächter schon im Flur, unterwegs nach draußen, der Deutsche mußte sich beeilen, ihn hinauszugeleiten. Nötig war das eigentlich nicht, denn der drehte sich nicht mal in der Haustür um, kein »Okay«, kein »See you later«, nur die Platte ließ er einem zurück: »Pomp and circumstances«.

Langensiepen wendete die an den Ecken zerdrückte Plattenhülle hin und her, stieg dann unsicheren Schritts die Wendeltreppe hinab. Unten fand er sie im Bad, unter der Dusche, offenbar von Gedanken an den kommenden Staatsbesuch erfüllt. Als sie ihn sah, schnappte sie sich ein gewaltiges Frotteetuch, hielt das wie eine Stierkampf-Capa und rannte im Sturmangriff auf ihn los, deckte ihn mit dem Tuch zu, umschlang ihn knurrend, winselnd, zog zum Schluß mit den Zähnen das Tuch von seinem Kopf und begann, tropfnaß, seinen Mund zu küssen, er ließ es sich schmecken, probierte mit wachsendem Appetit verschiedene Gänge durch und begann, sich für seine Sorglosigkeit gute Gründe zurechtzulegen – da war's vorbei, zu spät. Wieder überkam es ihn mit kalten Händen, aus den Hautporen schwitzte das Gewissen des Hauptkommissars. Sie kaute noch immer an seinen Lippen, saugte, schlürfte – »Wir müssen weitermachen – das Verhör – verstehst du – nachher ist außerdem eine Fernsehsendung – die ich – unbedingt sehen sollte–«

Sie schaute ihn an wie aus einer anderen Gegend der Welt. Dann bleckte sie die Zähne, machte Raubtierfauchen und raste über das Bett zu ihrem Schrank. Langensiepen verließ den Raum, ging zum Brunnen, startete das Tongerät.

Ins Wohnzimmer kam sie mit einem durchsichtigen, mit einem bodenlangen Hausgewand mit weiten Ärmeln, das vor dem hellen Abendfenster die Figur durchscheinen ließ und das beim Gehen wie ein Gebüsch aus Fähnchen und Wimpeln hinter ihr herflog. Sie gefiel ihm. Auch wie sie nun wieder erzählte, so breitkantig wie spitzmäulig, die Einfälle und Ausfälle unsortiert, so daß ihm auch das Bittere fast immer heiter erschien.

»Hat Herlotzky später noch mal versucht, dich mit Gewalt zurückzuholen?«

»Jau. Hatter«, sagte sie und wehte vor dem Terrassenfenster hin und her, »kam son netten Junge da inne Kneipe, Matthias Dorsch oder Hirsch oder wie der sich nannte, sah auch wohl anstännich aus, schickobello gekleidet, orntliche Haare, alles wat recht is, habbichedacht, mal wat anneres – ja, er wollt mir mal erläutern, wie Geld ze machen wär als Fottomodell, ich hätt die Superfigur, wär grad die, die er suchte, ich sollt mal in sein Wagen gleich mit für Probeaufnahmen –« – sie drapierte sich und ihr Gewand auf den weichen Fellhügeln.

»– eh ich dat kapiert hatte, wa ich mittemang inne Patsche: kein Fotto, nix. Ne miese Kellerbude un dän Hällo drin. Haut mich ein inne Fresse, mußt ich tun, wat se wollten, miese Krücken, ekelich, wo der doch so nett eintlich aussah ärst. Die Glatten und die Schicken, dat sind die Teufel.

Habbichemacht, dattich klein beigab, eh se mich ze Mus kloppen. Tat, als wenn ich widdo beim Hällo laufen würd. Abhaun wa nich drin. Mußtich se erß ma rübberlassen, wieset ham wollten, Drecksäcke.

Bis den Hällo michen annern Tach aufe Viehofer brachte. Anschaffen. – Ich die Eins genomm un nix wie weg, zurück nache kalte Heimat. Bei de Omma hintenrum innet Zimmerken. Am Morgn kam se rauf – wa ich halt krank, ne? Braucht ich der ga nix vormachen. Wa ich färtich. ›Die mach ich färtich‹, sacht die Omma, ›dat gibt ne Anzeige – laß dat den Polikeit machen!‹ Dammals wa ich des Aamts schon inne Casanova-Kapelle, bei Ämtern, bei Anton Ampütte.«

»Wußtest du, wo Stepunat wohnte?«

»Stellz aba auch Fragn. Der wohntoch immer woanners, eima soga n paa Tage bei de Omma Wutke innen Aasch, ich mein in dem vonne Welt, die Omma hatte sich nich getraut, den widda vorre Tür ze setzen. Dat warn drei Tage höchßens, am vierten morgens warer widder voduftet. Egal auf Achse. Steppe, der Ölige un Kutti, die drei, die ham die ganze Krimmenaletät da reingebracht innem Club, Ludärsche, verrammelte.«

»Und was passierte 68 – kam jetzt Polikeit?«

»68 solltat losgehn mittem orntlichen Leem. Antek Polikeit, der schrieb ja öfter, Fotto hattich auch vonnem – da hinten stecktet im Gedicht. Omma wa sauer aufem Briefverkehr wegen weilerja heimlich Kommenist wa. Un weiler't abgesehen hatte auf mich. Ohne mich müßt se de Bude zumachen.

Nu warnt ja schon sechs Jahre her, seiter Verlobung angesacht hatte. Seither diente er in Bonn als Förtner. Reden tatenwer wohl inne Kneipe noch manches liebe Mal vonnem. Un dann isser auch wahhaftich Frau Saftich aufgekreuzt wie son lieben Härrgott, dat wärdicha wohl nie vergessen dat Remmidemmi – erzähln?«

»Ja, ja –« War womöglich dieser Polikeit der Hällo-Erschläger?

»Ach du meinee. Erß wa't ne richtich bekloppte Schau, danne Beärdigung. Wa son Sonntach. Vommittach. An Tresen: Wiecorek, den

Angeber. Untän Ämmil, weiß ga nich, wie dä eintlich hieß mit Nachnam. Hattenset vonne Polletik, weißet nochenau.

Wiecorek, den Großmaul: Dat is bald Essich mit die da in Bonn, wenn se noch lange so rumguaken. Gehört doch alles die Banken. Un alle sone üblichen Kraftausdrücke gab der da zum besten. Lassän Quatsch, sachtie Omma, frät di vull un suup di dick un hol de Mul von Poletik. So sachte se.

Nein, dat geht allet inne Binsen, sachtä Wiecorek, gibbet nix, Ihr seid Zoige von wat ich gesacht hab. Die in Bonn: einma son sogenannten Politiker inne Finger kriegen un dann knack knack machen. Ganz lanksam: knack knack.«

Anita Drögemöller war aufgesprungen und machte mit beiden Händen Bewegungen, als würde sie Stöckchen in kleine Stücke zerbrechen, nun stieg sie sogar auf ihre Fellbühne, um besser demonstrieren zu können, was und wie Wiecorek geredet hatte über die Lügner in Bonn: »Wie se all die Milljohn Kredite vorschärbeln in Afrika datse sich goldne Betten un Panzer von kaufen, de Negers – all son Tinnef war der da am Reen un am Reen un dann immer widdo: Reinhaun inne Fresse würd er se.

Ich zum Wiecorek: Häbbät, wenn ein von die da oom hier runterkäm inne ›Zornige Ameise‹ – wer dann den Schwanz zuerst einzieht, dat wärßt du – sei minich böse.

Hadder ärß ma garnix mehr gesacht. Denn dat ich mir da n Kommenta erlaubt hatte inne Polletik, wa ja n Dingen.«

Sie kam wieder herunter von ihrem Podium, schenkte sich ein und kauerte sich als Flattergeist oder Meerjungfrau neben ihn vor das Brunnenpolster: »Nu wadat ja so: Grad an den Sonnentach wa son Minister echt auf Visite. Innem Ruhrgebiet. Entwicklung vonne notleidende Kohlenindustrie oder so. Hattense inne WAZ geschriem. Die Ameisen-Strategen: deswegen warnse mittie Schimpferei zegange. Wie dä Zufall so spielt: En glaichen Tach sollt mein Anton Polikeit seine Tante in Wattenscheid beärdigen helfen. Un dä Freund vonnem Anton da in Bonn, Egon, waren Fahrer innet Ministerium, wo dä Anton anne Forte Dienz schob, also bei dem Minister wo im Ruhrgebiet kajohlte von wegene Poletik – also is kompliziert – gedenfalls, den Freund Egon mußten leern Merzedes fürrem Minister na Bochum kutschen, zum Abholn. Na, schlauen Anton hautän Freund Egon an: Hömma, kannz mich domma mitnehm nach meine Tante seine Beärdigung. Tu dich auch schomma n Gefalln.

Un so kamet eem, dat mein Anton Polikeit innen dicken Ministerauto angefitscht kam. Unnerwegens hattär nu die knorke Idee: Er geht alz Minister. Gehter in seine olle Stammkneipe un machtie alten Kumpels färtich. Warer ja schon immer son Deubel früher gewesen, wattse alles vonnem erzählten, wie der de Bonzen auf Zeche voäppelt hätte bei Betriebsfeier, vor Ort, überall. Inswie hatte der ja mehr Bildung gelernt als mancheinen, warn heimlichen Schauspieler, dat Gedicht untere Posaune hattärja echt säpps hatter dat gedichtet. Wenn se alle so aufem Kiwiew wärn gewesen wie der, sachtense immer am Tresen, dann wär dat alles nichekomm mitte Entlassungen, Stillegen un all den Mord und Murks. Aufen Polikeit ließen se nix auf kommen, obzwar der Kommenist wa, insgeheim.

Jetz warnt also sechs Jahre vorbei gewesen untän Anton ganz schön fett geworn vonn vieln Fortendienz. Unnen Baat hatter ja nu auch. Un n schwatten Anzuch fürre Beärdigung – also konnter doch derekt ma als Minister gehen, wa? Datter de alten Kollegen außem Gemütlichkeitsvoain bißken inne Fanne haut. Die hatter schon immer aufem Kieker hatter die von wegene ›Gemütlichkeit‹. Nix wie Fußball hätten die im Kopp, sachter immer, Fußball, Schrebergarten, Taumzucht un Bierken. Färnsehn hatter noch vogessen, dammals.

Ach, wa datten Tach! Den Dösigen, nix hatter micheschriem, datter nu komm würd.

Warnse also anne Theke mitten am Meckan übere ganze Regierung. Den Ämmil: ›Mensch, Häbbät, die Dröge, die hat recht, wennet ärnz wird, wer als ärsten stiften geht, dat wärs du! Gloppße nich?‹ Ruppigen Häbbät Wiecorek abba, mit viel Getöse: ›Wenn dä Minister hier inne Kneipe kam? Ichen sofort ein inne Schnauze.‹ Warer da am Rumstreun. Hörichen noch: ›Ährenwort! Nix wie inne Schnauze!‹

Nur: mitteem – konnzet sehn: draußen: wat sahße da?« Anita sprang auf, als müsse sie sehen, was draußen war: »Booch doch den dicken schwaazen Merzedes aufem Gästepaakplatz. Richtich mitten Stander un Adler un schwaaz-rot-gold un alles. Extra-Nummer Nullnull un so. Standen se am Fenster, de Sportsfreunde: perplex! Un aus stiech – ja Chott, ich habbenja doch wohl gleich duichet Fensterken erkannt, dattat kein Minister war. Aba die Kumpels! die Omma! Hättße sehn solln. ›Wat sachße gätz! Omma, leech weiße Tischdecke auf! Minister will bei dich ein spachteln!‹ Untie Wutkesche: Issattänn auch wah?‹ ›Denn kuck doch säpps! Der kommt hier rein, in deine ›Ameise‹!‹

Stanter da vorre Türe, den fätten Anton inne schwatte Angströhre. Untie Omma inne Küche fing am Jammern: Ochottachottachott, issattänne Möchlichkeit! wat mach ich denn nu! kafäckelt se umme Tische. ›Anita, wo steckße denn?‹ ›Ja hier bin ich doch! Omma, nu mach dich männich inne Hose! ‹ ›Aba dä will hier spaisen! Siehßattänich? Nu steh ich da mit mein ungewaschnet Hemd.‹

Vonnen tollen Wiecorek mit ›Fresse poliern‹ un ›Polletik alles Kacke‹ un Lüge? – nix mehr wa davon zu hörn. So klein! Nicheloogn: soo klein.

Un mein alten Anton – Mann, ja – kamer also rein innem Gästeraum. Dat konnter ja, muß man ihm lassen: großem Herrn aufem Pakett legen, hatter ja genuch Vokehr mit als Betriebsrat watter gewesen wa.«

Anita inszenierte einen perfekten Einmarsch durch den Säuleneingang: »›Grüß Gott, meine Herren, lassen Sie sich mannich stören, nicht wah, bei Ihrem gemütlichen Frühschoppen, un schön guten Tach auch, Frau Wirtin‹ – un all son Zoichs. Se hätten ja wohl schon gehört, datter gätz mittie Bevölkerung vonnet notleidende Kohlenrevier – also – datter da Kontakt aufnehmen wollte diser Tage.

Hatten die den Schwanz wohl eingezogen? Von wegen: Politiker knack knack machen, fiel aus wegen Nebel, ja? Setzten die sichanz schön brav annem Tisch zu em hin inne hintere Ecke, wo se da die Pokale haam un dat Schild ›Drei Rosen Gemütlichkeitsverein‹, die Sportsfreunde mußt ich gedenen Bierken ranschaffen unnen Klaaren. Anton michen Äugsken zugeknipst – Mann do, dat ich nu nich auße Haut bin geplatzt –

Nahmer se aufem Aam wieset ham wollten. Wer vonne Bonner Polletik anfing? Anton! Anton säpps: Wiesose hier so stur innem Gemütlichkeitsvoain rumsäßen, wieso se denn kein Rabatz machten gegene Zustände dattie Bärchwerksdirektoren sichesund stießen währenddem die Kumpels stempeln gehn oder inne Großmetzgerei Hühnkes rupfen müßten oder bei Opel Schräubskes festdrehen oda untere Eisenbahnwagen penn, datt se sich dat alles gefallen ließen. Frühere Zeiten hätten se anne Ruhr ein aufen Putz gehaun, gekämpft hättense 1920 im März mit ne rote Armee – hau! nu aba den Ämmil wütend –«

»Also nicht Wiecorek?«

»Däddo nich! Vonnem Häbbät wa ärß ma lange nix ze sehn, nur Ämmil: Wer dattän verbockt hätte mittie ganze Krise, sollten doch ärß ma die in Bonn den Schlamassel inne Reihe bringen, ärß ze wenich Kohln, dann ze viel. ›Hattatä Staat vosaubeutelt oda wir?‹ bullerte den Ämmil. Aba Anton, ganz nett un sanft: zu was se denn immer den Staat alles machen ließen, die da oom hätten doch da gakein Inträsse für hier unten. Anne Basis wärt wichtig, dat wat rotieren würd un se sich nich voschaukeln ließen vonne lauen Betriebsräte auße SPD. Hörichen noch: ›Klassenkampf gehört nich am Tresen, der gehört auf Straße!‹

Nu endlich! macht auch klein Wiecorek die Klappe auf: ob se denn nich schon genuch Protest gegangen wärn seinerzeit mitten Maasch na Bonn. ›Kaffeekränzchen‹ sachtä Polikeit un ›kleinkarierten Kaninchenverein‹. Den einzigen, der wirklich wat sachte: den Ämmil! Nix gegen ze sagen, wie der dat abließ, ich habbet ja ganich allenz so mitgekricht, et meiste hat Antek mir später erzählt –

– mußt ja inne Küche Gehacktes un Petersilie fertich hacken: ›Hurtich, hurtich!‹ wa die Wutke am Schnabbeliern, ›ich sachet ja: imma fleißich, imma ährlich, kommtän bessern Kunnkreis von ganz vonnallein, nich rumstehn, nich träum, wat träumze denn so, Hände kannze noch lange genuch im Schoß legen, wennze erß ma bei unserm Herrn Jesus de Radieskes von unten kannz bekucken.‹ Dat waan so de Sprüche. Wie bei de Ehrentraut: ›Immern bißken emsich, kommze zu wat.‹ Wert gloppt, wird seelich.

Waja nix mähr ze retten an der Omma, aba an den Tach hattet michejuckt: ›Meinze etwa, den Minister kommt deinzweegn schnatzpleng hier inne Pinte am Aasch von Essen?‹«

»Wir müssen leider den Apparat anstellen«, unterbrach Langensiepen, zeigte auf das Fernsehgerät und stoppte die Tonaufzeichnung. »Erst mal die Nachrichten. Vielleicht sehen wir da unseren Gast von heute abend, den Herrn aus Amerika –«

Sie schaltete ein und wankte etwas benommen in die Küche. Er rief ihr nach: »Diesen Polikeit als Minister mußt du beim nächsten Mal zu Ende erzählen!« Sie reagierte nicht. Er sah auf seine Uhr, rechnete nach und rief: »Fast drei Stunden Aussagen heute. Das gibt Heu!«

Keine Antwort, Anita klapperte mit der Schranktür, mit der Spülmaschine, mit Tellern – da kippte auch Langensiepen sich einen Kognak in den Hals und schrie: »Du bist die dreckigste Sau, die mir je untergekommen ist!«

Nicht einmal dieses höchste Zeichen von Anerkennung kam an. Während er unsicher durch die Risse seiner sonst so geordneten Sprechweise starrte, war Anita gewiß noch immer bei Wiecorek und Wutke. Und bei ihrem Anton. Und beim heutigen Abendessen.

Der Bildschirm zeigte die Regionalschau für die Leute an Rhein und Ruhr, quallige Gesichter formulierten unverständliche Sätze. Dann tönte die ausgebildete Stimme eines unsichtbaren Sprechers verschachtelte Worte über Hochhäuser, Kläranlagen, Kraftwerke und Kreditaufnahmen und 53.000 Wohnungen unterhält das von Alfred Krupp gegründete Unternehmen bis heute verwandelten sich tausend Kohlenhalden zu Spazier- und Aussichtshügeln für den Feierabend an Emscher und Kanal. Im Bergbau stieg, das darf man nicht vergessen, der Anteil der Angestellten gegenüber dem der Arbeiter in den letzten zehn Jahren auf 65 Prozent eine Bombe von elf Tonnen Gewicht beim Bau der U-Bahn wahrscheinlich vom 11. März 1945 als die 1100jährige Stadt mit mehr als achttausend Sprengbomben diesen Kalibers beworfen wer heute im Ruhrgebiet eine Verwaltungsgrenze begradigen wolle müsse sich mit 21 Stellen juristisch herumschlagen die das Ruhrbild verzerrende Wildwestgängerei ist durchaus keine übertriebene Formulierung meines Kollegen aus Duisburg – »Krenzmann Krawenzmann!« schrie Anita, die in den Wohnraum zurückgekommen war und die Qualle auf dem Bildschirm anstrahlte – sondern diesen brutalen Halbweltmethoden Einhalt, rigoros Einhalt zu gebieten stehen wir in Westfalen in keinem Augenblick hintan – »hintan hintan« kicherte Anita, »anders krisse ja kein hoch als hintan hintan!« – in Bochum-Hiltrop fand man ein Stück Brot aus der Steinzeit, streichholzschachtelgroß, angebrannt und noch ein wenig porös bezeichnete es als skandalös, daß in den nördlichen Stadtteilen dreiviertel der Schüler eines Jahrgangs in Grund- und Sonderschulen gingen, während in der Südstadt dreiviertel Realschulen und Gymnasien besuchten und deshalb ist zum Abschluß dieses deutsch-spanischen Kulturabkommens zu sagen, daß unsere Ausstellung alter spanischer Meister hier in der Düsseldorfer Staatsgalerie erst ein erster Anfang ist – »Alfönzchen, mein Drecksack aus Batzelona«, polterte sie die neue Bildqualle an, »stinkße schon widdo?« und »Maasch ab untere Brause!«

Inzwischen hatte sie zwei Tabletts auf den niederen Tisch in der Sitzecke gestellt. Langensiepen benutzte die Pause, die zwischen dem regionalen Kulturschluß und dem Beginn der Hauptnachrichten von einem mitreißend exakt hüpfenden Sekundenzeiger gestaltet wurde, um sich hinter der angerichteten Abendmahlzeit ein gutes Blickfeld zu verschaffen.

Die Tagesschau bot gleich zu Beginn den amerikanischen Vizepräsidenten beim Abschreiten der Ehrenformation. Amerika, erklärte er dann, habe die moralische Verpflichtung übernommen, die Freiheit des Menschen nicht nur im eigenen Land, sondern auch bei seinen europäischen Freunden zu verteidigen, die USA stehen zu ihrem Wort, sie stünden überhaupt zu allen abendländischen Werten in Kultur und Sitte. Und der hohe, eindrucksvolle Mann legte die Hand auf sein Herz, und eine schöne, umständlich pompöse Musik begann, wurde aber plötzlich abgebrochen, denn vor einer weißen Villa legte er die Hand, die er eben noch auf seiner Brust liegen hatte, in die des deutschen Präsidenten und mußte sie lange und heftig schütteln. Anita kaute. Die Menschen strömten bei den ersten Erdstößen auf die Straße weswegen nur wenige Tote zu beklagen man schätzt aber die Opfer muß der Pilot die Orientierung verloren haben in zahlreichen Kundgebungen betonten zum Ersten Mai Vertreter von Regierung und keine Frage diese sozialliberale Koalition ist am Ende eine Partei der Mitte sind und waren seit eh wir und wenn heute diese sogenannte Christliche Union ebenfalls diesen Anspruch erhebt, in der Mitte zu stehen, dann ist das, schlicht gesagt, der Versuch, den mündigen Bürger in die Irre wenn sich das in Härtefällen künftig vermeiden läßt, werden wir alles in unseren Kräften Stehende die Zivilbevölkerung bereitet sich mit Sandsäcken auf die Raketenangriffe auch heute bombardierten US-Verbände Nachschubwege des Vietkong in der Bochumer Innenstadt erbeuteten am frühen Vormittag Mitglieder der Stepunat-Bande bei einem Banküberfall nach Angaben der Polizei den bislang größten in der Bundesrepublik geraubten Betrag von achthunderttausend Mark indem die Innenstadt vorübergehend für jeden Verkehr gesperrt die Geisel links auf dem Foto Hans Heimeshoff Abteilungsleiter der Dresdner Bank »ja das kann man wohl sagen, unsere Polizei nahm die Verfolgung per Hubschrauber auf, da wir nach den Erfahrungen von Dortmund sehen mußten, daß im dichten City-Verkehr eine Verfolgung mit Autos immer mit Unsicherheitsfaktoren« der Ruhr-Schnellweg heute um elf Uhr dreißig Richtung Essen das helle Fahrzeug ist dasjenige der Bankräuber in dem in diesem Moment auch Hans Heimeshoff noch sitzt aber nur etwa fünfzig Meter dahinter schon das erste Polizeifahrzeug in Essen-Kray biegt hier das Fahrzeug mit der Geisel von der Bundesstraße eins nach Süden dies ist auch der Punkt wo es der Gruppe gelingt die Autoverfolger abzuschütteln nicht jedoch den Hubschrauber in dem unser Kameramann das Entführerfahrzeug weiterhin beobachten kann an der Ruhr jedoch hinter Essen-Steele kommt es jetzt zu dem entscheidenden Schachzug der Geldräuber die auf einen Fußweg in den frischbelaubten Stadtwald einbiegen und auf diese Weise hier – in diesem Augenblick – der Überwachung entkommen »handelt es sich zweifellos um ortskundige Täterschaft« wenig später wird das Fahrzeug ein in Dortmund gestohlener weißer BMW im Ortsteil Heisingen gefunden von den Entführern und zunächst auch von der Geisel keine Spur Hans Heimeshoff ohne Verletzung –

»Booah, wa dat spannend? Klasse!« – die Wetteraussichten –

»Wie schaltet man um aufs Dritte Programm?«

»Dritten Knopp von oom – huch, ham die en Sumpfhuhn als Ansagerin!« – setzen wir unsere Sendefolge nun fort mit einer aus gegebenem Anlaß kurzfristig ins Programm gesetzten Diskussion zum Thema: »Sind unsere Städte noch sicher?« –

»Schau datte heimkommß!« – der in Ihren Zeitschriften ausgedruckte Beitrag »Heimatromane« wird am kommenden Donnerstag um 22 Uhr 50 nachgeholt für diese Verschiebung bitten wir um Ihr Verständnis sehen Sie nun aus Düsseldorf unsere Fernsehdiskussion unter Leitung von Herbert Möllnhoff.

»Gipsgurke mach dich weg!« Im Bild erschien jung und nervös, aber als gepflegte Erscheinung dekoriert, Herr Möllnhoff:

»Verehrte Zuschauer. Sind unsere Städte noch sicher? Diese Frage stellt sich nach den jüngsten Ereignissen und nach dem heutigen Großüberfall in Bochum, diese Frage stellen sich hierzulande immer mehr beunruhigte Bürger, und diese Frage werden die hier im Studio versammelten Teilnehmer unserer Gesprächsrunde zweifellos sehr verschieden beantworten. Um sie Ihnen kurz vorzustellen: von links: Konstantin Bergmann, leitender Kriminaldirektor aus Gelsenkirchen; neben ihm Sieglinde Nüttel von der weiblichen Kriminalpolizei in Essen« – »kenn ich, die is ga nich so doof« –, »zu meiner Rechten: Diplom-Ingenieur Ernst Kreitmeier, Vorsitzender eines Bürgerkomitees in Düsseldorf« – »Dumpfnudel!« –, »und schließlich Dr. Dieter ter Junk vom Innenministerium, gleichfalls in Düsseldorf.

Wie gesagt, die jüngsten Ereignisse in den Großstädten an Rhein und Ruhr berechtigen zu der besorgten Frage: ›Sind unsere Städte noch sicher?‹ und Sie, Herr Kreitmeier, sind als einer der ersten vom Wort zur Tat übergegangen, das heißt, Sie begnügen sich nicht, wie viele Bürger, mit verbalem Protest, sondern – ja bitte – ja – Sie haben ein Aktionskomitee, ein Bürgerkomitee gegründet hier in Düsseldorf? weshalb und wozu?«

Kreitmeier, ein gewichtiger Herr mit freundlichen Gesichtszügen, rückte ein wenig verlegen in dem unbequemen großen Studiosessel hin und her, räusperte sich und begann:

»Ja, unser Düsseldorfer Bürgerkomitee ›Saubere Straße‹ entstand aus der Einsicht heraus, daß die Vorfälle in jüngster Zeit es deutlich beweisen, daß nur noch Selbsthilfe weiterhilft, soll nicht ein unverantwortliches Verbrecherunwesen und ein wachsender sozialer Abschaum die Innenstädte unserer großen Ballungsräume zu einem dem Bürger unzumutbaren Bereich machen. In diesem Sinne halte ich die von Ihnen hier in dieser Runde gestellte Frage, ob unsere Städte noch sicher sind, für überholt, für längst beantwortet. Wichtiger wäre, hier einmal über den besten Weg zu reden, wie unsere Städte wieder sicher werden können – es ist doch ein untragbarer Zustand, daß es zum Beispiel alleinstehenden Frauen unmöglich geworden ist, sich bei Dunkelheit allein auf der Straße sehen zu lassen. Es sind ja nicht bloß die großen Banküberfälle, wie sie da eben in der Tagesschau dargestellt wurden, sondern insonderheit die zahllosen Fälle von kleineren und mittleren Einbrüchen und Überfällen und Sexualdelikten – diese Erscheinungen scheinen von den Polizeikräften allein nicht mehr bewältigt zu werden, allzugroß ist das Unmaß der Herumtreiber, der Arbeitsscheuen, das Zuhälter- und Dirnenunwesen.« – »Ausgerechnet mein Ernstchen, den Abschaum, den Herumtreiber!« rief die kauende Anita. – Mit der bewegenden Rede des Bürger-Aktivisten schien Herr Möllnhoff noch nicht zufrieden zu sein, er wollte es genauer wissen: »Wie sehen Ihre Aktionen im einzelnen aus?«

»Unsere Aktionen sehen wie folgt aus: Kleine Gruppen, drei höchstens« – »Ja, Gruppenaktion, möglichst mit Kimmi obendrein, dat hatter gerne, dat Färkel« – »selbstverständlich in Zivil, patrouillieren durch besonders einschlägige Viertel: Schlecht beleuchtete Straßen, Parkplätze, bekanntgewordene Bars und Beatschuppen, wir beobachten Leute, die sich an geparkten Autos zu schaffen machen, allein gehende Frauen« – »Jau! die beobachteter am liebsten« – »die Bahnhöfe, gewisse Häuser« – »Hahaha« – »das sind so im allgemeinen die Objekte, um die wir uns kümmern.«

Nun wollte Möllnhoff wissen, ob die Polizei in Herrn Kreitmeiers Aktivitäten eine erwünschte oder eine unerwünschte Art Konkurrenz sähe. Angesprochen hatte er mit seiner Frage Direktor Konstantin Bergmann: »Ich danke Ihnen, daß ich zu Wort komme – nach der ausführlichen Einlassung von Herrn Kreitmeier sieht es in der Tat so aus, als ob wir nicht mehr Herr der Lage wären. Solche Bürgerkomitees sind im großen und ganzen natürlich eine erwünschte Ergänzung. Jede Mithilfe der Bevölkerung stützt uns bei unseren schweren Aufgaben, kriminelle Elemente dingfest zu machen. Es ist allerdings auch nicht zu übersehen, was es bringt, wenn sogenannte Laienorganisationen sich in den Gang der öffentlichen Ordnungsmaßnahmen einschalten. Da ist dann ständig die Gefahr von Amtsanmaßung gegeben, Kompetenzüberschreitung, und nicht selten tritt bei diesen ungeübten Helfern eine Unverhältnismäßigkeit der angewandten Mittel deutlich an den Tag.«

Herbert Möllnhoff warf ein, Bergmann spiele nun wohl auf den Fall jenes jungen Mannes an, der von Mitgliedern des Düsseldorfer

Komitees krankenhausreif geprügelt wurde, weil man ihn für einen Homosexuellen hielt – »Zuhälter!« verbesserte Kreitmeier, »übrigens ist krankenhausreif leicht übertrieben, der Mann konnte nach ambulanter Behandlung wieder nach Hause.«

»Aber es war ein 17jähriger«, gab der Polizeidirektor zu bedenken, doch das konnte Kreitmeier nicht verwirren: »Zuhälter sind bei uns auch 16-, 17jährige« – »un im Puff gehen die 60-, 70jährigen Jesusse vonne saubere Straße«, fauchte Anita. – »Aber in diesem Fall«, murmelte Direktor Bergmann, »war das doch ein ganz harmloses Bürschchen, wenn er auch eine geringe Menge Hasch bei sich trug.«

»Na bitte!« freute sich Diplom-Ingenieur Kreitmeier. Direktor Bergmann aber verstand dieses »Na bitte!« sichtlich nicht und spann seinen früheren Faden weiter: »Solche Vorfälle von unbeaufsichtigter Gewalt liegen dann natürlich im Bereich des Möglichen, und deswegen betrachten wir von der Berufspolizei diese Mitwirkung nicht ausgebildeter Fachkräfte nur sozusagen mit gemischten Gefühlen.«

»Auch Sie, Doktor ter Junk?« fragte Möllnhoff geschickt überleitend den schönen Herrn, der noch nichts gesagt hatte. Der lächelte und war vom Innenministerium und sah alles ganz anders:

»Um darauf ganz spontan zu reagieren: Ich glaube, wir im Innenministerium sind sicherlich die letzten« – »Jau du bis där Hinterlätzte« –, »die eine Privatinitiative des Bürgers nicht gutheißen würden. Wenn auch die Mittel und Methoden im einzelnen einer strengen Abwägung bedürfen und hier zweifellos erst noch Erfahrungen gesammelt werden müssen« – »Sammel die mal, machet wie n Langen sein Siepen!« –, »so ist doch der Endzweck, wie er im Namen ›Saubere Straße‹ klar zum Ausdruck kommt, sicher unser aller gemeinsames Ziel, unser Ziel hier in Düsseldorf wie das der Bürger im Lande draußen.«

Nach dieser glasklaren Mitteilung aus dem Ministerium des Inneren meldete sich mit leicht angehobener Hand Frau Sieglinde Nüttel: »Darf ich einmal eine –« Herbert Möllnhoff reagierte erschrocken, aber er erlaubte es ihr: »Aber gewiß doch, bitte!« Und Frau Nüttel, eingeschüchtert und ungeübt, begann: »Darf ich einfach mal folgendes fragen, auf die Gefahr hin, daß Sie mich für naiv halten: ›Saubere Straße‹ oder auch ›Sichere Stadt‹ oder neuerdings ›Ruhe an der Ruhr‹ – macht man sich da nicht Illusionen, wenn man glaubt, Unsauberkeit, also alle Halbwelt, wenn man sie erst mal von der Straße vertrieben hat, dann hätte man sie überhaupt weggezaubert. Ich fürchte, irgendwo wird Kriminalität immer vorhanden sein, überall dort, wo Leben ist –«

»Verehrte Frau!« seierte Kreitmeier jovial in sie hinein. »Sehr nett, zauberhaft! Natürlich, Unterwelt ist zu allen Zeiten am Werk gewesen. Nur kann man doch nicht einfach mit ansehen, wie sich diese Typen heute ganz frei in der Öffentlichkeit bewegen! Vor jedem Bahnhof, auf offener Straße, wie sie Frauen anfallen, bei hellichtem Tag Autos knacken, Haschorgien ja wohl zum Partysport machen, Erpresserspielchen treiben, öffentliche Gebäude verschmieren und so weiter, das ist doch alles längst eine Art Gesellschaftsspiel geworden, nicht wahr, von Illustrierten verherrlicht, von gewissen Heften meine ich« – »hatte die Kimmie ne Last mitten Kreitmeier aus Dudeldu, mußtich immer runterkomm un helfen, brauchte ummdingt zwei zu seine ›Gesellschaftsspielchen‹« – »ich meine, Unterwelt, ja bitte, aber dann muß sie auch vom Staat so weit in den Griff genommen werden, daß sie sozusagen in der Versenkung bleibt, sich gar nicht erst nach oben traut« – »nheimlichen Sauladen ganz für ihm allein, dat hätter am liebsten!« – »lichtscheues Gesindel sagte man früher einmal, heute ist das ja noch nicht einmal mehr lichtscheu, sondern auf Titelbildern, in Filmen, in Fernsehsendungen vorneweg, nicht wahr, was ist das für ein Staat, frage ich Sie, bitte, nicht Sie, verehrte Frau, wie war Ihr Name?«

Aber Herr Möllnhoff wandte sich wieder an Herrn ter Junk vom Innenministerium, und der, ganz Minister, gab sein zweites Statement: »Ohne die Schilderung von der Halbwelt, die Sie geben, im mindesten abschwächen zu wollen, möchte ich doch, und da pflichte ich dem bei, was unsere junge Kollegin aus dem Ruhrgebiet wohl hat andeuten wollen, möchte auch ich zu bedenken geben, wie sehr radikale Maßnahmen, wie sehr Verbote auch ihren nachgewiesenermaßen gegenteiligen Effekt haben, mit statistischer Sicherheit haben werden« – »jau! sollnse doch Bumßen freigeem inne Paaks, Turnhallen un Hotels, dattie Betten krachen, gäbet kein Ärger mehr, kein Puff, keine Ludes untän krimmenellen Koks, tun tun set doch wieso!« – »denn in der Tat, ein gewisses Maß an, sagen wir ruhig, Unterwelt, gab es immer, es kommt letztlich darauf an, wieweit ich diese Unterwelt kenne, wieweit ich sie, und da denke ich an die Aufklärungsquote von 63 Prozent in unserem Lande, wieweit ich die Halbweltim Griff habe.«

»Das haben Sie eben nicht«, erregte sich Ernst Kreitmeier. Der Kriminaldirektor dagegen beschwichtigte, meinte es aber mit den Augen lustig, ja hinterhältig, wenn er sagte: »Darf ich den Gedanken von Doktor ter Junk ergänzen: Sollten wir nicht – beinahe hätte ich gesagt – dankbar sein, daß, um es einmal hart auszudrücken, unsere Straßen so schmutzig sind –« »Na, das ist aber doch«, wollte der Düsseldorfer Präsident explodieren, es gelang ihm aber nur halb, weil ihn die lachenden Augenwinkel von Konstantin Bergmann irritierten.

»Lassen Sie mich zu Ende führen: Könnte man nicht sogar erleichtert sein darüber, daß wir – jedenfalls in den meisten Revieren – unsere Pappenheimer kennen, daß es eben bestimmte Kneipen gibt, sogenannte Freizeitzentralen, Massagesalons, die in Wahrheit Eroshäuser sind, was meinen Sie denn, wo wir heute stünden in dem Fall, an den auch Sie jetzt sicher erinnern wollen, im Fall Stepunat und Co., da kennen wir doch jedes Mitglied ganz genau –«

»Auf dem Papier!« rief Kreitmeier.

»Auch in der Realität haben wir ständig Verbindung mit wichtigen Kontaktpersonen, obwohl ich hier in Sachen Stepunat keine Einzelheiten ausplaudern kann, das ist ein akutes, ein schwebendes Verfahren –« – »also Langen: Hör zu, ich bin deine wichtige Kontaktperson!«

Das ließ der Saubere-Straßen-Präsident nicht gelten: »Aber entlaufen sind sie Ihnen, diese sogenannten Mainzelmännchen! Und machen täglich neue Einbrüche, heute in Bochum, und lesen Sie denn die Zeitung nicht –?«

»Ungern lese ich die. Denn was dort alles auf das Konto Stepunat geschrieben wird, nein, Mainzelmännchen sind auch eine Modepuppe, so was macht Schule, da gibt es Nachahmungstaten und Ablenkungsmanöver, den Zwang der Serie, lesen Sie bitte nicht nur eine bestimmte Zeitung, Herr Kreitmeier, die ganze Sache liegt doch unendlich viel komplizierter, so, daß jeder einzelne von uns gerade in der Stepunat-Fahndung eigentlich zugleich Karatemann, Computermann, Psychologe, Techniker, Jurist, Mediziner, Kfz-Schlosser und was weiß ich nicht noch alles sein müßte – mit Prügelei macht man die Straße nicht sauber, macht man das Ruhrgebiet nicht ruhig, macht man sich's eher wohl zu einfach und erreicht das Gegenteil, nämlich Verdunkelung, totale Unterwelt.«

Daß ausgerechnet die »Aktion Saubere Straße« mitten in die Unterwelt führen sollte – mit diesem Resultat schien Herbert Möllnhoff unglücklich zu sein: »Ich finde das interessant, was Herr Bergmann sagt, und es sollte dem Bürger zu denken geben, worauf er sich einläßt, wenn er privates Heldentum in Aktionskomitees pflegt – die Folgen sind ihm wohl in den wenigsten Fällen bewußt.«

Herbert Möllnhoff wirkte verlegen, wohl auch, weil er sich als Diskussionsleiter nun in den Meinungsaustausch eingemischt hatte, aber das merkte niemand, auch nicht Ernst Kreitmeier, der war ohnehin zornig genug: Ihm sei die Tragweite seiner Aktionen sehr wohl bewußt, in ihren Ursachen wie in ihren Auswirkungen, und »privates Heldentum«, diesen Ausdruck müsse er als Unterstellung entschieden zurückweisen – »einmal hatter hinterher bei mich rumgelegen, der Held, kamer nich mehr aufe Beine: Kindchen! Anita-Kindchen, ich muß sterben!« – er lehne es ja in keiner Weise ab, als Bürger mit den polizeilichen Ermittlungen Hand in Hand zu gehen. Und dann holte er tief Luft zu einem ganz konkreten Argument: »Aber wenn wir hier immer wieder auf den Fall Stepunat abheben, bei dem ja nun die ganze Skala der Unterwelt mitspielt – wenn auch Sie ständig auf diesen Fall zu sprechen kommen, kann ich mir die folgende Anmerkung nicht ganz verkneifen: daß Sie zwischenzeitlich die ganze Bande hinter Schloß und Riegel hatten, obwohl der harte Kern Ihnen später glatt durchbrannte, das war ja wohl nicht der Erfolg Ihrer von mir durchaus respektierten, ach so komplizierten Ermittlungen. Das war ja wohl nicht mal ein glücklicher Zufall, soviel ich mich erinnere, sondern ein privater Anrufer, der Sie auf die richtige Spur gebracht hatte! Mit einer solchen Bürgeraktion, mit solcher Privatinitiative, müßten und sollten Sie denn doch wohl einverstanden sein« – Anita stieß einen spitzen Schrei aus – »Bürgeraktion? hat der gesacht?« – und schlug sich gleich danach auf den Mund. Weil sie hören wollte, was nun Frau Nüttel meinte? Aber die sagte nur:

»Darf ich dazu –«

Präsident Kreitmeier butterte auch jetzt die Sieglinde Nüttel unter: »Und gerade eben – Augenblick, verehrte Frau – gerade ein solcher einzelner Anrufer, der blitzschnell geschaltet, der gut beobachtet hat, müßte eigentlich Ehrenmitglied in unserem Bürgerkomitee werden« – wieder kreischte Anita auf – »wenn er nicht verständlicherweise anonym bleiben wollte, um sich vor Racheakten zu schützen, das aber sind jedenfalls die Initiativen, auf die wir hoffen, auf die wir in aller Gesetzlichkeit hinarbeiten –«

Endlich kam Sieglinde Nüttel zu Wort, die von allen verehrte. »Herr Kreitmeier, ohne Ihnen zu nahetreten zu wollen, aber ich glaube, mit diesem Ehrenmitglied würde Ihr Komitee nicht glücklich sein – es handelt sich mit fast hundertprozentiger Sicherheit um einen Anruf eben aus denselben Unterweltkreisen. Die Motive waren also nicht gar so edel, wie Sie hier unterstellen.«

Das meinte auch ihr Gelsenkirchener Kollege. Gerade dieser Anruf, soweit er über den letzten Stand der in Essen zentralisierten Ermittlungen informiert sei, gerade dieser Anruf scheine ihm nur wieder zu bestätigen, wie vielverzweigt, ja geradezu wissenschaftlich gründlich und manchmal für den Bürger unerträglich langfristig eine Polizeiaktion gegen eine solche Tätergruppe vorgehen müsse. Nur eine solche systematische Einkreisung habe seinerzeit diesen Anrufer bewegen können, in einem Moment, wo ihm der Boden zu heiß wurde, den eigenen Kopf sozusagen noch aus der Schlinge zu ziehen und seine Kollegen zu verpfeifen. Nur erst bei völliger Einkreisung gäbe es solche Überläufer. Nicht aber, wenn man hier oder dort mal rigoros zupacke, schärfer durchgreife oder bestrafe, womöglich auf offener Straße, wie es aus dem Programm des Kreitmeier-Komitees hervorgehe.

Präsident Kreitmeier rutschte unbehaglich in seinem Sessel herum und knurrte: »Sie haben, was die Theorie Ihres Vorgehens betrifft, sicher recht. Aber leider eben nur theoretisch. In der Praxis sieht es doch so aus, daß dieser Liberalismus einfach gar keinen Erfolg hat« – »Erfolch hatteder immer ärß, wenn wer ihm ne Lesbenshow vormachten ne ganzene liberale« – »Sie können doch gar nicht abstreiten, daß die Straßen heute unsicherer sind als früher, daß die Frauen, die alten Alleinstehenden, daß auch die Kinder fortwährend gefährdet und der Bürger – und darüber können Sie nicht einfach hinwegsehen und eine ganze Fraktion im Landtag sieht Gott sei Dank binnen kurzem nicht mehr darüber hinweg –, der Bürger verlangt seine Sicherheit zurück, will wieder unbesorgt durch seine Stadt gehen können, sein Auto auch nachts beruhigt draußen parken können und will wieder sein Geschäft in der Innenstadt so vorfinden, wie er es abends verlassen hat, nicht wahr?«

Darauf stieg Doktor ter Junk in gleicher Tonart ein: »Herr Kreitmeier, Sie dürfen versichert sein – und Sie erwähnten auch schon selber einzelne Herren und Fraktionen des Landtags –, daß diesem Bürgerwillen von uns Rechnung getragen wird, nicht zuletzt durch unsere bekannte Parallelaktion, also durch unsere Aktikon auf Landesebene parallel zu Ihrer Bürgerintiative –«

Er unterbrach sich, denn Möllnhof blickte vermittelnd zwischen ter Jonk, Kreitmeier und der Kamera hin und her: »Sie meinen – ich darf es vielleicht für diejenigen Zuschauer in Erinnerung rufen, die davon noch nicht gehört haben sollten – Sie meinen die Aktion ›Ruhe an der Ruhr‹« – und er gab dem Staatssekretär wiederum Gelegenheit zu verbrüdernden Worten, und Möllnhoff freute sich, weil der tapfere Einzelgänger Kreitmeier, der bislang seine Ansichten ganz allein vertreten zu müssen schien, nun Beistand gefunden hatte, weil nun die Diskussion rund wurde und ausgewogen.

Nachdem sie noch ein bißchen hin und her geplätschert hatten und auch Frau Nüttel noch mal drankam – sie durfte jetzt ein praktisches Beispiel aus der Arbeit der weiblichen Kriminalpolizei schildern, wie man verwahrloste Jugendliche erkennt und in Gewahrsam bringt und ›seelisch betreut‹ – sie wollte noch etwas ergänzen, aber dann drängte der nette Herr Möllnhoff zum Schlußwort hin:

»Darf ich zum Ende, da die Zeit drängt und diese Diskussion insgesamt, jedenfalls anfänglich, ein offenbar zu finsteres Bild von der Sicherheit in unserem Lande gemalt hat, darf ich zum Schluß dem anwesenden Beamten von der Polizei sozusagen das Schlußwort geben?«

»Ja.« Mit dieser Aufgabe hatte Konstantin Bergmann offensichtlich nicht gerechnet. Er sammelte sich nur langsam: »Ja. Wir sind froh, daß wir keine Zeiten mehr haben, in denen ein Mensch ohne richterlichen Erlaß und ohne Angaben von Gründen verhaftet werden konnte. Wir bejahen alle in vollem Umfang unseren freiheitlichen Rechtsstaat. Sie nannten das Liberalismus, Herr Kreitmeier, ja, ich pflichte Ihnen bei: Diese Freiheit bringt auch ihre Probleme mit sich. In einer Zeit, in der zum Beispiel das Meldewesen im Übernachtungsgewerbe wachsweich gehandhabt wird, in dieser Zeit mit Aussageverweigerungsrecht, mit Zeugnisverweigerungsrecht, mit weitgehender Einschränkung des Schußwaffengebrauchs, wo man also einen Fliehenden nicht mal mit einem gezielten Warnschuß zum Stehenbleiben veranlassen kann, in dieser Zeit mit akutem Personalmangel bei der Polizei, da kann man sich über wohlverstandene Privatinitiativen nur freuen. Allzuoft sehen Passanten untätig zu, wie Geld geraubt, wie Geiseln genommen, wie Menschen in ein Auto gezerrt, wie Häuser besetzt, wie Frauen belästigt werden – wir wären ja schon froh, wenn der Bürger sich wenigstens diese Typen dann genau ansehen würde, wir wären aber noch froher, wenn die private Hand uns auch bei der Abwehr helfen würde, aktiv allerdings nur in Notwehr, wohlverstanden.«

Nun strahlte der tüchtige und geschäftige Präsident Kreitmeier: »Na also, bitte, mehr wollen wir ja gar nicht!«, und Herbert Möllnhoff, froh über diese schöne Wendung ins Harmonische, faßte das Ergebnis der Diskussion in einem längeren unvollendeten Satz von esoterischer Schwerelosigkeit zusammen, worin er in mehrfachem Anlauf aus der Einigkeit im Befund die Einigkeit der Methoden ableiten wollte. Aber er brach dann doch ab und sagte: »Ich danke Ihnen, meine Herren!« und lächelte groß und gepflegt ins ausblendende Bild.

Langensiepen schaltete aus, stand auf und stellte sich vor die Drögemöller. Sie schaute keß, ja grinsend an ihm hinauf, als wüßte sie schon, was er fragen würde.

»Was weißt du über den anonymen Anruf?«

»Ich alz sauberen Bürger. Ehrenmitglied beim Kreitmeier!«

»Dann ist also die Stepunat-Bande deinetwegen geschnappt worden?«

»Psst! Nich so laut, Feind hört mit! – Ja, wolltich. Wollt se los sein. Kapierßattänn immer nonnich?«

»Und warum sagst du das jetzt erst? Nicht schon gestern, vorgestern?«

Sie drehte und räkelte sich langsam wieder vom Teppich auf den Sessel hinauf, glitt schlängelnd zu ihm hoch: »Weil ich – weil ich so dat Gefühl hab, inzwischen, dattu dat nich mehr inne nächßen Minute weitersachs. Anne Kollegen, anne Zeitungen. Ja? Überhaupt nix weitersachß, woll? Kapisko?« Und knallte ihm mit einem liebevollen »Lecker doof datte bis« ihre Lippen auf den Mund: »Jetz hattat Schätzgen Anitas Geständnis no nimma leider Gott sei Dank aufet Tonband!« und verschloß seinen zu weiteren Hauptkommissarsfragen drängenden Mund endgültig mit dem ihren, hatte ihn in der Hand gehabt, im Arm, um den Finger, im Schwitzkasten.

»Es folgt der Wetterbericht aus Frankfurt«, sagte die Tagesschau in der »Zornigen Ameise«. Hatte es von nun an zwischen Anita und ihm, dem Polizisten, das »Vertrauen« gegeben, das Vordenbäumen für unumgänglich hielt? Hatte sie sich mit ihrem Geständnis, dieser anonyme Anrufer gewesen zu sein, an die Polizei ausgeliefert, ohne deshalb schon unabhängig zu sein vom Rentelen-Clan?

Ob jetzt dort am Tresen auch an diesem Abend Wiecorek saß, der den Minister hatte fertigmachen wollen, wenn er durch diese Gegend des Reviers führe? Und der, als der Minister dann offenbar kam, brav mit ihm am Tisch saß und aß, an weiß gedeckter Wutke-Tafel? Arbeiter als Garnierung für leutseliges Ministerbild?

Der Großpolitiker auf Informationsreise bei der arbeitenden Bevölkerung, bei der von der Kohlenkrise gebeutelten Industrie. Langensiepen erinnerte sich noch. Das hatte es gegeben, als Realgroteske zwischen Kumpels und Kanzler. Erhard in der Grube. Keine Aussagen von oben, kein Protest von unten. Aktion Ruhe allüberall.

Eine Landesvaterfarce nach alter Vorbilder Sitte? Vordenbäumen hätte wohl auch diese Kanzler-Komödie als Trauerspiel einer Spitzenkraft bezeichnet. Vorm Chef immer geduckt, wie auch jetzt in der ›Ameise‹ vorm Nachrichtensprecher, vorm Köpcke-Köpfchen, vorm Altar über dem feuchten, ranzigen Tresen. Vor dem Herrgottswinkel.

Langensiepen schaute sich um. Welche Alternativen hatten diese Leute? Etwa die Ecke mit den drei Rosen? etwa der Geldautomat? Der war besetzt seit Stunden, von einem, der offenbar nur ausgezogen war, sich an diesem Kasten festzuhalten, der nur noch nach langen Pausen, im Stehschlaf, Groschen nachstecken konnte in den blankgewetzten Schlitz, langsam, verhängten Blicks, leise Aussprache pflegend mit seinem Spielpartner, dem er immer noch eins reingab. Und der willig rotierte und offenbar wußte, wer den kürzeren zog.

Die Stunde des großen Chrysler war zweifellos – kurz vor ihrem Ende – der Höhepunkt in Anitas – wie sagte es der Pfarrer heute morgen? – aus den Niederungen aufgestiegenem Leben. Und »Pomp und Umstände« waren nun weiß Gott zu treiben für einen solchen Gast, ganz abgesehen von den Maßnahmen für die Sicherheit und für die Geheimhaltung.

Anita zog zunächst einmal diese Platte aus der Hülle, und siehe, da fielen fünf Hundertdollarscheine auf die Erde, bankneu und washingtonfrisch, ein honoriges Honorar und so diskret überreicht. Sie gluckste vergnügt und legte die Platte auf: Festtagsstimmung verbreitete sich. Eine merkwürdig feierliche Musik, die so präsidial daherkam wie ein Empfang für die britische Königin.

Anita wußte von einem Kunden der Kimmeskamp, einem Offizier a. D., der brachte jedesmal die Stretta aus Verdis Troubadour mit, worin der Heldentenor die Flammen zum Himmel emporlodern sieht aus dem Haus, in dem seine Mutter lebt, aber bevor er sie zu retten eilt, hat er eben noch diese Stretta zu schmettern: »Oh! Meine Mutter! Du sollst nicht sterben!«, und immer genau auf dem abschließenden hohen C mußte es sein bei diesem Kunden, »sonst wars nix«, dann mußte Frau Kimmeskamp die Platte von neuem auflegen »un die Rubbelei ging von vorn los«: »Zum Kampfe! Zum Kampfe!« Dieser Opern- und Mutterfreund sei ein feiner, ein gebildeter Herr gewesen. Dem hätten sie dann aber Erschießungen nachgewiesen, in Rußland. Danach sei er nie mehr gekommen, um im Stretta-Rhythmus des Heldentenors zu bumßen. »O meine Mutter!«

Langensiepen mußte, bevor der Amerikaner kam, nicht nur die Musik anhören, sondern auch Anitas Frisur und Baby-Doll-Gewand begutachten, dies puppige Make-up, das sei das beste für Amerikaner, wußte sie. Amerikaner seien im Schnitt keineswegs so schweigsam wie dieser Hailey vorhin, dieser unmögliche. Jeder andere, zum Beispiel der persönliche Referent aus Frankfurt, jeder, der sie nur in ihrer hautengen Samthose oben ohne gesehen hätte, würde wenigstens mal richtig hingekuckt haben. Aber der?

War sie aufgeregt gewesen? Eine, die mit Männern aus Frankfurt wie aus Frintrop gegen Geld alles getrieben hatte, war aufgeregt?

Hatten Polikeit, Vordenbäumen oder Wittkamp ihr zu viel über die Bedeutung solcher Besucher erzählt? Zu viel, als daß sie auch diesmal einfach nur ihrem Talent hätte vertrauen können, scheinbar spontan zu wirken – so unwahrscheinlich, so täuschend echt –?

Jetzt ging sie zur Wandeuchte, schaltete die Glühkerzen ein, schaltete sie wieder aus und wieder ein und schien zu meditieren. Als gelte es, sich auf den Kommenden vorzubereiten, andächtig, wie vor einem Altar.

»Ihr Längsten, hoit kommt einen, der is der Allerlängste«, sagte sie leise. Und mit spitzen Fingern zog sie die Hauptdarsteller ihres Theaters vom glühenden Inhalt herunter. Die Illuminierung sank in ihnen hinab, ihre pralle Fülle erschlaffte. Sie warf sie hinter den Vorhang.

Dann brummte es draußen in der Dunkelheit, brummte dumpf bergan, surrte böse und knatterte und hielt an. Und dann – Stille – gongte das Haussignal. Langensiepen sprang durch die Küche und durch den Schrank nach oben, huschte im Kontrollraum merkwürdig staksig über den Flurteppich und warf sich auf die Tonschalter.

Aber nichts war zu hören: Wie ihre ersten Worte ausfielen an der Tür, amerikanisch, deutsch oder wie, die ersten Reaktionen – er drückte und zog an seinen sämtlichen Geräten, preßte die Augen fest ans Periskop und jawohl, da war er, der Tagesschau-Heldentenor mit der moralischen Verantwortung für unsere Freiheit, groß, einen ganzen Kopf größer als Anita, eine repräsentative Erscheinung.

»How nice!« donnerte er in die Halle – Langensiepen mußte den Ton wieder leiser drehen – und reichte, während er bedeutend umherblickte, seiner Dame Hut und Mantel. Aber Anita verstand wohl nicht recht oder wollte nicht, sie brachte seine Kleider jedenfalls nicht brav zur Garderobe, sondern warf Hut und Mantel in elegantem Schwung in die Fellandschaft.

»Oh! what are you doing, you crazy Dragoner?«

»Dragoner sachße für mich? Kannz ruich Anita sagen, wär mich fast lieber – oda sprichße nur auswärts?«

Der Gast wandelte um den Brunnen herum, alles friedlich betrachtend und gleichmäßig belächelnd. »Dat kann ja heiter wern, dat bißken Englisch wat ich speake – is auch total egal.«

Der stattliche Kunde hatte die Anlage umrundet und begrüßte nun die schon aufliegenden, die spielbereiten »Pomp and circumstances« wie ein launiges Geschenk des Zufalls. Dann blieb er dicht vor Frau Drögemöller stehen: »You are a pretty, handsome girl –« und begann eine längere Ansprache, die noch deutlich an seine Begrüßungsrede auf dem Flughafen in Köln-Wahn erinnerte.

Anita hörte sich seine Landemanöver eine Weile mit an und mochte wohl ebenfalls Tagesschau-Erinnerungen haben, denn als der hohe Herr sie nun väterlich beim Kinn fassen wollte – Langensiepen hatte diesen Griff scharf im Visier –, da drehte sie sich widerborstig ab: »Nä, Männeken, so nich! Mit mir nich, lieben Weißpresi –«

»O – what's the matter?«

»Du kannz mich viel erzähln.«

»What is: er-zählen?«

»Du Quadratarsch, willz mich vögeln? Nää. Willz ächt bumßen? und läßt inne selm Zeit in Wiitnam Pekinesen anne Seite schaffen? Nä, mit mir nich. Abmuakser. Auch nich, wennen Allerlängsten haß.«

»O come here, you crazy horse, say it again, what means: Muak-ser?«

»Kannz quaseln wie de willz, ich vasteh nur ›dramatize your eyes!‹«

Ob sie nun ein Spleen ritt oder ein Wittkampscher Monolog oder allzu viele alte Einflüsterungen ihres Verlobten, des alten Kämpfers aus der in den Untergrund gedrängten KP, sie ging konsequent rückwärts, er konsequent hinterher, im Brunnenkreis herum, Langensiepen brauchte nur nachzudrehen.

»Kannze haam, kannze alles haam: Muaksen! vorgestern hat hier noch einen inne Röhre gekuckt, dä is getz ga nich mähr richtich kla bei Besinnung, da staunze Bauklötze, sonny boy, brauchich nuren Öligen anrufen odern Ämtern, ehde dich vorkucks, bisse ab na Honolullu Hackepeter Hackepeter machen se aus dir – –«

»It makes me happy to hear ye talking, come on! You are a joky lovely girl, come on!«

»Nee, Weißpresi, kommt nich inne Tüte.«

Nun rannte sie ihm glatt davon, er, sportlich, vital, hinterdrein, mit Gelächter. Sie, mit Haken und Tricks, querbeet durchs Gelände, lief weg, ohne ihm eine wirkliche Chance zu lassen, mißachtete radikal ihre Aufgabe, die doch schon voraushonoriert war –

Dies hatte mit erotisierenden Scheingefechten nichts mehr zu tun, eine berufsfremde Idee beherrschte sie. Ob Langensiepen wollte oder nicht, nun mußte er glauben, daß diese Frau mit einem Politkämpfer verlobt und mit Politstrategen befreundet war.

Der hohe Landesherr aber lachte immer noch köstlich, weil er von ihrer Idee nichts ahnte, nahm alles noch als reizvolle deutsche Schamhaftigkeit und fand seine »little Lady« überaus »funny« und »lovely« und »crazy« und setzte, um seine Stimmung zu krönen und wieder zu Atem zu kommen und Anita vielleicht auf diese Weise kleinzukriegen, die aufgelegte Schallplatte in Gang, Edward Elgars »Pomp and circumstances«, weiß Gott, Pomp und Umstände waren hier am Werk, und nun wurden sie auch noch verherrlicht mit dieser prächtigen Hymne an die herrschenden Verhältnisse.

Anita beobachtete ihren Gast aus sicherer Entfernung. Und als er nun im gravitätischen Takt der Musik auf sie zuschritt, nahm sie kreischend abermals Reißaus und verschwand im Flur. Wo war sie jetzt hin? Wo war jetzt auch der »Weißpresi« – Langensiepens Periskop zeigte nur den leeren Flur –, war sie in die Küche geflohen, wollte sie sich zu Langensiepen hinaufretten? Er hörte nur von fern, also wohl doch aus der Küche, durch die pompöse Musik hindurch, einen lauthalsigen Dialog: Sie schimpfte, er lachte immer noch, sie brüllte –

– Langensiepen hüpfte verstört über den Flur in seine Küche, öffnete vorsichtig die begehbare Schranktür: Auch hier hörte er nun deutlich Amerikanisch und Ruhrdeutsch durcheinander, aber jetzt wandelte sich die Präsidententonart, das Lachen war ihm endlich vergangen, auch er schimpfte nun donnernd in ihr Gekreisch hinein – wie in aller Welt würde das enden? Wie sollte Langensiepen unter diesen Umständen seinen Sicherheitsauftrag erfüllen?

Aus dem »sweetheart« und dem »baby« war, und da hatte Herr Chrysler sicher nicht unrecht, eine »god-damned witch« geworden, an die der enttäuschte Kunde »shut up!« hinschrie, an die er »bloody!« und »shitty fucking« hinschepperte und allerhand volkstümlich Südstaatliches, akustisch kaum mehr von Anitas Emscherslang zu unterscheiden. Mußte Langensiepen jetzt nicht hinunter? Eingreifen und schlichten, bevor die US-Sicherheitsagenten draußen alles hörten und eindringen würden?

Mußte er jetzt womöglich Frieden stiften, damit morgen um Himmels und Minister Genschers willen zwei Milliarden für die Bundesrepublik nicht gefährdet waren? Oder aber waren diese Summen erst recht zum Teufel, wenn er jetzt und sehr plötzlich aus der Poggenpohl-Fassade trat?

Langennsiepen schwitzte und war verzweifelt. Bei all dem handelte es sich gewiß um eines nicht, um die vom Innenminister so nachdrücklich empfohlene »Diskretion und Delikatesse« bei der Behandlung dieses verehrlichen Staatsgastes Spiro Chrysler.

Nun mußte Anita Drögemöller endgültig durchgedreht sein: Aus dem Wendeltreppenschacht drang ein hilfeschreiendes »stop it!« herauf, wurde mehrfach wiederholt und scholl jedesmal hilfloser: »Stop it!« Und schließlich, als hinge der Vizepräsident bereits mit seinem bedeutenden Kopf im Bidet, drang ein scheußliches »Woaaauuu!« in die Hausmeisterwohnung hinauf –

– Langensiepen hatte den Fuß schon auf der Wendeltreppe, da entfernte sich unten im Galopp eine wüste Jagd aus der Küche, zurück in den Wohnbereich. Ein Stockwerk höher sprang auch Langensiepen in dieser Richtung davon, sprang an seine audiovisuelle Anlage, und mein Gott, was hatte er da gesehen, da sah er, daß unten Anita Drögemöller auf einem der fellgepolsterten Busenhügel stand, sich reckte, täuschend echt in der Pose der Freiheitsstatue, vollkommen nackt war sie nun und trug, in der Ruhr-Version, statt der Freiheitsfackel ein, ja, ein Glas hielt sie in der Hand, drohend hoch erhoben! – und ließ den Inhalt des Glases – herrje, was tat sie!

Als Langensiepen – mit zitternden Fingern – die Schärfe nachgestellt hatte, war deutlich auszumachen, warum der Präsident so erschütternd »stop it« gebrüllt hatte: Das Glas in ihrer Hand war ein Senfglas, und ihren so begehrenswerten Leib beschmierte sie. Und rief dazu, ohne daß der Adressat davon das mindeste verstehen mochte, mit stinkbombenschwingendem Enthusiasmus, nie werde er mit ihr bumßen, bevor er hier nicht feierlich schwöre, alles zu tun, damit, wie krähte sie? – »damit die Plattwalzerei in Wiitnam aus is un vorbei, kapisko? Stop dat bumm bumm! Kräck it out! verstandewu?«

Langensiepen drehte sein Rohr im Kreis und fand nun auch wieder den Präsidenten, erheblich derangiert, an den Brunnenrand gelehnt, hustend, nein, nicht hustend, würgend, sich erbrechend. Hilflos rutschte der Allerlängste am Brunnenrand hinunter, sackte in sich zusammen, das Gesicht in die Hände gestützt, ein hustender, halb entkleideter, ein wimmernder schwerer Mann, ohne Pomp, die prächtige Elgar-Platte hatte ausgespielt. Mitten im größten Appetit war er niedergestreckt worden von einem Geschmacksschock.

Nachdem sie den Mann am Boden hatte, kam sie nun heran, warf ihre Freiheitsflasche dorthin, wo sich die präsidiale Führungskraft ausgeleert hatte, hob das Fell und das Erbrochene auf, hielt das metamorphisierte Festessen des Düsseldorfer Industrieclubs dem Repräsentanten noch einmal unter die Nase und fragte ihn: »Wo soll ich nu hin damit?«

Als aber der Präsident hinter seinen Händen nicht hervorblicken wollte, trug sie das magensaure Stilleben hinaus auf die Terrasse, kam im selben sachlichen Schritt zurück, baute sich vor ihm auf und sprach: »Weißpresi! Nu seima vonümftich un hömmima ganz genau zu, datte klaa siehß un nich frierß: Wiitnam – ja? – stop it! Peace for Wiitnam!« »Ooaah« stöhnte der Kunde, der zum ersten Mal begriffen zu haben schien. »Schwör!« rief sie. Und als Ersatz für die fehlende englische Vokabel riß sie ihre eigene Hand als Schwurhand hoch: »Schwör! Sonz nix Pomp and zirkunstanzes avec Anita!«

Da ließ er langsam seine Hände vom Gesicht gleiten, sah sich die schwörende Mostrichgrazie an, grinste, hob ebenfalls eine Schwurhand und lallte: »You're looking fantastic, you fucking crazy witch!«

»Okay. Weißer Bomber hat geschworen. Nu kannze nich mehr zurück. Aam Scheißerchen, nu komm, nu bringtat Anita auch allens widder inne Reihe, datte dein ficking Späßges kriss.«

Während sie seitwärts aus dem Bildausschnitt verschwand, hielt Langensiepen sein U-Bootrohr weiter auf die sehr wichtige Person, die mit skeptischem Blick die Senfsirene verfolgte. Offenbar wollte sie unter die Dusche, wollte alles abspülen, den wirksamen Fernhalteschmier.

Der repräsentative Freier erhob sich langsam und wankte zum Brunnenrand: So groß kam sein Charakterkopf in den Bildausschnitt, daß Langensiepen seinen eigenen Kopf unwillkürlich zurückzog, aus Sorge, mit dem Herrn zusammenzustoßen, aber der beachtete ihn nicht, drehte ihm den Rücken zu, ließ sich auf die Brunnenbank fallen und nahm sich von dem Kognak. – Der Staatsbesuch schien nun doch noch seine vorgesehene Wendung zu nehmen.

Langensiepen brauchte Erfrischung. Eine Zigarette ausnahmsweise. Oder ebenfalls einen Kognak. Es blieb ihm aber nur, sich den Schweiß von der Stirn zu wischen und einen Augenblick im Liegesessel zurückzusinken.

Plötzlich hatte es dann diesen Posaunenstoß gegeben. Der amerikanische Stellvertreter war aufgesprungen vom Brunnen vor dem Barocktor, Langensiepen drehte sein Sehrohr auf die Petersdomsäulen und siehe, zwischen ihnen stand auf ihrem Bett als frischfrottiertes Posaunenengelchen die gewesene Damenkapellmeisterin und blies die Melodie aus Haileys Aufmunterungsplatte, blies sie mit der Inbrunst der Siegerin, eine Triumphmusik, zugleich aber, für ihren so penetrant behandelten Gast, eine versöhnliche Einladung.

Die dieser auch sofort nach alter Herren Sitte wahrnehmen wollte: Vor den Goldsäulen aus Hoexter stand er und wartete ungeduldig wie ein Knabe vor der Bescherung auf das Ende der Posaunennummer, dann wollte er zugreifen und den »German Dragoner« kassieren: »God almighty! what a handsome girl you are!« Aber Anita hatte noch eine Zugabe und rezitierte schmetternd, im Takt der Reime von Bein zu Bein hüpfend und wohl wissend, daß der Angeschmetterte das gar nicht verstand: »Vize aus den USA mit zentnerschwerer Prostata, wie hättzet dennjetz gerne? wie deine Jungs aus der Kaserne?«

Sie wartete die Antwort nicht ab, sprang zurück an die violette Wand, hängte das Instrument zurück, schräg, das Mundstück nach unten. Darunter schimmerte weiterhin Polikeits Gedicht »O Ruhr du!«. Und dann war sie weg, aus.

Das Licht weg. Schwarzgrau flirrten die Monitore. – Der Mann mit der Verantwortung hatte für Dunkelheit gesorgt.

»Wat fälltich ein! Sofort dat Licht an, kriss wat vor die Ohren!« Dann war das Licht wieder da, von Anita wieder angeschaltet. Aber »switch out!« schrie der Herr. Und »Wattänn? Warum denn?« johlte sie zurück, »zwitsch out? zwitsch an! daaf ich dein Schwänzken nich sehn, isset zu klein fürren Weißpresi? hasse lange Unterhosen? wärße nichä ärste!«

»I don't like it!« donnerte der Gast.

»Aber I like dat«, echote sie, »vor allem die Pollezei leidet dat, hinterher bin ichet widder gewesen, wennse dich als Leiche außem Spülbecken fischen!« Aber dann war's wieder aus. Kein Licht gab's. Nur noch »Huuch!« und »Krichichetja mittie Anx, pack mich bloß nich an, ochottachott, nu zieh dich doch erß ma richtich aus, Weißpresi, ich kuck dich auch bestimmt nix weg –«

Aus dem Dunkel rangen sich Geräusche und Gerede – wieder brauchte sie diese Kommentare, um sich über ihren Widerwillen hinwegzuhelfen? »Nu hammer ja ne unverbaubare Aussicht. Wir zwei beide«, räsonierte sie aus dem Grauschwarzen. Und »Huch, ja wat is? ei, da isser ja, ne richtige Rakete! willz donnich etwa zur Venus? ein ganz schönen Kaliber! Auch ohne Pompmusik. Au! doch wohl nich schon abschußbereit? Laß dir Zeit. Vastehße dat nich? Junge lot dik tid! Vielleicht kapierße westfälisch Platt besser. Weiß ga nich watte noch bipacken kannz. Wer nich erwischt wird, kommt onnich na Werden im Zuchthaus. Ha, nu bisse schon aufe Abschußrampe? Jesses immer dise eiligen Termine, hach du süße Senfgurke. Samiel hilf Scheißerchen –«

»Schei – ßer – chen?« wollte er wissen.

»Ja dat heißt – meinekken, wat heißt denn Scheißerchen – Härzchen – sweetheart«, übersetzte sie und prasselte weiteres Missinksch an ihn hin, bis sie schließlich zu zählen begann: »ten – neun – eight – won – der – ful – six – five – au – four – ah – three – weih! – two – one! – one!!«

»Yes, won!« ächzte er, »we 've admission! – – won – well, oh – «

»Wat sachße nu? Perfekten Abschuß?«

»You are the most terrible Dragoner I ever was fucking – well I've won – ›victory‹ – you know the word? ›Victory‹?«

»Viktor? Türlich, bis doch säpps son Ficktor, ganz schön Schubkraft hasse noch auf deine alten Tage. Nu komm man her, de Socken hatter noch an, Hemd, alles. Isdattänn die Möglichkeit? bißännonormal? oder is dat Lätzchen kugelsicher dattich de Gangsters nich die Bohnen mang de Rippen zischen – runter mittie Brocken!«

»I say: stop it!«

»What paßtir denn nu widder nich? wo willze denn hin auf eima? Sachen lieng doch da, musse schomma Licht ammachen, bekloppten

Senkrechtstarter, ehße dir hier de Gräten brichß, hinterher bin ichet widder im Schuld.«

»Shut up! «

Und dann war die repräsentative Erscheinung in ihre Hosen geschlüpft, hatte selber wieder die Beleuchtung eingeschaltet, hatte sich im Bad gewaschen und gekämmt und auf keine ihrer freundlichen Erkundigungen mehr reagiert, weder auf »sonny boy« noch gar auf eine kleine Traditionspflege mit »sweetheart Scheißerchen«, sondern der Staatsgast war forsch in die Felle geeilt zu Hut und Mantel.

Dort aber hatte der Sternkämpfer immerhin »Thank you« gesagt und hatte mit beiden Armen ihre Schenkel umfaßt und sie, um seine ungeschmälerte Vitalität zu demonstrieren, in die Höhe gestemmt und hatte sie von hoch oben in einen Kissenberg fallen gelassen, hatte Hut und Mantel ergriffen, seinen Hut nach Art von Freiheitsstatuen emporgeschwungen, hatte »Victory!« gebrüllt und »Won!« und war mit schrägem, fettem Lachen verschwunden.

Langensiepen hatte erst nur so dagelegen in seinem Feierabendstuhl. Geschafft! Aus dem Lautsprecher kam kein Getöse und Gestöhn mehr, keine Drohungen und keine Appelle. Sondern nur noch Plätschern und Brausen aus dem Baderaum. Süße Ruhe.

War er für einen Moment eingeschlafen? Er hatte jedenfalls nicht bemerkt, daß die Wassergeräusche ausgesetzt hatten. Nichts mehr. In den Lautsprechern Stille, auch auf den Monitoren niemand zu sehen.

Da war er hinuntergegangen. Auch in der Küche kein Mensch. Wohnhalle und Schlafraum leer, das Badezimmer noch warm, die Spiegel beschlagen, niemand, nirgends.

Aber die Terrassentür stand angelehnt. Er ging hinaus in die feuchtwarme Luft. Wartete eine Weile, bis er sich an die Dunkelheit gewöhnt hatte. Auch hier keiner? Der Himmel bedeckt. Nur vom See her die Kette der Doppellichter am Ufer entlang. Südtraum. Auf den Höhen die Villen und das Nobelrestaurant »Schwarze Lene«, im Buchenwald über der Ruhr. Er stieg auf den Blumenkasten, tastete nach der Leiter und kletterte hinab. Die kalte Feuchtigkeit auf den eisernen Sprossen.

Auch auf die untere Terrasse schien Licht aus den Breitwandfenstern. Er trat ein paar Schritte vor, so daß er in Frau Kimmeskamps

Wohnraum sehen konnte, in diese Palasthallen. Viel zu niedrig für den pompösen Grundriß. Im Schnitt wie oben, aber bei Frau M. K. gab's keine künstliche Mondlandschaft für weite Sprünge und weiche Landungen, sondern hier staute sich der Unrat aus den Möbelabteilungen der Einkaufspaläste – und mitten dazwischen ein breiter Diwan, eine Chaiselongue, üppig mit Decken verhängt.

Darauf hielten sie sich umschlungen, die Freundinnen, mit geschlossenen Augen, lächelnd – so entspannt lagen sie, daß er meinte, sie schliefen. Bis er dies Lächeln entdeckte und die gleichmäßig kreisenden Bewegungen, die Bewegungen ihrer Hände und Hüften. Langsame runde Bewegungen, ohne Starfighter-Gebrüll. Ein so inniges Einverständnis, daß er meinte, am Ende, beim Zurückgehen besonders leise auftreten zu müssen, um nicht zu stören.

Oben in seiner Küche holte er sich aus dem Kühlschrank noch die Milch und das Haferflockenmüesli nach Schweizer Rezept und machte sich eine Erfrischung. Dann hatte er sich auf das Kasernenfeldbett gelegt. Alle Tonträger waren auf gute Hörbarkeit eingestellt. Er hatte noch versucht, zu bestimmen, wo der Voyeur anfängt und wo er, Langensiepen, keiner war. Und war dann schneller und tiefer eingeschlafen, als es die Lage erlaubt hätte. Hatte zuletzt immer nochmal überlegt, ob es möglich sein könnte, daß eine dieser beiden Schönen, die sich dort unten mit den Beinen umarmt hatten, die einander, geduckt in die Schenkel, die Vagina küssten, kosten, leckten, den Kitzler, die »Jückbeere«, war es denkbar, daß eine von ihnen Herlotzkys Mörderin war? oder beide?

2. Mai 1970

Hätte Langensiepen so tief schlafen dürfen? Seit fast acht Stunden saß er jetzt in der Gastwirtschaft »Zur Zornigen Ameise« und näherte sich immer mehr einem Punkt, an dem seine Erinnerungen ins Stocken gerieten. Jedenfalls lief dieses Erinnern nicht mehr so wie am Anfang, im robusten Nacheinander. Je mehr er sich dem Ende näherte, fielen Schatten in seine ordentliche Chronologie.

Hätte er so tief schlafen dürfen? Acht Stunden saß er jetzt schon in dieser Kneipe. Die junge Frau da hinter dem Tresen. Diese Ähnlichkeit. Sie schaute ihn mißtrauisch an. Und da er glaubte, den Grund erraten zu haben, legte er zehn Mark hin »als Anzahlung«. Aber da sagte sie: »Zahlen Sie erst, wenn Sie gehen.«

Diese Ähnlichkeit. Obwohl die hier schwarzes Haar hatte. Gefärbt, ganz sicher gefärbt. Sie »trug« schwarzes Haar. Weil man es von ihr erwartete.

Was, so fragte er sich, was eigentlich tat die Drögemöller anderes, als was Männer von ihr erwarteten?

Es blieb da nicht viel. Hatte sich denn einer von diesen Männern für sie interessiert? Chrysler? Bongartz? Geisthöfel? Es ging doch so edel zu in dem Puff. »Kultiviert«, wie Herr Bongartz gesagt hatte. Mit Bad und Speisen und Musik und Blick über die Ruhr.

Krenzmann, der am letzten Tag gekommen war, machte Anita zur Göttin seines westfälischen Saft- und Kraftkults. Der »Weißpresi« hatte sie offenbar als Nymphe konsumiert und zweifellos den Namen Drögemöller als ›Dragoner‹ verstanden. Friedrich Bongartz benutzte sie als Erinnerung an seine Berliner-Gören-Zeit. Haidenreich –

Aber er? Langensiepen?

Hatte denn er sich auf sie eingelassen? bei den stundenlangen Tonbandgesprächen?

»Wenigstens Ansätze« hatte Anita anerkannt. Für Augenblicke war es ihr ja wohl auch gelungen, ihn aufzuknacken, ihn, den »Beamten«. Aber es blieb leider zu wenig Zeit zum Wirklich-Kennenlernen, nicht wahr? Anderthalb, höchstens zwei Tage waren es noch gewesen, nachdem er sich vom Langensiepen zum »Langen« hatte aufklappen lassen.

Aber auch dann hatte er sich wieder zurückgezogen, in seine Rolle als Ermittlungsbeamter, er, der kleine, einwandfreie, ängstliche Langensiepen.

Würde er denn, woran er sich hier zwischen Flipperkasten und spekkigem Windfang erinnerte, würde er davon Herta erzählen? Würde er ihr sagen, daß diese »Dröge« sich an ihn geklammert hatte? So wie früher an Polikeit, danach an Vordenbäumen. Vielleicht auch mal an diesen Wittkamp. Immer auf der Suche nach einem, der sie mal nicht benutzte, als Pissoir mit eingebauter Frohnatur, als Gemütsathletin.

Den gesamten »Club« hatte sie verpfiffen. Sie war isoliert. »Keine Presse.« Systematisch abgeschirmt. Da war zum Schluß allein er gewesen, Langensiepen. Auf ihn wäre es angekommen.

Er konnte seine Gedanken nicht mehr wegdenken, das fiel nun alles so über ihn her. Diese hellwachen Momente kurz vor der großen Müdigkeit.

Wie hatte er denn ihre Annäherungen, all ihre frechen oder versteckten oder schnoddrigen Provokationen beantwortet? Er hatte darin Attacken auf seine Sicherheit, auf den Erfolg seiner Ermittlungen gesehen. Dabei hätten diese Versuche, ihn aufzubrechen, sogar seine Ermittlungen weiterbringen können. Was würde sie erst ausgepackt haben, wenn er mit seiner Befragung noch bis zur Gegenwart gekommen wäre, zur Gegenwart der Mainzelmänner und der Spitzenkräfte.

Aber diese Gegenwart hatte sich ja abgespielt im Stockwerk unter ihm, auf den Monitoren, auf der Guckkastenbühne, im Voyeurschlitz, vor dem er sich so fürchtete und der ihn immer wieder in Schweiß trieb. Weil er sie zeigte, diese Männer-Gegenwart – und mitten in dieser einsatzfrohen, selbstherrlichen Gegenwart waren zwei Ängstliche gewesen. Und die, obwohl aufeinander angewiesen, hatten aneinander vorbeigeredet?

Anita hatte es ja versucht, hatte es ja momentweise geschafft, hatte zwar beängstigend oft zum Kognak gegriffen so wie er hier zum Bier, hatte es aber wenigstens versucht mit all ihren Ausfällen über die Männer im einzelnen und im allgemeinen und über diese »Hundsfotze« Herrgott mit dem Arbeitgebertrick –

Er, Langensiepen, war es, der sie an sich hatte vorbeireden lassen. Bis es zu spät war. Er, der mickrige, aufs Protokoll starrende Langensiepen, der zu lange gebraucht hatte, um –

Er stieß auf. Geschmack von Salat und Biersäure.

Wie sollte er denn jetzt zurück zu Herta. Reden müßte er dann. Nun wenigstens mit ihr.

Aber zum Donner, wie hätte er denn ahnen sollen, daß nur noch so wenig Zeit blieb mit dieser Frau dort im überheizten Lebekäfig, ausstaffiert mit den molligen Wunschvorstellungen der Leithammel.

Hätte er erkennen müssen, daß sie umstellt war von diesen niederwalzenden, zupackenden, Chancen wahrnehmenden Leistungsträgern? Daß also ihre Angst Grund hatte, bodenlosen Grund? Traditionsreichen, lang gepflegten Grund?

Er trank sein Glas leer. Und wußte nun, daß ihr »Schiß« Angst war vor der Dynamik um sie her, vor dieser kaputten Vitalität im Kult der Erfolgsschwänze.

Er schüttelte sich. Stöhnte leise, merkte, daß er noch mehr aufstoßen würde. Es tröstete wenig, zu wissen, daß diese vier Tage auch jeden seiner Kollegen überfordert hätten.

Daß Männer überhaupt, in ihrer bumßfidelen Getriebenheit, unfähig waren, sich auf Menschen einzulassen – unmöglich – im System der Männer –

Zerknautschter Ameisenbär in seiner hinteren dunklen Ecke.

Wann endlich würde er, wenn wieder einer neben ihm stand und Hilfe brauchte, wann endlich würde er ihm beistehen und dazu alteingefahrene Gewohnheiten einfach unterbrechen.

Der junge, verlegene Pfarrer. Die junge, an den Sex genagelte Anita. Alle hatten ihre Ängste. Leiden, Verstörungen. Nicht allein er, der kleine Rudolf. Nicht bloß immer er.

Er fühlte sich elend.

Weil alles zu spät war? Für diese Frau allerdings. Warum mußte er sich in eine dunkle, miefige Pinte zurückziehen, wenn ihm elend war? Warum konnte er nur hier, im Versteck, schwach sein? Warum mußte er draußen, in der Ruhr-Gegenwart, funktionieren, stark sein, clever – schon diese beiden Großsprecher dort an der Theke, wie die sich stark machten, sich aufbauten, mutig redeten – warum mußten alle so zweifellos produktiv sein im Beruf, an der Theke, im Bett? Und wer da nicht erfolgreich war und das zugab, wäre erledigt?

Warum.

Neben ihm, hinter der faltbaren Schiebewand, die Sänger vom Gemütlichkeitsverein Drei Rosen – diese Quietsch-Tenöre. – »Ich sehe nur, wie sich die Menschen plagen«. Das hatte er sich mal gemerkt, er wußte nicht mehr, aus welchem Text. Sein Lehrer hatte viele Sprüche für bedeutend gehalten, nur diesen nicht. Langensiepen wußte anfangs kaum, warum er sich das gemerkt hatte.

Manchmal, wenn er Menschen genau beobachtete, fiel's ihm wieder ein. »Heimat! Ewig süße Heimat!« sangen die Tenöre. Endlich – jetzt, wo das in den einzelnen Stimmlagen geübt wurde, zuerst mit den Tenören, hell und fast quietschend, und dann in den tieferen Lagen, endlich kam Langensiepen hinter den Text: »Ewig süße Heimat.« Nach den Ermahnungen des Chorleiters zu urteilen eine ungewöhnlich schwierige und wichtige Phrase für den Gemütlichkeitsverein. Die wollte geübt sein, ständig von neuem. Der Dirigent hatte immer noch etwas auszusetzen, obwohl Langensiepen keine Unterschiede mehr zwischen den einzelnen Versuchen feststellen konnte und längst glaubte, schöner brächten die es kaum je hin, die Männer da hinter der schwarzen faltbaren Schiebewand.

Männer? Diese Tenöre weinten und fistelten wie Kinder. Klang ihr Gewinsel nicht wie Wimmern nach der verlorenen Mutterbrust? »Ewig süß«?

»Muttelchen« rief sein Vater immer die Frau, die nicht seine Mutter, sondern seine Ehefrau war.

Hatten diese Gemütlichkeitstenöre ihre »Muttelchen« als lebenslange Irrtümer heute abend hinterm Fernsehkasten sitzenlassen? nur um hinter dieser schwarzen Wand ungestört nach den leiblichen Muttis schreien zu können? um ungestört kindisch zu sein?

Die Marion Kimmeskamp hätte sie gepudert und gewickelt. Aber das wäre denen peinlich gewesen. Lieber ein Lied.

Ja, die Kunst.

Öfter solche Biertage einlegen, da kam man auf Gedanken.

Wie lähmend dagegen diese Fernsehnachrichten. Aus dem Kneipenwinkel dröhnten die wichtigen unverständlichen Sätze.

Dann lieber noch die ewig süße Heimatzeitung, diese WAZ vor ihm auf dem Tisch, dieses kleinteilige, dieses krumm-karierte Unikum. Zugleich kleinstes und größtes unter den deutschen Blättern. Stückweise, kreuzweise und verquer gebastelt, als sollte dies schiefe Umbruchmosaik das Labyrinth der Ruhrstädte spiegeln.

So hatte sie am anderen Morgen im Postkasten gelegen, die WAZ neben der FAZ. Dazu ein Zettel von der Fahrbereitschaft, daß sein Düsseldorfer Coupé mit Funkausstattung vor dem Ahornweg 6 bereitstehe und daß der Dienst-VW im unteren Ahornweg gefunden und rücküberführt worden sei – gefunkt hatte es, da sah man mal, wie schnell so was möglich war, und warum?

Die Antwort lag gleichfalls im Kasten. Als Drucksache des Innenministeriums des Landes Nordrhein-Westfalen: das Merkblatt zur Sonderaktion »Ruhe an der Ruhr« mit allen »Ausführungsbestimmungen zwecks Verwendung der Landessondermittel«.

Er las das Blatt beim Morgenkaffee durch, nahm es dann mit den Zeitungen hinüber in den Überwachungsraum. Denn er hatte von unten Geräusche gehört.

»Nixda, muß schomma n bißken Beine bewegen, bis elf hasse dat sauber, ich krich auch nur Penunsen, wenn ich Beine bewech, bißken flott, nee, Tante Djordschi, dazu nehm wirn nassen Lappen, kuck hier die Flecken annem Brunnenrand: Hat gestern aamt einer seine Fottfinger abgeschmiert, als dem de Gummibeine wackelten, son Oberpräsedent, bilden sich alle ein hättenet nich nötich Footen waschen wenn se nache Anita anfassen komm Junge wa dä kaputt waat ma, gätz kommtie schöne Stelle dreh ma lauter –«

– und, als sänge sie selber, tönte es keß und fidel: »'s mag freilich nicht so übel sein, zu wohnen auf nem schönen Schloß, zu sagen: Feld und Wald sind mein und mir gehört der Diener Troß.«

»Gut nich?« Sie stellte die Musik wieder leise. »Tuß bißken mehr vonnet Zoich im Eima, un dann en bißken wacker wacker flott flott sachich.«

Auch Langensiepen drehte den Ton leiser und widmete sich der WAZ. Da seit vorgestern Staatsanwalt Klein und seit gestern Grevenbroich nicht mehr angerufen hatten, war anzunehmen, daß kein

Artikel mehr über das Dirnenunwesen »im Essener Süden« erschienen war. In der Tat, Stepunats Bankraub beherrschte die Seiten eins und drei. »Bochum ist baff«. Bis Redaktionsschluß waren weder Spuren von den Gangstern noch vom Geld gefunden worden. Da gab's ein Foto vom aufgebrochenen Tresor mit einem Mainzelmännchen darin, aber auf das Fluchtziel Bredeney nicht einmal eine Andeutung. Er nahm sich vor, über seine Beobachtungen, über den Tibulski in den Rentelen-Appartements bei der nächsten Gelegenheit mit Grevenbroich zu sprechen, unter vier Augen.

Hätte er das früher tun, sich auch an von Horobin wenden sollen? Ratlos legte er das WAZ-Blatt beiseite – sollte er nun Nachrichten hören aus dem neuen, aus Grevenbroichs Transistorgerät? oder die Antreibertiraden kontrollieren, die tüchtige Sauberfrau und Schloßbewohnerin da unten? Hatte sie diese harte Kommandotour bei der »Abromeitschen« in Steele gelernt? Oder in Vogelheim oder bei Oma Wutke? Sie haßte doch solche Grundsätze wie »Ordnung muß sein« und »Einer muß zu sagen haben«. Warum praktizierte sie die dann selber, lautstark und ohne Nachsicht?

Er drehte den Ton wieder auf und hörte zu seinem Erstaunen ganz andere Tiraden, jetzt von Thomas Wittkamp. Im Tonfall eines Juniorchefs stellte der fest, daß hier ja wohl gestern einige interessante Leute gewesen sein dürften. Bei ihr seien nur interessante Leute, konterte Anita, der einzige Uninteressante sei er, wieso er sich schon wieder hier sehen lasse, er solle doch gleich zu Rentelen gehen, mit ihr könne er ja weder Geschäfte machen noch bumßen, dazu sei sie ihm ja zu wüst, wie er vorgestern eingestanden habe, das arme kleine Tömmchen. Wenn es, Tömmchen, aber hoffe, hier irgendwo achthunderttausend zu finden, dann könne er ja der Frau Djordjevic helfen, die Kissen, Polster und Felle hochzuheben und auf der Terrasse auszuschütteln.

Danach war erst mal Ruhe. Langensiepen fand im Periskop den Cand. phil. in der Abendbrotecke im Sessel hängen. Das Gesicht hinter einer starken Mafiabrille. Und mit offenem Hemd. Auf der nackten Brust, an einem dünnen Kettchen, ein Haifischzahn. »Ich haue ab im nächsten Semester.«

»Watten Glück.« Und nach einer Pause: »Wo willzänn hin?«

»Weiß nicht. München. Freiburg. Jedenfalls dahin, wo ich deine Sausprache nicht mehr höre.«

»Oh! Schön Dank auch.« Und, wieder nach einer Pause: »Ich denk, du hätts wat übbrich fürre ausgebeutete Bevölkerung. Die quatschen ja wol alle meine Sausprache, oder?«

»Hat damit nichts zu tun. Ich kann dieses breitmäulige, dieses kaputte Deutsch einfach nicht mehr ertragen.«

»Chottochott. Aamen Junge. Ich bin ja auch schon still. Sach ja kein Ton mehr. Hasse Töne, Frau Djordjevic? Is där wohl beknackt? Aba Tante Djordschi vosteht ja ärß recht kein Deutsch. Nich ma kaputtet. Mannomann, hat der Sorgen, der kluge Junge –«

Ihre weiteren Äußerungen verschwanden in Flur und Küche.

Langensiepens Telefon klirrte. Am Apparat waren Pöhlmann und Gabi, das heißt, sie konnten sich offenbar nicht einigen, wer von ihnen sprechen sollte. Sie kicherten grüßend durcheinander, und Gabi fragte, warum er denn gestern abend nicht auf dem Maischwof gewesen sei, da sei's ganz schön rundgegangen, da hätte ihm seine Frau Drögemöller ruhig mal freigeben dürfen.

Langensiepen spürte, wie ihm die Wut in den Kreislauf schoß, die hielten offenbar nichts von staatlich befohlener Geheimhaltung. »Wieso nehmt ihr den Namen Drögemöller in den Mund? wenigstens Breuer sollte euch zur Raison bringen!«

»Vonne Geheimsache haam wirs doch!« schaltete sich jetzt Pöhlmann ein, »gestern abend: ganz große Nummer: en Lied über die Dröge –«

»Wie bitte?«

»Ja! Kuhn, Kollege Erwin Kuhn, kennze denn den nich, olympiareif der Mann, schade dasse nich dabeiwarß, aber vielleicht kommts im Fernsehen.«

»Was ist los?«

»Ja, die ham dat mitgedreht für ›Report‹ heut abend. Wollten so n Stimmungsbericht machen vonne Aktion ›Ruhe anne Ruhr‹, wie sich die Polezisten n sonnigen Lenz leisten aufe Maifeier währenddem zu gleicher Zeit der Stepunat den Raibach macht in Bochum. Un gätz ham die dat Lied gefilmt, is do kla –«

»Seid ihr bescheuert? Was für einLied?«

»Sone, wie soll ich sagen, Parodie, ja? Aufe ganzen Vohältnisse. Wahscheinds hatter Kuhn dat mitgekricht von dem Härlotzky, wie der umgeleecht wurde, un dachte sich, für ne Mainummer wär dat n lustiget Dingen.«

»Kuhn? kenn ich überhaupt nicht. Der ist ja wohl der letzte Schwachkopf. Verbindet mich mit Grevenbroich und haltet verdammt noch mal in dieser Sache das Maul!«

»Aua, nu wirder aba ärgerlich – Momentchen, ich stell duich.«

Danach bedauerte die durchgestellte Krauledatt umständlich, Herr Grevenbroich sei in einer dringenden Besprechung. Aber er wolle ohnehin in wichtigen Angelegenheiten auf ihn zukommen. – »Ich bitte darum! Dringend!«

Langensiepen sackte in seinen Liegesessel und versuchte sich klarzumachen, was sich ereignet hatte. Wenn wirklich der Name Drögemöller gefallen war, obendrein im Zusammenhang mit der Stepunat-Geschichte, würde niemand mehr den Presseansturm auf den Ahornweg bremsen können. Dann gute Nacht mit der Mordermittlung Herlotzky. Und gute Nacht mit Anitas feudalen Geschäften. Die würde sich wieder aufs Posaunespielen besinnen müssen, wenn die Volksmeinung sie nun nicht sogar als Herlotzkys Totschlägerin abstempeln würde – das Lied! den Text mußte er haben – nun ja, Grevenbroich »wollte auf ihn zukommen«.

Draußen regnete es. Von der üppigen Ruhr-Riviera kein Schimmer mehr. Unterm Fenster die Baumspitzen im Nebel. Trübe Aussichten.

Er stellte den Kontrollton wieder ein – in Anitas Stockwerk hatte sich inzwischen ein weiterer Gast eingefunden. Die Stimme kam ihm bekannt vor. Langensiepen kam nicht auf den Namen. Das Periskop zeigte das breite Fenster und im Gegenlicht eine Silhouette – Vordenbäumen.

»Vordi!« beherrschte Anita die Szene, »du bistoch auch schlau: kuck ma, Tömmchen sacht, ich hätt ne Sausprache.Jetz sach du ma wat!« So hatte sie die Kontrahenten miteinander beschäftigt und konnte verschwinden – »ich muß Djordschi't Geld geem unti soll noch kochen.«

Vordenbäumen blieb vor dem blendend hellen Fenster stehen. »Ich weiß nicht: Hat Frau Drögemöller Ihre Äußerungen richtig wiedergegeben?«

»So richtig, wie es ihre Sausprache zuläßt.« Wittkamp warf seine beiden Beine hoch und streckte sie über die Sessellehne in Richtung Ruhr, genoß eine Weile Vordenbäumens Ratlosigkeit, lenkte dann aber ein: »Ich hatte ihr gesagt, daß ich von Bochum weg will.«

»Und warum?«

»Wer Deutsch studiert, sollte nicht Deutsch in der verkommensten Version im Ohr haben.«

Vordenbäumen, nun neben dem anderen Sessel, hinkte höflich von einem Bein aufs andere. »Tja. Wenn Sie meine Meinung hören wollen?«

Tömmchen schwieg.

»Das Gegenteil stimmt.« Der Hauptlehrer trat heftig auf, direkter Widerspruch war sicher nicht seine Sache und erregte ihn. »Wenn Sie wirklich an deutscher Sprache interessiert sind, sollten Sie sogar ausschließlich hier studieren.«

Wittkamp warf, offenbar ebenfalls erregt, beide Beine hinüber auf die andere Lehne.

»Hier im Ruhrgebiet«, sagte Vordenbäumen langsam, »herrschen seit hundert Jahren Bedingungen, wie sie auch bei der Entstehung des Hochdeutschen herrschten. Bei der Entstehung der deutschen Kanzleisprache in den Kolonisationsgebieten des Ostens, im ausgehenden Mittelalter.« Vordenbäumen stand nun ruhiger. Sätze mit dozierendem Charakter lagen ihm. »Vielleicht wissen Sie es noch nicht, daß unser heutiges Deutsch damals in den östlichen Siedlungsgebieten vorbereitet worden ist: Die dort entstandene Sprache nutzte Luther für seine Bibeleindeutschung; von da ab wurde sie Grundlage für Hochdeutsch, Bürgerdeutsch, Bühnendeutsch, Fernsehdeutsch –«

Langensiepen, der versucht hatte, in seinem Überwachungszimmer aufmerksam zu folgen, erschrak: Neben ihm auf dem Teppich hatte sich, im violetten Hauskittel, Anita niedergelassen. Sie lehnte sich gegen den Liegesessel, legte einen Arm auf seine Beine und schien ebenfalls hören zu wollen, wer dort unten das Duell gewinnen würde.

O. Vordenbäumen, nach seinem ersten theoretischen Anlauf, hielt sich an der Lehne fest, die fast bis zu seinen Schultern reichte, und erwartete so, gut gestützt, Tömmchens Antwort.

»Was, bitte«, sagte der und stellte seine Beine richtig auf den Boden, »was hat diese Ostsprache mit dem Ruhrdeutsch zu tun.«

»Waats ab! Krisse schon beigebogen!« kodderte Anita. »Von wegen Sausprache.«

Vordenbäumen setzte sich langsam in den Sessel und stach plötzlich mit der flachen Hand in die Luft: »Dieselbe Situation! Damals wie heute. Aus allen deutschen Sprachlandschaften kamen die Leute. Damals in den Osten. Seit hundert Jahren ins Ruhrgebiet. Gruppenpsychologie, Anpassung! Viele hunderttausend Neue wollen nicht mehr auffallen als nötig. Wollen sich nicht lächerlich machen. Zum Beispiel nicht durch ihren Dialekt. Man will ja gehört werden. Anerkennung.«

Anita schnurrte sich an Langensiepen heran: »Jawoll! anerkennen! sollst du mich! los! sofort!«

Langensiepen erkannte sie unterm Kittel schnell ein bißchen an und hörte weiter: »Aus Anpassungsangst schleift sich Sprache zurecht. Heimatliche Schnörkel fallen weg, mundartliche Wendungen, Wortbilder – übrig bleibt eine Mittellage. Schmucklos, aber brauchbar. Zur Verständigung. Damals für die in den Osten Deportierten. Bei uns für die Holländer, Polen, Ostpreußen, Schlesier, Rheinländer und Westfalen.«

»Westfalen hatter nich vogessen, ich hätt ihm auch eins getreten«, schnurrkatzte Anita, die mit ihrer Hand ebenfalls Ausflüge zur brauchbaren Verständigung unternahm und zu wohltuenden Anerkennungen.

»Aus diesem Verständigungsslang ist vor fünfhundert Jahren in Gang gekommen, was heute der Duden Deutsch nennt. Und was Sie ausgerechnet woanders studieren wollen, nur nicht dort, wo nach meiner Meinung seit hundert Jahren ein neues Deutsch entsteht, das freilich Duden oder Universität nicht zur Kenntnis nehmen, weil es für sie zu wenig langweilig ist, zu wenig tot, um seziert zu werden.«

»Der machten färtich!« fauchte Anita.

Vordenbäumen stach nun mit beiden Händen in die Luft: »Ist natürlich für Tantenlyrik nicht gemacht. Sondern fürs Arbeiten. Und außerdem« – wieder hob er die Hand – »Geschmackssache! Ich für mein Teil finde Knappheit, Treffsicherheit schön!«

»Gibbet ihm! Machen naß!« zischte Anita.

»Außerdem sollten Sie – und von Frau Drögemöller höre ich, daß Sie das sonst auch nicht tun –, wenn es um Sprache geht, nicht an Schönheit und Literatur denken, sondern an Lebensbedingungen. Wer täglich im Krach von Maschinenhallen arbeitet, wer unter Tage in Dreck und Lärm schwitzt, der hat keine Zeit für geschliffene Formulierungen.« – »Klasse! Vordi is Klasse!« – »In Dreck, Lärm und in Gefahr hilft nur glasklares Tempo.«

»Laß jucken, Vordi«, hauchte sie dunkel, und Langensiepen wußte nicht recht, ob sie auch wirklich den da unten meinte.

»Was dabei rauskommt, das sind – sicher! – für Ästheten mit Hölderlin im Ohr knackig-kantige Sprachklumpen. Nichts für bürgerliche Lyrik – aber eine gärende Ursuppe – für die nächsten Generationen –«

»Hörßat, wie der dem Bescheid steckt? Knackich hattär gesacht. Spürßa wat von hier?« Ohne viel Umstände hatte sie seine Hand unter ihren Hauskittel praktiziert und knackige Angebote zu spüren gegeben. »Prachtklumpen, wa?«

Das Telefon mischte sich ein, Grevenbroich, schwer atmend, offenbar gerade von einer sehr dringenden Besprechung zurückgekommen: »Oaach Langensiepen! Sie ahnen ja nicht, was hier in den letzten vierundzwanzig Stunden los war! Seit gestern vormittag die Bochumer Stepunat-Arie, dann abends dieses Kuhn-Kamel mit dem Dröge-Text. Ich geb mir hier zusammen mit Klein die größte Mühe, den Herlotzky-Krempel zu verstecken, und dieses Arschloch macht mit seiner Witzschnulze alles kaputt. Heute abend müssen Sie wieder Fernsehen kucken!«

»Kann Klein die Sendung denn nicht verhindern?«

»Erstens schreien die gleich ›Zensur‹. Und zweitens würden die dann erst recht neugierig – wie sollen wir denn begründen, was da so heikel ist an den Dröge-Geschäften. Das verstehen die doch gar nicht, und wenn sie's verstehen, um so schlimmer –«

Langensiepen sah, daß die Frau, von deren Lied und von deren Geschäften hier die Rede und der Wirbel war, fasziniert durchs Periskop schaute, gestikulierend, ja mit flacher Hand in die Luft stechend, als müsse sie Vordenbäumen imitieren und auf diese Weise ihren Favoriten anfeuern, dort unten, beim Kampf um ihre Sausprache.

»Also passen Sie auf: Ich hab mit Klein folgendes abgesprochen: Wir erklären der Presse, daß in der Sache Herlotzky die Ermittlungen laufen und nicht gestört werden dürfen, Verdunkelungsgefahr und so weiter, daß auf diese Drögemöller bis jetzt nicht mal ein Verdacht fällt, ja ich weiß, was Sie in Ihrem ersten Bericht geschrieben haben, aber zum Ablenken müssen wir das erst mal behaupten, und das Lied, Gott ja, das wird ja hoffentlich nur als Jux genomen.«

Anita ballte am Sehrohr beide Fäuste, zuckte zusammen und freute sich dann offenbar über einen Vordi-Volltreffer: »Aus!« johlte sie.

»Außerdem folgendes: Winnesberg von der WAZ war gestern abend natürlich auch auf der Maifeier und hat als erster rausgeschnüffelt, wer mit ›Dröge‹ gemeint ist – okay, deswegen kriegt er den Preis: Klein ist einverstanden, daß WAZ-Winnes heute noch – halt! nicht mekkern! – zu euch kommt und sich diese Dröge vorknöpfen darf, hähä, unter Ihrer Aufsicht natürlich, der Mann ist ja in Ordnung, ich hab mit ihm gesprochen, er ahnt ungefähr, was gespielt wird, kennt Rentelen und die ganze Freizeitclique. Winnesberg will es natürlich mit uns nicht verderben, dem kann man klarmachen, wo er den Mund zu halten hat. Kurz und klein: Wir hoffen, daß mit so einem harmlosen Exklusiv-Interview erst mal der Wind aus den Segeln ist – kapiert? Mann, Mann, dieser Kuhn, dieses Roß! Medizinern sollte man keine Polizeijobs geben.«

»Ja – wie –?« fragte Langensiepen. »So –« hauchte Anita an Langensiepens zentraler Stelle, ihr Vordi hatte unten offenbar fertiggesiegt.

»Dieser Kuhn«, bellte Grevenbroich, »dieses Rindvieh hatte doch den Herlotzky zum Zersägen, meinen denn Sie, Kemperdick macht das noch selbst? Bei denen gehört überhaupt mal gründlich aufgeräumt, o Langensiepen, wenn wir diese Show hinter uns haben, müssen wir beide uns ausnahmsweise mal total besaufen!« »Zu Befehl.« »Dann WAZt mal schön und laßt sonst keinen rein!«

Langensiepen hängte ein, im Hinuntergleiten vom Stuhl drehte er noch den Ton aus dem Apparat für Lauschangriffe lauter. Die da unten schienen nicht zu bedauern oder es erst gar nicht zu bemerken, daß ihre Sau-Sprecherin verschwunden war, inzwischen war Wittkamp eine erstaunliche Kurve von der ästhetischen zur sozialen Verdammung der Ruhr-Sprache gelungen, nun sah er im Slang der

Lohnabhängigen ein unverschuldetes Getto, umstellt von Sprachbarrieren: »Solange Arbeiter sich in ihrem eigenen Sprachdreck wälzen und sich nur dann untereinander verständigen können, wenn sie sich, wie sagten Sie, mit Sprachklumpen beschmeißen, solange werden sie eben nie wirklich mitreden können in Politik und Wirtschaft, und solange sie nicht mitreden, werden sie nicht mitbestimmen und ändert sich nichts an ihren Drecksbedingungen. Ja die meisten hier erkennen ihre Situation nicht mal als Dreck. Weil sie – von Eltern, Schule und Fernsehen im Stich gelassen und verblödet – praktisch Analphabeten sind. Und fühlen sich dabei auch noch sauwohl.«

Diese Runde da unten ging offenbar an Tömmchen. Der Graue machte eine Pause und sagte dann leise: »Das scheint einleuchtend. Aber ich glaube, diese Drecksbedingungen zu ändern oder sie überhaupt erst zu erkennen, dazu brauchen die Arbeiter und die Angestellten nicht erst Hochdeutsch, Elitedeutsch. Nein, umgekehrt: ›Deutsch‹, das heißt wörtlich ›reden wie die Leute‹. Genau umgekehrt – die Intellektuellen müssen die Sprache der Leute lernen! müssen Deutsch lernen!«

»Kapaaftich!« jubilierte Anita und ließ ihren Kommissar deutliche Signale spüren.

Langensiepen biß sich auf die Lippen, um zuhören zu können. »Auch die neuen Bibeln sind nur zu schreiben, wenn man dem Volk aufs Maul schaut. Was mal ›Volksmaul‹ war, ist heute Kultursprache. Genauso wird, was heute Proletensprache ist, demnächst bundesweit Jugendslang und dann Hochsprache sein.«

»Boing! Den hats erwischt. Vordi kla in Führung«, ächzte Anita. In der Tat, sie schien diese Runde richtig gewertet zu haben, denn es kam keine Antwort von Tömmchen. Statt dessen setzte der Graue neu an; nun aber leise, wie für sich selbst: »Warum den Ruhrleuten, warum überhaupt jemand anderem die persönliche Ausdrucksweise nehmen? Nur mit ihr können Menschen leben. Erkennen. Glücklich sein.«

Und während aus dem Lautsprecher von nun an immer häufiger dieses glucksende Wort scholl, glückte Anita mit ihrer ganz persönlichen Steckenpferdfähigkeit ein selbstbestimmter Ritt, mochten die's da unten in Gedanken treiben und noch so recht haben: Langensiepen konnte sich eine schöne Strecke lang nicht mehr auf diese richtungweisenden Worte konzentrieren und kam erst wieder zu Sinnen, als der Kandidat und der Rentner von der Sprache weit abgekommen und tief in die Literatur geraten waren.

Da behauptete der kühle Graue aus dem Norden der Stadt, das Epos, der Film und das Drama über die Ruhr seien bis heute nicht geschrieben. Da eiferte der Cand. phil. dagegen und rief »Wallraff!« und sagte »Adäquat« und meinte, auf diesen Ruhrpott passe nur ein Deckel, nämlich die Industriereportage, und rief abermals »Wallraff!«

»Bei allem Verdienst dieses Mannes«, versetzte der Ältere, »ich sagte ›Epos‹. Oder halten Sie, was Döblin über Berlin machte, für Industriereportage?« »Hälß du – – was ich über dir mache – – für Industrie – – reportage?« keuchte Anita. Dort unten aber hatte der bestechende Graue aus dem Industrieviertel nach seiner Frage eine Pause eingelegt, da aber Tömmchen eine Antwort nicht geben mochte, gab Vordenbäumen sie selber: »Döblin schrieb keine. Obwohl es Industrie gab in Berlin. Und obwohl er Abhängigkeiten beschrieb und Arbeit.« Dann machte er wieder eine Pause – Anita machte keine – und sagte: »Die Verhältnisse sind nun mal so grotesk, daß sie nur als Literatur annähernd korrekt erfaßt werden können. Und auch nur so zu ertragen sind.«

»Das ist Flucht«, murrte der andere. – »Überhaupt nicht. Ich will versuchen, Ihnen den Unterschied zur Fluchtliteratur zu erklären –« »Nein!« schrie Anita, »leck mich inne Mäse«, rief sie, dabei befand sie sich noch immer in der Position, die laut Kinsey 52 Prozent der zwischen 1920 bis 1929 geborenen verheirateten Amerikanerinnen zum Zeitpunkt der Kinseyschen Erhebungen bevorzugten. Und nachdem sie den klugen Grauen da unten ein weiteres Mal aufgefordert hatte, er möge sie in etwas lecken, was sie »Mäse« nannte, gab Langensiepen, als sie endlich zufrieden schien und eine erschöpfte Pause machte, zu bedenken, daß der Tag heute noch diverse andere Aufgaben für sie bereithielte.

Unter anderem habe sie den baldigen Besuch eines WAZ-Mannes zu erwarten, den kenne er als einen gemütlichen Dickwanst und dem möge sie nur in Sachen Herlotzky Auskunft geben, nicht aber in Sachen Chrysler, Bongartz, Geisthöfel, Haidenreich oder auch in Sachen Krenzmann, der sich ja für heute abend angesagt habe im

Anschluß an jenen Herrn mit der Schwarzen-Lene-Illusion, das sei eben der Haidenreich, meinte sie, na gut, sagte er, zuvor oder zwischendurch müßten sie beide aber wieder anhand ihrer Erinnerungen schön chronologisch weiterhin die Hintergründe des Falles Herlotzky ausleuchten, es würde allmählich Zeit, daß sie sich der jüngsten Vergangenheit und Gegenwart näherten, also der eigentlichen Blütezeit des Stepunat-Syndikats und des Rentelen-Konzerns –

Dies alles erklärte Langensiepen in fließender Rede und in der Position, die Kinsey auch für den verheirateten Amerikaner als häufig vorkommend beschreibt, aber mit auffallend weniger Prozenten als bei den – offenbar mit ihnen – verheirateten Frauen. Jedenfalls war dies alles so zur Zeit der Kinseyschen Erhebungen.

Anita mißfiel, daß er so redete, er rede ja schon wie der Vordi, sagte sie, dabei habe er das gar nicht nötig, ihr imponiere er mit anderem. Und startete einen neuen Steckenpferdritt.

»Offenkundig ist in Sachen Ruhr zuviel Analyse und Vorarbeit nötig«, sagte Vordenbäumen aus dem Lautsprecher, »als daß nicht bis heute immer noch die sentimentale Idylle vorherrschte. Entweder strotzend vor Dynamik oder als rauchige Tristesse. Oder beides dekorativ nebeneinander.« Anton Polikeit sei zweifellos ein realistischer und harter Politkämpfer gewesen. Aber wenn der Gedichte gemacht habe, dann habe der sich beschränkt auf »O Ruhr du – mit deinen Domen aus Stahl und Rauch –« – an der Legende vom traurigen Pott hätten am meisten die mitgebastelt, die diese Lokalität liebten. Und Liebe allein reiche nicht.

Diese Umkehrung eines erzen tönenden Bibelsatzes untermauerte der belesene Hauptlehrer O. Vordenbäumen mit weiteren Kühnheiten: »Ich behaupte sogar, der schöne Augenblick, in dem sich ein Dichter von Rang um die Ruhr gekümmert hat, ist 750 Jahre her. Den Walther von der Vogelweide wird man Ihnen in Bochum hoffentlich nicht nur als Minnesänger vorgeführt haben, sondern auch als politischen Liedermacher.«

»Alte Germanistik habe ich nicht belegt.«

»Typisch. Der Vogelweide hat schon 1225 einem Essener einen Song gewidmet. Das wissen nur die siebenhunderttausend Essener nicht.«

»Vogelweider – Vögelheimer – Vögelweider – weider« ritt Anita.

»Essens damaliger Stadtvogt, der Graf von Isenburg, hatte 1225 den Vormund des deutschen Kaisers erschlagen, den Kölner Erzbischof Engelberdt. Diese Kohlhaas-Aktion gegen die Kirche, die schon immer die da unten mit Angstmachen knutet, diese Tat fand der Dichter nicht so besonders gut, aus politischen Gründen, denn gegen Bischöfe und Päpste hatte auch er so einiges. Aber nun sang er: Für diesen Isenburg könne er keine Marter finden, ein Eichenholz um den Hals wäre unpassend, man sollte ihn auch nicht verbrennen, auch vierteilen käme nicht in Frage und schinden und rädern erst recht nicht – man sollte einfach warten, bis die Hölle selber den Essener Stadtvogt lebendig verschlänge. Naja, die Hölle tat sich nicht auf. Vielleicht, weil Walther es war, der das empfahl.

Nachdem man ein Jahr lang vergeblich auf die Öffnung des Schlundes gewartet hatte, wurde der Isenburg am 13. November 1226 in Köln geköpft. Kein Fortschritt für die Ruhrgemeinden, aber ein bißchen Ruhr-Lyrik, zum ersten und zum letzten Mal auf der Höhe der Zeit.«

»Höhe Höhe«, sagte Anita und wiederholte das Wort in ihrem neuen Ritt so lange, bis nur immer die erste Silbe von »Höhe« übrigblieb und sie schließlich ihren Kopf in den Nacken werfen mußte zu einem langen »Höö«, um gleich wieder im alten Tempo weiter zu reiten. Irgendwo machte sich in Langensiepen der Gedanke breit, daß dies alles zwar wohltue und auch gutgehe, solange die da unten im Lautsprecher deutlich zu hören blieben, daß aber irgendwann einmal ein Ende sein müsse, nur war nirgends ein Ende in Aussicht gewesen, endlos schien dieser unheimliche Ritt der Anita Drögemöller als Häwelmann auf ihm als gutem altem Mond »Hast du noch nicht genug?«, dem sie geradewegs über die Nase fuhr unter dem Ruf »Mehr! Mehr!«

»Es zogen drei Burschen wohl über den Rhein!« schmetterte jetzt der Gemütlichkeitsverein. Der hatte nun von der offenbar unerreichbaren ewig süßen Heimat genug, der wollte sich erholen, »bei einer Frau Wirtin, da kehrten sie ein«.

Die junge Frau schob die schwarze Schiebewand neben Langensiepen ein wenig auf, um denen da drin eine Ladung Pils hineinzutragen. Grund genug für die Sänger, schon nach der ersten Strophe, gleich nach der Rheinüberquerung, abzubrechen und im Seitenzimmer der ›Zornigen Ameise‹ tiefe Schlucke zu trinken.

Plötzlich war damals Staatsanwalt Klein in den Kontrollraum gedrungen, mit einem klirrenden Telefonanruf, so daß Anita ihren Langen hatte freigeben müssen. Der Klein beklagte diese ganze neue Situation mit dem Dröge-Lied, diesen Skandal, diese Fernsehsendung über den Stepunat-Überfall und die Polizei-Maifeier, dieses Liedchen werde Konsequenzen haben für den Erwin Kuhn, ansonsten sei da halt nichts mehr zu machen, nun gelte es, aus diesem Polizeireporter der WAZ, aus diesem Ludger Winnesberg ein passendes Ventil zu basteln für die Öffentlichkeit, damit die Neugier verschwinde und niemand wirklich was erfahre.

»Schönen Dank«, quittierte Langensiepen Kleins Erläuterungen und ließ sich, den Hörer auflegend, in seinen Liegesessel sinken.

Vergnügt hockte sie am Boden: Anita. Zufrieden, aber mit unersättlichem Appetit.

Unten war jetzt der Jüngere an der Reihe, Thomas Wittkamp zischte plötzlich, als seien in seinen Sprechorganen Ventile gerissen, im Lautsprecher knackte und pfiff es: »Aber ich hasse dieses Rhein-Ruhr-Pack! Diese stumpfen, dicken, trägen, diese biersaufenden fetten Familienväter samt ihren vollgefressenen Muttis mit dem Charme von Plumpskühen, fernsehglotzend auf diesem Fünfmillionenhaufen! – geschmacklos! unerträglich!«

Er japste, brauchte wohl Luft, fiel wahrscheinlich in den Sessel zurück, von dem er sich höchstens sehr kurz mal hatte erheben mögen.

»Den mach ich zum Frührentner!« giftete die Dröge.

Der Graue blieb ruhig. Nach einer Pause sagte er: »Sie beschreiben da wohl eher eine deutsche schweigende Mehrheit überhaupt. Die werden Sie in München genauso finden wie in Berlin. Und vergessen Sie doch bitte nicht die Urheber. Was oder wer brachte denn die Rhein-Ruhr-Leute in diesen Zustand – kennen Sie die Deutsche Literaturballade? – Nein?

Kennt ihr das Lied, das alte Lied
vom heiligen Hain zu Singapur?
Dort sitzt ein alter Eremit

und kaut an seiner Nabelschnur.
Er kaut tagaus, er kaut tagein
und nährt sich kärglich nur und knapp,
denn ach, er ist ein großes Schwein
und nie fault ihm sein Luder ab.
Rings um ihn wie das liebe Vieh
wälzt sich zerknirscht ganz Singapur
und »Gott erhalte« singen sie
»noch lange deine Nabelschnur!«

Der Graue machte eine Pause. Wittkamp reagierte nicht. Da redete Vordenbäumen, als redete er zu sich selbst: »Das Volk wälzt sich wie das Vieh. Im Dreck. Abhängig. Arbeitslos. Aussichtslos. Der Intellektuelle aber, der Dichter, der Schreibtischtäter, denkt an seine Nabelschnur. Gott erhalte! Noch lange.«

An dieser Stelle drehte Anita den Ton leise und stellte dem Langensiepen eine Frage: »Hälze mich eintlich für primmetiv?«

Er schaute sich um. Sie hatte sich auf sein Feldbett gelegt und blickte ihn mit großen Augen an. Als sie seine Verwunderung bemerkte, drehte sie sich auf den Bauch und sah fast wieder frech aus.

»Wieso soll ich dich für primitiv halten?«

Sie wippte, unpassend zum Ernst ihrer Frage, mit dem Unterleib: »Du bis voheirat, has Frau, Blagen, Job. Un kannz wahscheinds soga kapiern, wattie sich da unten vohackstücken. Gätz kuck ma mich an: N heißen Aasch – un mehr is nich, odda? Stimmtoch!«

Er holte tief Luft, stand auf, ging ans Fenster und schaute in den Regen hinaus. Nach einer Weile sagte er: »Stimmt nicht. Du bist schlagfertig. Mutig. Witzig. Du bist trotz deines miesen Lebenslaufs helle. So clever, daß du hier im Nahkampf sogar die mächtigsten Bosse aufs Kreuz legst.« Er schaute zu ihr hinüber, um zu sehen, wie sie reagierte.

Sie hockte auf dem Bett wie ein Buddha, der einen Moment zu lächeln vergessen hatte.

Er blickte wieder hinaus. Und begann weiterzusprechen: »Ich sehe keinen Grund, von primitiv zu reden. So wie du bist, bist du richtig. Finde ich. Über deine Sprache hat jetzt Herr Vordenbäumen das

Passende gesagt. Und wenn du mit ›primitiv‹ vielleicht das Sexuelle meinst, mein Gott –«

Er hatte sie nicht kommen gehört. Sie stand hinter ihm und schmiegte sich an ihn. »Bissen netten Junge. Aba weiße, ›primitiv‹ habbich nochen bißken anners gemeint.« Sie drückte sich an ihn. »Könntdichätz in eine Tour vernaschen. Bisse nimmähr kannz. So primitiv bin ich. Sach domma säpps: Issattännoch normal? Wie du mir dat gemacht has, mit deine Zunge, mit deine süße Schnauze – da könnt ich ausrasten – stunnnlang ausrasten! Öller, döller, Drögemöller –«

Er holte abermals tief Luft und drehte sich um. Sie grinste, er strich durch ihr Haar. »Woher soll irgendwer wissen, was normal ist? Wenn dir etwas Lust macht – solange es niemand schadet – tus doch.« Sie schien damit nicht beruhigt. »Is dat nich pervers?« »Pervers? Weiß nicht, was das ist. Vielleicht, wenn man Freude dran hat, andere auszunützen? Wahrscheinlich ist das pervers. Sonst fällt mir dazu nichts ein.«

Er ergriff sie bei den Schultern, schüttelte sie und zog sie an sich heran: »Du stellst Fragen, die überschreiten entschieden meinen amtlichen Auftrag.«

»Den hasse wieso schon überschritten, hehe.« Schadenfroh kraulte sie seine überforderten Weichteile. »Issattännich pollezeiwidrich, dat ne Frau Spaß hat?«

»Sicher. Du gehörst verhaftet. Verboten. Frauen, die im Bett mehr bringen als Männer, gehören nachhaltig unterdrückt. Eingelocht, amtlich, polizeilich, moralisch.«

»Männer könn nur eima. Oder zweima, aber dann Päusken. Kimmi un ich – sollteßuns ma sehn, wenn wer in Stimmung sind, hat euereiner ja keine Ahnung von.«

Er schob sie mit sanfter Gewalt von sich weg, holte sie aber noch mal heran und küßte sie auf die Stirn. »Du solltest jetzt deine beiden Schlaumeier da unten rausschmeißen. Wenn der WAZ-Reporter kommt, dann stellt der allzu gerne eklig dämliche Fragen. Ich glaube nicht, daß dein Tömmchen die passend beantworten würde.«

Die klugen Freunde der Anita Drögemöller waren inzwischen schon von allein auf und davon, womöglich nur, um in der nächsten Kneipe in Rüttenscheid bei Pommes und Pils weiterzudiskutieren.

Auch die Freunde des Gesanges und der drei Rosen schoben sich aus der »Zornigen Ameise« hinaus, grobgesichtige harte Männer, die einander beim Rausgehen krachende Sprüche zubrüllten und katastrophal lachen konnten. Und diese Kleiderschränke und Eisenköpfe hatten wie Babys nach ihren Müttern gewinselt?

Es war fast nichts zu klären in dieser Kürze und Fülle. Tömmchens, Vordenbäumens, Anitas Fragen und die polizeiliche Ermittlung nicht. Langensiepen beneidete die beiden Männer, die am Tresen hängengeblieben waren und auf eine Fernsehsendung starrten und wiederholt nickten und »Jau!« riefen und mit allem einverstanden schienen.

Aber so hatte er's ja auch selber getrieben mit dem armen schwitzenden Ludger Winnesberg von der WAZ. Auch dem trichterte er ein, wie alles sei, nämlich harmlos, seinen Artikel solle er als schönes Geplauder anlegen über eine lebensfrohe exotische Dame, auf die keinerlei Verdacht falle. Ja, das wolle er ja, murrte Winnesberg, so was lese der Ruhrmensch am liebsten.

Aber Anita machte mit scharfen Ausfällen Striche durch die Idylle, beschimpfte den armen Ludger, weil er aus Versehen Wörter wie »Nitribit« gesagt hatte und gar »Kohlenpott«, der versierte Altreporter seufzte und schwitzte, auch Langensiepen hatte bei seinem ersten Betreten dieser überheizten Liebesgewölbe Beklemmungen gespürt. Von der Stepunat-Bande gebe es nun mal »sonst« keinerlei Spur, druckste der verlegene, zumindest physisch überforderte Winnesberg zu seiner Entschuldigung, da müsse er sich halt an die »Dröge« halten, ja, das war bekannt, Winnesberg schrieb lieber auf den Hinterbänken der Gerichtssäle pikante Aussagen mit, statt eine so zweifelhafte Frau zu interviewen und dabei so viele Attacken parieren und so viel Regionalpolitik beachten zu müssen.

Als der stille Ludger nun lieber gehen wollte, nahm Anita ihn, »den WAZ-Winnes«, ins Gebet, ja, sie faßte ihn beim Arm: Er möge in seinem Kleingärtnerblatt klarmachen, daß sie, die »Dröge«, mit dem Mainzelmänner-Club wie auch mit dem Herlotzky-Mord nichts zu tun habe, er müßte doch wissen, was das heiße, Geschäftsschädigung, wer würde sich denn zu ihr noch hintrauen, wenn so Haarsträubendes über sie in der Zeitung behauptet würde. Das wüßte er, sagte er seufzend, Herr Langensiepen hätte ihm ja genau gesagt, was er wissen müßte, und verließ laut atmend Salon und Ahornweg-Appartement.

Während Langensiepen am Telefon einen dpa-Reporter mit dem Bescheid abwies, eine Frau Drögemöller wohne hier nicht, »falsch verbunden«, hatte Anita aus der Küche Material für »Butters« angefahren, frische Radieschen hatte Tante Djordji heute früh mitgebracht vom Markt. Sie aßen und berieten fast übermütig, wieviel der schwitzende Ludger nun begriffen haben mochte von der ganzen Affäre und wo eigentlich die Grenze lag zwischen Geschäftsschädigung und Reklame. Denn auch Reklame, so kalkulierte sie realistisch, könne bei einem WAZ-Artikel am Ende für sie herausschauen.

Dann ließ Langensiepen noch einmal die Tonspulen laufen und wollte nun hartnäckig wissen, wie das anschließend weitergegangen sei, damals mit Polikeit als Minister, der das Ruhrgebiet besuchte. Wann die Kumpels in der »Ameise« ihren alten Kollegen erkannt hätten.

»Nix da erkannt. In sein Aabeitgeberkostüm un fett, wie ert geworden wa, Baat un alles, sah er aus wie son Edelbaazel. Ganzen Mittach übber hattern matschich Wiecorek färtichemacht unten Ämmil: Wat se sich alles gefallen ließen, voschaukelt und voschoben vonne SPD-Betriebsräte, dattie am Ende ja doch immer mitten Unternehmer konfus gingen untisen ganzen Kram – der kannt sich ja besser aus als die. Waan die ganz banaut aufe extra weiße Tischdecke am Schieln.

Alzer ma auf Toilette mußte, sachter für mich: ›Heut bisse dran! Pack Köfferkes! Ab na Bonn! Nix da: Omma wird gaanichefracht.‹

Hach wa dat ne Aufregung. ›Hier musse raus‹, sachter, ›Kumpels sind ja schlimmer alze Beamten. Kaum ham sen Schrebergaatn, fühln se sich wien Kappetalist.‹

Hatter mir schon immer inne Briefe geschriem. ›Vor fünnefzich Jahr‹, schrieb der, ›da war noch wat los anne Ruhr, hatten die Aabeiter noch ne eigene Aamee hatten die da! Un hoite? Nix is!‹ Anton, auf eima warer da un machte n Gesicht wie aufne Geisterbahn. Da wa mir kla: Der meintat ärnz! ächt ab na Bonn! Mein lieben Scholli! wat nu? Ja, den Antek wa ja säpps, wie soll ich sagen: deprimiert, nich? Dattie Kumpels aufem Leim gingen von die Profitgeier un die ganzen Ansichten, die die hatten. Stinkwut.

Aba dat kam ja alles noch, dat dicke Ende. Mit eima kuckter Anton außem Fenster un stöhnt wien Bulle beim Ablassen: Stanta die ganze Straße vonnen Aasch der Welt voll mit Sportsfreunde, stann se da, sich die dicken Wagen ankucken: Wa da nämlich nochen zweiten Merzedes. Von som Spezialbonzen. Son Typ vonnem Gemütlichkeitsvorain, der hatte dem Öligen en Tip gegeem: Hier wärn Minister inne Beitze. Für Ruhrgebietsentwicklung. Rentelen: nich faul, sich gleich den Haidenreich geschnappt – ja, dem sein Merzedes wa dat. Haidenreich: ›Hai‹ mit ›a‹ un ›i‹ wie diesen zierlichen Fisch – so sachter immer säpps bei de Begrüßung, den Schleimscheißer. Haidiweich.

Kam der also inne ›Zornige Ameise‹, Bonze der. Außem ›notleidenden Kohlengebiet‹ wollter sich am Minister ranmachen, für Kredite, wat weiß ich.

Und währendem er da Vohandlungen anfing, kamen auch die Gemütlichkeitskumpels nache Oma Wutke: Nix Besseret zu tun hattense, als wacker ihrn ›Gesangsvoain Drei Rosen‹ auftun und Liedkes trällern.

Mit eima Mordsspektakel. Wa dat den Öligen seltsam vorgekomm. Hatter sich die WAZ auße Ecke geholt, tippter mittem Wurstfinger aufet Ministerfotto un schreit da rum, den Schmierlapp: ›Alles Betruch! Dä Kärl issen Hochstapler! Hier dat Minister-Fotto!‹ Un zack! wollten sen Antek vokloppen: ›Sonne Unverschämtheit!‹ ›Uns hier für doof vokaufen!‹ Schreita där Polikeit: ›Ich bin doch Polikeit! Habter dennen Aasch offen? Euern alten Kumpel verwemsen?‹

Häbbät, Ämmil – krichtenset Maul nich zu. ›Du Flaumaugust!‹ ›Hasse uns aba n schön Schreck eingejacht!‹ ›Wat heißt hier Flaumaugust, kuckt euch ma libber hier den fein' Herr Haidenreich an. Könnter euch mal n Beispiel dran nehm: Der hat noch Klassenbewußtsein, der ja! Hat michen Grundstück extrabillich im Sauerland vasprochen, weiler meint, als Minister wär ich heimatvobunn –‹ Hoo, nu waan die Puppen am Tanzen, schubstensen Haidiweich duiche ›Zornige Ameise‹: ›Wat hastu Schwein hier vorlorn, mach deine drekkige Geschäfte wo de herkomß‹ un kloppten den Hai zu Appelmus – mitdem aba Rentelen: nich doof, hatter die Polente rantelefoniert.

Aus. Hamsen Antek rausgefischt, ab, Schluß. Stann de Helden rum wie de Gaatenzwäage. Haidenreich hamse inne Ambulanz getan. Hättensen docheschlachtet.

Ich hört noch, wie den Anton am Krakeeln wa, alz sen inne Minna abschleppten wegen Anmaßung: Von den Hai könntenset lärn, wie dat läuft inne Polletik. ›Freie Maaktwirtschaft?‹ – schoben sen inne Minna – ›wat ihr Lohn kricht, is Schweigegeld! jawoll, Spießbürger: Schweigegeld!‹ Hamsen de Tür vor de Nase zugeknallt – aus der Traum. Ruhegeld. Dasse Abaita Ruhe geem. Brav ihrn Gaatn umgraben. Hatter mir vorklickert, schon immer.

Omma Wutke: Närvenzesammbruch. Kumpels: Hammer vorn Kopp. Ich: Ma widder duiche Röhre. Nix Dreizimmerwohnung in Bonn. Hatter Haidenreich gesorcht, datter Antek drei Monate hatter gekricht: Vocksaufhetzung, Körpervoletzung, Amtsanmaßung. Die Stelle mit Pangsion – weg wa se. Konntär sich als en staatlichen Pförtner doch nich erlaum, son Dingen.

Ja, wat soll sein. Seinerzeit habbichen Vordi kenngelernt. Dat wa dä ärste, där ma nix wollte von mich. Nich ma heiraatn. Statt dessen vostand der alles. Hamwer ganze Nächte hammer duichequasselt. Übert Leem. Sein Leem, meint. Auchen Öligen sein Angebot. Der Rentelen lach mir ja noch immer inne Öhrn mitten Appartement hier oom in Bredeney.

Hattän klugen Vordi mich dat erläutert: Solltich machen. Nur Kimmi solltich mitnehm, dat wär Bedingung. Hatter gleich gemärkt, watich die brauche, ja?«

»Vordenbäumen hat also regelrecht zugeraten zum Callgirlbetrieb hier oben?«

»Alle. Vordi, Öligen, Wietschlappen. ›Anita!‹ guagelte den Rentelens Waldema immer un luckste mich so ölich inne Pupillen, ›Anita, sei kleever, schon en Goethe un en Schiller ham gesacht, wer kleever is, denkt an sich säpps bis zuletzt. Ährlich. Dat stimmt, kannzen Vordi fragen, deim Oberlehrer, obdat wah is.‹ Hattär gesacht. Habichem gefracht, em Vordi, joo, sachtär, da is wat dran, sowat hätten die gesacht, Schiller un Goethe hätten gedichtet, der Staake, där wär am stärksten wär där alleine.

Vorkaufen täten se sich doch alle, sachter Vordi. Ehefraun, Aabeiter, Angestellte. Obde dein Körper nu hier maloochen läßt oder da. Ausbeutung is de gleiche. Musse kucken, dat du innendrin Anita Drögemöller bleibß. Und müßtich Kimmi mitnehm rauf na Bredeney un müßtich kühlet Köppgen müßtich behalten. An später denken, wat aufe Seite tun. Wennen Unternehmer de Fabrik abbrennt, hatter gesacht, iser vosichert. Wenn dein Astralleib wat passiert – braucht ja bloß krank wern oder im Alter: Gibt keine Sau wat für. Desweegn gätz wo se so eins A in Schuß is, de Fabrik: Sorchfältich Geld machen un auf Seite.«

Sie ging rund um den Brunnen und reckte und dehnte und schwang Arme, Beine und Hüften und warf die Haare herum – ihre Fabrik hielt dieser Inspektion stand: »Tipp topp, wa? Musse ja getz gut beurteiln könn –« sie schlug sich erschrocken auf den Mund, denn im Brunnen rotierten die Gedächtnisstützen.

Sie hockte sich in den Sessel. »Ich mir eines schön Tages schickobello wat angezogen. Dat dunkle Kostüm. Fünf Maak auße Omma ihre Kasse besorcht und ganz allein, ganz allein inne Elektrische gesetzt, Linie eins, fuhr ja duich von hinten von Altenessen bis hier rauf nach Bredeney Frankenstraße: Habbich die ganze Faaht immer gedacht: Mann, Ditta, kommz sonz nie hierhin inne bessere Kreise, nimmze dat Kimmi mit, bisse nich so allein, wat soll sein, mehr alz auf Schnauze fliegen riskierße wieso nich. Un wenn dein klugen Vordi dat sacht, dann stimmtat. Könn die Karle lechzen un ächzen wie se wolln: Du bleibs Anita Drögemöller.

Jau, da habbichet gemacht. 68 wa dat. So piekfein Luxus wie dat hier wa, dat war erste Reihe, dat war Loge, ja? Hatte ihm den Bongaatz vorfinanziert, dem gehört doch mitten Haidenreich zesamm gehört dem halb Essen un Düsseldorf mit ihre ganzen Schulden diese Gemeinden alle.

Habbich micheschworn: So wie die ganzen Schrapphälse, die Bongaatz, Haidenreich, Rentelen: Dat kannze auch! Schluß mit Kleingaatenvoain. Nu machße drei vier Jahre bein Rentelen Augen zu. Beine breit. Geld auf Kante. Sperrkonto. Vokaufßet Beste wasse haß, dein waamet Loch untie weichen Beine dran, stöhn schneller, Genosse! Dann wollmer domma sehn, wer hier wen inne Fanne haut! wer hier in Wahheit der Verkaufte is – die Männa odda ich.

So is dat geworn, nich? Wenn ich dreißich bin, geh ich na Süddeutschland, mach ich en Laden auf, Boutique. Eigene Füße. Dat wommer domma kucken.

Kimmi macht mit. Könnse mirn Buckel runterrutschen mit ihrn Freizeit-Club, die ganzen Mainzelstrategen, die WAZ-Männer, Fernseh-Ochsen, Bankbosse, Profithaie –«

Sie hatte wieder den Kognak geholt. Nach einem Schluck auf ihre Zukunft fiel ihr das Vergangene wieder ein. »Wart aus mitten Polikeit. Habbich nie mehr gesehn. Omma Wutke onnich. Die soll dat mittlerweile allens vokauft ham, ihre zornige Miefbude.«

Sie holte sich Zigaretten vom Brunnenrand, zündete an und kam zurück und sprach mit tragischen Bewegungen ihrer schönen Arme:

»Un kaum, daß uns ein Weilchen
der Hoffnung Blume keimt,
gestaltet sich ganz anders,
was wir gewünscht, geträumt.

Dat rahm ich mir auch ma ein, dat Sprüchsken. Is aus die Platte, die wo wer gestern draufhatten.«

Dann hatte sich am Telefon der Herr Haidenreich gemeldet. Er sei schon früher fertig geworden in Düsseldorf, früher als vorgesehen, ob er denn schon kommen dürfe – ja, wenn er's denn so eilig hätte, na bitte.

Sie hängte ein und sang abermals einen Vers aus ihrem Plattenrepertoire. »Ich weiß den Aufsichtsrat am Gängelband zu führen, zu intrigieren, zu malträtieren und zu bombardieren – und laß mich dennoch von Anita ach so gern verführen« – das passe speziell auf diesen ekeligen Haidiweich, sagte sie, aber das funktioniere nur bei den Platten, die sie von Vordenbäumen hätte, sonst nirgends, Schlager oder andere Opern seien ungeeignet für solche Scherze mit den Bossen, »vor allem diese Schinken von diesen Waachner, is dattänn onnoch Musik? Son ordenäres Geröhre, also dat is nu ächt brutal, wie die sich anbrülln stunnlang eh se bumßen gehn. Heimlich hintere Kulissen. Solln se't doch gleich vorne aufe Bühne machen, wenn se ein schon näaven mit ihrn ewiget Geseufze un Krakeele.«

Langensiepen zog sich irritiert zurück, ließ sie mit ihren Wagner-Theorien allein, mußte oben am Telefon einen Reporter der Neuen Ruhr Zeitung abwimmeln, rief danach die Düsseldorfer Nummer an, die Nöhles handschriftlich auf dem Zettel am Telefon hinterlassen hatte, erreichte auch sehr schnell den von Horobin und fand bei ihm volles Verständnis für die Bitte, in den nächsten Tagen keine internationalen Gäste mehr in den Ahornweg 6 zu leiten, solange, bis sich die Aufregung um die »Dröge« und ihr Appartement einigermaßen gelegt habe und der Fall Herlotzky einer Klärung näher gekommen sei.

Dieser Präsidentenbesuch gestern abend, säuselte der Düsseldorfer Dynamiker, da müsse er schon gratulieren, sowohl von seinen US-Kollegen wie aus Bonn seien nur günstige Berichte über das Wohlbefinden des Gastes gekommen. Schade, diese dümmliche Maifeier-Affäre verstopfe nun fürs erste dieses angenehme Bredeneyer Loch, haha, sogar ein Herrenlachen spendierte von Horobin heute.

Unterdessen beobachtete Langensiepen auf einem der Monitore, wie Anita sich auf Direktor Haidenreich vorbereitete: Sie zog ein dunkles Bolerojäckchen an, schwarzglänzende hautenge Hosen, einen breiten Ledergürtel mit brutalem Metallverschluß und kniehohe dunkle Stiefel, auf denen helle Beschläge glänzten –

Mit Rumpeln und Donnern schwebte der seltsame Kunde die schiefe Ebene hinauf, auf sein Klingelzeichen und Anitas Frage, wer dort sei, sagte der in die Sprechanlage: »Haidenreich mit a und i wie der Zierfisch – exemplarisches Kapitalschwein –«

»Halt Fresse, komm rein!« Sie drückte den Türöffner und stellte sich mit erhobener Peitsche auf einen Fellhügel neben den Wohnhalleneingang. Als Haidenreich erschien, mit zögerlichen Schrittchen, da knallte sie die Lederschnur, die knallte wie Pistolenschüsse.

Der gut 60jährige Herr blieb verzagt stehen.

»Wo kommst du jetzt her?«

»Düsseldorf –«

»Gib zu, dat du Iksleute übers Ohr gehaun has.«

»Ich gebe es zu. Aber vierzig Prozent Gewinn.«

Die kleinlaute Antwort brachte sie nicht etwa zur Ruhe, sondern erst recht zum Knallen und Schwingen: »Bild dir ja nix ein! Ihr Gangsters kommt euch beim Gängstern auch noch toll vor! Komm her, mickrigen Hai do impotenten Glubberaasch!«

Der alte Herr näherte sich unsicher dem Racheengel: »Ich weiß, ich bin ein Schwein.« Fiel vor ihr auf die Knie: »Strafe mich!« schluchzte er.

Sie knallte ihre Geißel, die Schnur surrte und explodierte dicht über seinem weißhaarigen Haupt, er beugte es bei jedem Schlag tiefer hinab und drückte es schließlich ganz auf den Teppichboden, als gelte es, islamische Gebete in Richtung Kuweit zu sprechen.

Und er sprach in der Tat eine bettelnde Litanei: »Du Engel der Betrogenen. Ein kapitaler Betrüger liegt vor dir im Staub, der an Zechenstillegung maßlos verdient hat und an Geldtransfer in die Schweiz –«

»Woran noch?« knallte sie ihn an. Er: »Seit zwanzig Jahren hab ich staatliche Subventionen in private Kanäle abgezweigt.«

»Weiter!«

»Seit achtzehn Jahren Rüstungsaufträge geschmiert.«

»Ja? ja? Keine Müdigkeit vortäuschen!« »Meine Gewinne in den Bilanzen regelmäßig verschleiert.«

»Und wat fürn Dingen hast du heut in Düsseldorf gedreht?«

Theodor Haidenreich wußte offenbar schon, was jetzt auf ihn zukam, denn er begann in kindlichem Winselton abzulenken: »Du Gute! Sing mir wieder das liebe, das ewig schöne Lied ›Haidschi –‹«

Knallend unterbrach sie ihn, setzte den Liedtitel aber fort und rückte dabei mit jedem Wort Knall und Fall auf Haidenreich zu: »Haidschi! bumß! peitschi! bumß! Wat hast du getrieben in Düsseldorf! Wen hasse vorkauft! vorhökert! beschissen!«

Drohend schritt sie von ihrem Hügel herunter und ging so dicht an ihn heran, daß sie einen ihrer Stiefel auf sein schönes weißes Haar setzen konnte. »Wen hast du verheizt?« Unter dem Haarschopf hervor kam seine brüchige Stimme: »Einen alten Bundesbruder.«

»Wie?« Ihren Stiefel drückte sie auf seinen charaktervollen Hinterkopf. »Wie! will ich wissen!«

»Indem ich ihm nicht gesagt habe, daß ich auch seinen Teilhaber schon in der Tasche hatte. Seit gestern.«

»Versteh ich nich. Drück dich klarer aus.« Sie drückte heftiger mit ihrem Stiefel.

Er ächzte: »Ihm gehörte ein Drittel. Seinem Teilhaber ein anderes. Das hatte ich längst, hab es aber abgestritten. Jetzt haben wir die Mehrheit in dem Laden und er ist kaltgestellt.«

»Und? Willst du die alten Verträge also nicht mehr halten, wenn der Laden euch gehört?«

»Hat doch keinen Zweck. Aah! bringt doch nichts, oaah, brauchen neue Verträge, waah, du Geyerwally, du böse –«

»Die Verträge werden eingehalten!« Sie schob ihren Fuß vom Hinterkopf in seinen Nacken. Mit dem anderen Stiefel stand sie auf seinem Silberhaar, so daß er nicht ausweichen konnte. »Die Verträge bleiben wie sie waren! Sonst: Haidschi bumß! peitschi bumß!«

»Jaa!« stöhnte er.

»Schwöre!« Langensiepen merkte es in seiner Erschütterung erst jetzt, daß sie ein korrektes, ja geradezu scharf gestochenes Hochdeutsch sprach: »Schwöre!«

»Ich schwöre.«

»Arm hoch!«

Er schob mühsam seine Schwurhand an Anitas Stiefeln vorbei über den Teppich: »Ich schwöre!«

Endlich war sie's zufrieden, beknallte den guten Vertragsabschluß mit ihrer Pistolenpeitsche und stieß den Peitschengriff in Haidenreichs Hintern: »Komm hoch!«

Er rappelte sich langsam auf, schwankte aber und blieb auf den Knien, offenbar noch zu geschwächt und unsicher. Er rückte seine taillierte Jacke zurecht und blickte elend zu ihr empor, wie ein Theaterstatist: »Oh, tust du gut. Du bist der beste, der edelste Beichtengel, den ich je genießen durfte. Du wilde, schöne Hure! So köstlich! so berauschend erlebe ich das nur mit dir prächtigem Ruhrmädel.« Er setzte mit einem Bein zum Aufstehen an. »Und glaub mir, ich hab hier manches erlebt.« Mit diesem Bekenntnis hatte er sich so weit gestärkt, daß er sich aufrichten konnte, er wankte, taperte zur Sitzecke und strich sich die Haare zurecht. Anita war aus dem Periskopausschnitt verschwunden.

Der schöne Herr Haidenreich ließ sich nun in Langensiepens Abendbrotecke nieder, schaltete neben seinem Stuhl eine Stehlampe ein und holte eine eng gefaltete Zeitung aus dem Inneren seiner Tweedjacke, auch bei schärfster Optik war nicht auszumachen, um welche Zeitung es sich handelte. Nur daß es die WAZ nicht war, ließ sich am Fehlen des verschachtelten Kleinklein deutlich erkennen. Der vielbeschäftigte Hüttendirektor hatte das Blatt offenbar schon auf der Herfahrt im Wagen gelesen, sonst hätte er es nicht so zielsicher gefaltet aus seiner Jacke holen und gleich weiterlesen können, er legte die Beine übereinander, zündete sich eine Zigarette an, legte den Kopf beim Lesen etwas zurück, so daß er zur Zeitung hinaufschauen mußte, ab und zu räusperte er sich, wechselte wohl auch die Beinlage – hatte es sich bequem gemacht, als säße er im Rheingold-Expreß.

Langensiepen steckte Winnesbergs WAZ-Artikel »Notfalls packe ich aus …« wieder in seine Jacke und beneidete abermals die beiden Zurückgebliebenen am Tresen, die über der vorletzten Sendung eingeschlafen waren und nun die Spätausgabe der Tagesschau verpaßten. Der Bundeskanzler knarrte umsonst an sie hin, beide hingen sie über der Thekenreeling wie Herlotzky über dem Bidetrand und wie Haidenreich unter der Dompteusenpeitsche.

Keiner hörte mehr den Kanzler. Offenbar kaute auch der nur dröhnend an seiner Nabelschnur.

Anita nahm sich reichlich Zeit für das Abendessen mit dem »Kapitalschwein«, Langensiepen spürte Hunger und eine Anwandlung von Eifersucht, als er ihren Aufwand und diesen Pomp sah. Schließlich hatte dieser Hai heute schon einen Bundesbruder gefressen. Und früher mal ihren Verlobten Polikeit. Ihn aber, Langensiepen, ihren Beschützer, hatte sie am Mittag mit »Butters« abgefertigt. Dem Geschäftsfreund fuhr sie Schüsseln und Soßen auf und Beilagen und Salate.

Später hatte sie ihm zwar noch erläutert, das seien nun mal die »Freßfreier«, »die berappen am besten«. Da ihr Hai ja seine sieben Blauen nur für üble Behandlung hinblättere und sie ihm ansonsten echt ja gar nichts biete, meine sie, daß sie ihm irgendwas Positives schon antun müsse. Und in der Tat, sie hielt nun ihr schwarzes Glanzleder unter dem flatternden Schleiergewand verborgen und servierte aufmerksam, ja liebevoll.

Langensiepen holte sich aus der Küche sein Schweizer Müesli, stellte fest, daß die Milch nicht mehr ganz gut war, und aß säuerlich seinen sauermilchigen Brei. Während von unten Messer- und Gabel- und Porzellan-Klappern und behagliche Konversation über den Lautsprecher kamen.

»Ob du's mir nun glaubst oder nicht. In einer Position wie der meinen – ausgezeichnet der Salat – lebt man am einsamsten. Obwohl ich täglich sechzig, achtzig personale Kontakte habe. Total einsam. Ingwer? – sehr gute Idee. Ich weiß nicht, es wird allerhand über mich erzählt – danke nein, ich habe vorerst noch – dieses Apfelrotkraut übrigens: ebenfalls vorzüglich – ich weiß, hinter den Kulissen schimpft manch einer über meine Methoden, aber – zum Wohl! – aber meinst du, es hätte bis heute im Aufsichtsrat oder im Vorstand oder sonst bei einer Fachbereichssitzung auch nur einer mal den Mut gefunden, diese Kritik, von der ich genau weiß, daß sie existiert, mir offen ins Gesicht zu sagen? – Ja, noch ein klein wenig, danke vielmals – Wie gesagt: im Grunde Null Kommunikation – Wenn ich von diesen Schleimern und Kriechern hierherkomme zu dir, das ist jedesmal wie ein Gesundbad, sage ich dir, eine Wonne und Wohltat, prost Mädel!«

»Prösterken!«

»Diese Kleinbürger fürchten, ich reiße ihnen den Kopf ab. – Glaub mir, manchmal fühle ich mich hundsmäßig allein. – Dabei wäre es mir ungleich lieber, ich hätte meine Gegner fair, mit offenem Visier vor mir. Aber Ritterlichkeit ist nicht mehr gefragt. Mundet wundervoll, die Ente, sehr gute Mast, wo ist die her?«

»Vierländer, von Albrecht.«

»Die Maronen auch? von Albrecht?«

»Hier oom in Bredeney ham die dat. In Altenessen kanntich dat ganich.«

»Das würde Albrecht dort auch nie los. Die fressen doch hundertmal lieber ihre Bratkartoffeln und Spiegeleier, ehe die ein einziges Mal Maronen, Schnecken, Austern, Froschschenkel anrühren, obwohl sie sich's leisten könnten heute, bei den Löhnen heute, aber die verschleudern ja ihre Flöhe in Mallorca. Meinetwegen, solln sie. Mir genügt der Ahornweg, haha. Oder mein Häuschen in Kettwig, haha. Guter Tropfen. Schön, daß du ihn kalt servierst diesmal. Mußt doch zugeben, war doch auch ein netter Einfall von mir, diese Kiste. Oder – nicht wahr, der ist doch aus der Kiste?«

»Hach die Kiste! Muß ich dir was erzähln. Die kam, da wa grade Bongaatz hier. Och, wa mir dat jetz peinlich. Die ham die einfach vorn im Flur hingestellt, ab weg wan se. Wie solltich die da getz wegkriegen? Mußte der große Fridderich die doch sehn, wenner rausging –«

»Wieso? warum? Laß ihn doch!«

»Der weiß doch, dattat *deine* Kellerei is.«

»Eben. Laß ihn doch sehn!«

»Ha, du bis aba auch en seltenen Heini.«

»Seltenen Heini! Seltenen Heini! Wenn das nur einmal einer von meinen Leuten zu mir sagen würde. Irgendwann mal so was wie eine menschliche Ansprache!«

»Den tätse doch aufe Stelle feuern, gibbet doch zu.«

Langensiepen konnte die weitere Entwicklung des Gesprächs nicht verfolgen, denn nun war auf seinem Fernsehgerät das Report-Magazin angelaufen – auf den Beitrag über die »Ruhe an der Ruhr« hatte er indessen mehr als eine halbe Stunde zu warten. Die Fernsehleute versprachen sich von diesem Film wohl eher komische Wirkungen, sie brachten ihn als launigen Ausklang, nach vielen kühlen Interviews zum deutsch-amerikanischen Verhältnis und zum kritischen Stand der Devisendiskussion und des Währungsausgleichs.

Gegen Schluß der Sendung endlich tickerte der moderierende Fernschreiber die Worte: »ruhrgebiet anfang mai: stepunat-bande beunruhigt bevölkerung«, danach ein überraschender Bildkontrast: Nach der düsteren schriftlichen Ankündigung sah man statt einer beunruhigten Bevölkerung ausgelassen fröhliche Stimmungsbilder vom Polizeibetriebsfest, dazu als Kommentar:

»Ruhe an der Ruhr verheißt die Aktion des Düsseldorfer Innenministeriums, in der Tat: Die Polizei feiert, als wäre im Land alles in bester Ordnung. Als würden in diesen Minuten nicht in Wahrheit Stepunat und seine Leute mit ihrem neuesten 800.000-Mark-Raub unerkannt untertauchen. An diesem feucht fröhlichen Abend erinnert an die Zustände draußen im Land nur eins – ein Liedchen.« Dann schwenkte die Kamera von den tanzenden, trinkenden, schwitzenden Freizeitpolizisten hinüber auf eine Bühne: Das also war der Erwin Kuhn, ja, an das Gesicht erinnerte sich Langensiepen. Der sang nun, wozu die Kamera aus dem Publikum heitere Reaktionen zeigte, seine erste Strophe:

Ja im Revier, das rat ich dir,
da trink kein Bier des Nachts um vier,
denn wupp, hast du kein klaren Kopp,
haut dir die Dröge einen drop.

Die letzten beiden Zeilen wurden vom Polizistenpublikum begeistert wiederholt, mit Geschrei und Geschunkel, dazu tönte düster der Kommentar:

»Was hier wie ein Karnevalshit gefeiert wird, ist andernorts Anlaß zu Sorgen und Protest: mittlerweile zwölf schwere Überfälle der sogenannten Mainzelmannbande – Bankeinbrüche, Geiselnahmen, Erpressungen, Raubüberfälle – zuletzt gestern in Bochum.«

Dann folgten Interviews mit den Gästen der Maiveranstaltung, an verschiedenen Tischen hielt ein Reporter den Leuten mit kurzen Aufwärtshaken sein Mikrofon unters Kinn: »Sie haben eben das Lied auf die ›Dröge‹ mitgesungen?« »Ja«, sagte ein Mann. Eine Frau: »Ja sicher dat!« »Worauf spielt dieses Lied an?« Die Frau wußte es: »Auf die Stepunat-Bande und Co.« Eine andere wußte noch mehr: »Die sind ne Verbrecherbande. Die gehörn ins Lager gehörn die. Unter Hitler häts das nie gegeben.« – »Irgendwo imponieren die mir schon.« »Wieso?« »Ja wenn man sieht, wie gut die das technisch jeweils vorbereiten, dann sagt meine Frau sogar manchmal, denen gönn ich das direkt.« »Riffifi an der Ruhe«, rief ein anderer.

Auf diese Polizeipointe setzte der Film die zweite Strophe des Erwin Kuhn:

Doch klaust du Autos eins zwei drei,
dein Freund und Helfer steht dir bei!
Mit Halbwelt stets im Bunde,
kassiert der Bulle manche Runde.
Ja heiß sind heute die Zeiten,
nur Gangstern drohn keine Pleiten!

Dann aber gab sich der Film ernst, wieder war's der Chef des Düsseldorfer Bürgerkomitees »Saubere Straße«. Diesmal saß er mit bedenklichem Gesicht vor einer eindrucksvollen Bücherwand, während er sich die Frage des Reporters anhörte: »Herr Kreitmeier, Sie sind der

Vorsitzende und Mitbegründer der Bürgerinitiative ›Saubere Straße‹, was sagen Sie zum Erfolg des Schlagers ›Ja, im Revier‹?«

»Ich höre das Lied soeben zum ersten Mal. Ob es ein Erfolg ist, weiß ich nicht, jedenfalls drückt es auf seine Weise schon sehr gut aus, was hier die Bevölkerung an Rhein und Ruhr denkt: Die Geschichte wird allmählich zum Skandal. Sehen Sie, da nützen offenbar alle Kapitalverbrechen dieser Bande nichts, da nützen CDU-Initiativen im Landtag nichts, da nützen auch sicher keine Schlager, auch wenn die, wie es scheint, noch so treffend die ganzen unzulänglichen Polizeimethoden auf den Arm nehmen: Da kann man, wenn man nicht zur Selbsthilfe greift, nur noch resignieren und dem Land eine andere Regierung wünschen.«

»Was werfen Sie der polizeilichen Fahndung vor?«

»Zu langsam, zu umständlich, zu vereinzelt, zu wenig koordiniert im Verwaltungswirrwarr des Ruhrgebiets, zu hilflos.«

Nach einem fairen Schnitt saß die angegriffene Seite da, vertreten durch den Essener Polizeipräsidenten Heinz Echnatinger, der in seinem Dienstzimmer vor einem Heinemann-Bild gefragt wurde: »Herr Polizeipräsident, in letzter Zeit sind die Vorwürfe gegen Ihre Behörde, gegen die von Ihnen zentral geleiteten Fahndungen in Sachen Stepunat-Bande heftiger geworden. Es heißt insbesondere, Ihr Vorgehen sei nicht effektiv, zu umständlich, zuwenig koordiniert mit den anderen Ruhrstädten.«

»Uns sind alle diese Vorwürfe seit langem bekannt, und ich kann hier nur noch einmal wiederholen, was ich schon Ende vorigen Jahres öffentlich erklärt habe: Es bleibt uns in diesem so und nicht anders gelagerten Fall keine andere Wahl als die Methode der systematischen, langfristigen Einkreisung. Spektakuläre Einzelaktionen bringen uns nicht weiter, vor allem keine Bürgerinitiativen auf eigene Faust. Wir verfolgen jeden Anhaltspunkt und stehen auf diese Weise kurz vor wichtigen Ergebnissen. Ich muß es aber noch mal sagen: Die Gruppe Stepunat arbeitet ja nicht nach einer festgelegten, voraussehbaren Routine, sondern verwendet immer wieder wechselnde Methoden, schon allein bei den bisher drei Bankraubzügen.« Und dann zeigte der Film statt Herrn Echnatingers Gesicht Fotos, passend zu seinen Worten: Bankfilialen, hohe Gebäude, und man mußte wohl glauben, es handele sich jeweils um die genannten Tatorte – »beim ersten Mal«, so sagte Herr Echnatinger zu den Fotos, »wurde auf offener Straße ein Geldtransport überfallen. Beim zweiten Mal wurde ein Kassenschalter umstellt und ausgeplündert, hier erfolgte bereits die erste Geiselnahme. Und jetzt, beim letzten Mal, in Bochum, haben sie nachts, in der Ruhe des Ersten Mai, den Tresorkeller aufgebrochen und mit internen elektronischen Kenntnissen die Alarmanlage außer Betrieb gesetzt.«

Dann wieder mit Herrn Echnatingers besorgtem Gesicht: »Alle diese drei Beispiele wurden jeweils anders konzipiert – wie die's beim nächsten Mal machen, ist ungewiß. Wo sie's machen, ebenso. Nur eins scheint sicher, das nächste wird kein Geldüberfall, weil sie auch inhaltlich jedesmal was anderes machen. Nun, ich bitte Sie, wenn man es mit dermaßen eiskalten Spezialisten zu tun hat, die sich von Erfolgen nicht verführen lassen, auf dieselbe Weise jedesmal gleich weiterzumachen, sondern die immer wieder die Branchen wechseln, die Methoden, die Orte, so daß wir wirklich oft nicht wüßten, daß es wieder mal dieselbe Gruppe war, wenn sie nicht ihr Maskottchen zurückließen« – und dazu zeigten die Fernsehleute auch gleich das Foto vom aufgebrochenen Tresor, in dessen leerem Winkel das Mainzelmännchen grinste –, »dann bitte ich Sie, nennen Sie mir mal eine sichere Methode zum schnellen Ermittlungserfolg!«

»Sehen Sie in einer solchen Bande die Bestätigung, daß unsere Zeit mehr und mehr zur Gewalttätigkeit neigt?«

»Banken und Banden gab es immer. Lesen Sie die Geschichte der Verbrechen, lesen Sie die Statistiken, ich finde es unverantwortlich, von einem einzigen Fall auf einen allgemeinen Verfall unserer Sicherheit zu schließen. Dahinter steckt eine bewußte Panikmache gewisser politischer Kreise.«

Abermals bot der Film eine faire Gegenüberstellung. Bürger Kreitmeier kam wieder zu Wort (und behielt auch das letzte): »Herr Kreitmeier«, fragte ihn der Reporter, »Ihnen wird nachgesagt, Ihre Bürgeraktion leiste keine echte Hilfe, sondern betriebe letztlich nichts als Panikmache.«

»Wer betreibt denn hier etwas? Ich gehe von den Fakten aus, die sprechen für sich. Ihr Unwesen betreiben die Herren Gangster: von Jahresbeginn bis heute drei schwere Banküberfälle, zwei Geiselnahmen, ein Mord und dazu ein unübersehbares Engrosgeschäft mit Autos. Rauschgift gehört neuerdings ebenfalls zum Programm. Das sind die Fakten und das ist keine Angstmache, sondern diese Fakten sind der Grund, weswegen sich keine anständige Frau mehr allein auf unsere Straßen wagt.«

Wie um Frauen zu zeigen, die dies dennoch wagen und darum zweifellos unanständig waren, schwenkte die Kamera eine Straße ab. ›Auch das noch!‹ erschrak Langensiepen – die Kamera zeigte den Ahornweg. Und dann näherte sich die Optik langsam und zielsicher dem obersten Appartement des Hauses Nummer sechs:

»Hier«, sagte dunkel und ausgebildet die Stimme des Kommentarsprechers, »in einem südlich gelegenen Wohnviertel in den besseren Kreisen Essens, hier wohnt die Dame, die schon zu Lebzeiten Gegenstand eines volkstümlichen Liedes wurde, hinter diesem Fenster, im Appartement der Lebedame, die im Revier als ›die Dröge‹ offenbar einen legendären Ruf hat, wurde ein Mensch erschlagen aufgefunden. Todesursache: Schädelfraktur. Wahrscheinlich nach einem Schlag mit einer Whiskeyflasche. Wir wollten eine Kollegin der Dröge interviewen, aber vergeblich; was diese Damen gewissen Halbweltmännern offenbar an Vertrauen reichlich gewähren, uns versagten sie es.«

Und dazu kam Marion Kimmeskamp die lange Treppe neben dem Schräglift hinab, blickte unsicher zur Kamera und verbarg schließlich ihr Gesicht hinter ihrer Tasche. Da wurde der Rücken des Reporters sichtbar: »Gestatten Sie uns eine Frage –« Die Marion riß ihre Tasche hoch und wollte sie auf den Reporter schlagen: »Mach datte wegkommß. Stink ab! Verpiß dich!«

Pikanter Schnitt auf das verschmitzte Gesicht von Erwin Kuhn im Festsaal:

Auf dem Heimweg sagst du ihr:
»Einen Kuß möcht ich von dir.«
Da holt sie aus ihrer Tasche
eine volle Whiskeyflasche,
die zerschlägt das liebe Mädel
kurzerhand auf deinem Schädel.
Alle mitsingen!

Ja im Revier, das rat ich dir,
da trink kein Bier
des Nachts um vier,
denn wupp, hast du kein klaren Kopp,
haut dir die Dröge einen drop!

Schluß der Sendung. Langensiepen, der auf der Kante seines Stuhls gesessen hatte, war ratlos. Dieses Lied, diese Sendung – würde man das Appartement erkennen? Nun kam es darauf an, daß der WAZ-Mann morgen seine übliche harmlos blöde Story veröffentlichte, dann war in zwei Wochen alles vergessen – oder?

Auch hier ging's um das Schwierigste, um die Psychologie. Um die des dicken, ängstlichen Polizeireporters und um die der Leute: Würden die ihren Wunsch nach Ruhe und Ordnung nun aggressiv gegen die »legendäre Lebedame« richten? Wenn schon kein Stepunat zu kriegen war, dann hatte man doch wenigstens diese »Dröge« –

Langensiepen beschloß, solche Gedanken in seinen nächsten Bericht an Grevenbroich aufzunehmen, heute abend noch würde er damit beginnen, wenn der letzte Besucher, wenn auch dieser Krenzmann wieder fort war. Wer war das nun wieder?

Er schaltete seine Kontrollapparate ein, im Stockwerk tiefer war die Vierländer Mastente verspeist, die Sitzecke war leer. Aber auch sonst, im übrigen Bereich der Halle, auch im Schlafraum keine Bewegung –

– aber im Spiegel, wie gut, daß es jetzt den Spiegel gab: da lag er im Baderaum auf dem Boden, auf einem breiten Tuch, der zarte dicke Greis, der rosige Theodor Haidenreich, und hatte, auf dem Rücken liegend, seine mageren Beinchen an seinen Wanst herangezogen und wurde gepudert und geölt und gebürstet, so sanft, daß er vor Behagen strampelte und Anita ihn loben mußte, den lieben alten Herrn: »So is recht, Beinchen hoch, dattie Anita deine Schande schön sauber kricht, du mein knautschich Haidiweich, ei sone schöne rosa Schrumpelhaut hat unser Scheißerchen, dat kommt von die gute Fleege, gell, mein Härzchen? ja, wo isses denn unser lecker Döfchen, ja wat hatter Direktor denn da son Heididei son niedliches Schwänzchen, Haidi Haidaa, jetzt klappen wir das dicke Windelchen ums Kindelchen, so un so, dat machterja schon prima mit, unsa Haidenkind, groß is der Theoschatz schon, richtich lieb Jüngelchen un weil er so brav wa, gibt Mutti ihm nu auch wat ganz wat Schönet zum Spieln: is das wohl weich? nu kreisch nich gleich, mein Heidiweich, ja dat macher gäane, woll? nuckeli nuckela so ein großen Duast hat mein niedlich Haidschiweichpeitschigleich –«

Langensiepen, ohne zu wissen, warum, hatte den Ton wegdrehen müssen, war auch nicht mehr in der Lage gewesen, weiter auf den Monitor zu starren, erst jetzt, im Biersuff, wo nebenan die Helden der Arbeit die ewige Mutterbrust beweint hatten, wurde ihm klar, daß der zum Marzipanschwein gepellte Hai aus den Chefetagen der Ruhr auch in ihm selber Schichten freizulegen begann, die er unmöglich wahrhaben wollte –

Er hatte dann versucht, seinen Bericht zu formulieren. Über den neuesten Stand der Ermittlungen in Sachen Herlotzky. Aber da wollte sich kein Anfang einstellen. Frauen als Mörderinnen.

Hilfesuchend zog er sich jenes Merkblatt neben das noch unbeschriebene Papier, diese Drucksache mit der Überschrift »RUHE AN DER RUHR. Merkblatt zur Sonderaktion im Ministerium des Inneren. Ausführungsbestimmungen für die Angehörigen der öffentlichen Ordnungsdienste.«

Aber Langensiepen war zu wenig bei der Sache des Ministeriums und zu sehr bei der Sache seines Inneren, las sich nirgends fest im Merkblatt, hatte am Schluß alle Seiten durchgeblättert und sich nichts gemerkt.

Als er das Titelblatt wieder vor sich liegen hatte, entdeckte er, daß er in der Überschrift im Wort RUHE das R mit dem H durch Pfeile und Bögen miteinander verbunden hatte. HURE? Wieso hatte er von diesem Austausch nichts bemerkt?

Auf dem Monitor sah er, daß Direktor Theodor Haidenreich nun nicht mehr von der Mutterbrust gestillt, sondern mit der Handbrause abgeduscht wurde. Danach frottierte die Dröge ihn liebevoll und zog ihn endlich auch an. Da Langensiepen den Ton weiterhin weggeschaltet ließ, bekam er nicht mit, warum der schöne Greis, nachdem er fertig angekleidet war und seiner Pflegefrau sein honoriges Entgelt überreicht hatte, aus welchem Grund er ihr danach noch den Kopf schräg entgegengehalten und sich eine so kräftige Ohrfeige hatte schlagen lassen, daß er mit einem fast erschrockenen Schritt zur Seite gesprungen war.

Dies war wohl der Abschied, Langensiepen überwand seine Scheu nicht mehr, auch ihre letzten Gespräche beim Hinausbegleiten ließ er sich entgehen.

Dann hatte sie unten den Tisch abgeräumt, mit Geschirr geklappert, eine Zeitlang war nichts von ihr zu sehen gewesen. Bis er sie im Sessel wiederentdeckt hatte. Erschöpft. Sie hatte dagelegen, die Beine über der schweren Armlehne, und hatte geraucht. Hatte die Terrassentür geöffnet und lange Zeit nichts getan als in den dicken Armen des Sessels zu hängen und zu rauchen.

Bis das böse Surren und Rumpeln der Kabine zu hören war und das süße Terzintervall. Und es kam Krenzmann hereingestampft.

Vorher hatte Langensiepen sich noch in Düsseldorf erkundigt, jetzt noch, um 21 Uhr, und hatte um Personalangaben gebeten zu Theodor Haidenreich und Werner Krenzmann. Der junge Mann am Apparat, von Horobins nächtliche Vertretung, schien verunsichert von diesem forschen Auskunftsverlangen und versprach Rückruf.

Nach zehn Minuten gab er die Daten durch: Die des Herrn Haidenreich stimmten mit Anitas Angaben überein, wenn auch noch einige weitere leitende Funktionen des zarten Greises hinzukamen, nicht nur Hütten-, auch Bankdirektor war der.

Krenzmann, der neue Gast, kam aus der Spitze eines Chemiekonzerns im Norden des Reviers und wohnte noch weiter nördlich, in Münster. Der junge von-Horobin-Ersatz teilte mit, daß Krenzmann unter anderem auch im westfälisch-lippischen Landesverband führend tätig sei und in dieser Eigenschaft auch in die Rundfunkgremien des WDR gelangt war.

Und dann kam er also hereingestampft, in Wort und Tat und Gangart, mit ausgebreiteten Fangfittichen scheuchte er Anita über die weichen Mondgebirge:

»Kindchen! Wie siehst du aus?! Wie unberührt!«

»Haha, bisse aba komisch.«

»Wie unberührt, meine ich, von diesen widrigen Ereignissen, von dieser Sendung heute abend« – er blieb keuchend stehen –, »hast du sie etwa nicht gesehen? natürlich nicht«, er stampfte wieder weiter, »du hattest ja Besuch, du untreue Wirtin wunderwild. Unberührt von dieser Hetzkampagne, diesem Kesseltreiben der Presse, ach Mädel, bommfurzionöses Mädel, geh, zieh dich aus, laß mich dich ganz schnell ankucken und bumßen, laß sehen, ob dus noch bist! Ja, weg mit diesen affigen Verfälschungen, dieser amerikanischen Unnatur, diesen synthetischen Vortäuschungen, weg damit, diese grausigen Farben, dies vorgetäuschte Leder, ja, auch aus, ganz nackt, hmm! saftig, dieser Bauch, hm, haa, abspritzen muß ich, wahnsinnig!«

»Au! Hör auf! vadorri vadammich, krisse dich nomma ein?«

»Diese zarten Schinken, diese Keulen! ja, das ist doch noch ein Ärschcken! Glückselig, wessen Arm umspannt einen Schinken aus Westfalenland aah aah aaahooo aa hm –«

Ein verworrenes Gebilde aus Gliedern und Kleiderteilen kugelte sich unter Gestöhn hinunter in eine Fellmulde und blieb dort zuckend liegen. »Mann Mann Krenzmann Krawenzmann hasse aba n ganz schön sexowellen Notstand. Je öller, je döller.«

»Je dröger, je möller«, japste Werner Krenzmann und wickelte sich nach dieser ersten Gewaltleistung aus dem Kleiderfleischklumpen heraus, erhob sich, keuchte, schüttelte seine Hosen endgültig von den Beinen und schnaubte:

»Es geht eben doch nichts – doch nichts – über den geraden Weg – keine Umstände – kein Gefackel – fackel – ach, Mädel, diese Bereitschaft, dieses Verständnis, wo findet man das sonst – das sonst – als bei dir, so straff und rosig – und unbekümmert direkt, nur bei dir, Drögekind – ich bin ja so froh, daß du noch ganz die alte bist, nach wie vor die unkomplizierte, die saftig realistische, die pfiffig clevere Dröge aus dem Reich der roten Erde –«

»Nu reichtet aba, außerdem iset gaa nich raus, obich nich doch aufem rheinischen Gelände außem Reichsbahnloch bin gekrochen –«

»Scheißegal sozusagen, entscheidend ist die Herkunft, der Name, die Wurzel –«

Sie war aufgestanden, er aber sank vor ihr auf die Knie und erfaßte mit jeder Hand eine ihrer Brüste: »O Ruhr du! Wo faß ich dich, wo!

Ruhr, wo?« Dann umfaßte er ihre kleinen festen Hinterbacken und drückte schmatzend Küsse auf ihren Bauch: »Du bist die Muse der Kumpels, der Millionen Angestellten, Arbeitslosen, dummerweise wissen sie das nicht, aber Gott seis getrommelt und gepfiffen, ich weiß es! Hahahaaa! Und das reicht!«

Bei diesen Kraftaktionen blieb Anita, wenn man eine gewisse Kitzligkeit abrechnete, nüchtern: »Wo hasse eintlich den Sekt außem Kofferraum? versprochen is versprochen!«

»Ach was Gesöff! *Dich* saufe ich! Alkohol? jetzt? Welch ein Kleingärtnergedanke. Leben ist Rausch ohne Krücken. Wozu Wein, zu was Sekt, wenn ich deine braune Muschi oder deinen Arsch im Gesicht habe, haa ham, das ersetzt – diese Backen, hamm, die sind mein Apricot-Brandy, mein Henkell saftig, du kapitale Wölbung aus Westfalen, du süße Berta der Betten hahaaa –«

»Gibbet doch zu – hasso ne Pille im Timpen!«

»Im Timpen! Pille im Timpen! Gratuliere! Anita Widukind Drögemöller Westfalenweib fängst mit einem Erdbeben an, um dich langsam zu steigern –«

»Sei domma ährlich: Has widdo n fettet Geschäft mitten Öligen inne Reihe gekricht, datte hier son dicken Willäm markiers.«

»Drögekind! ich könnte dir einen Kessel heiligen Paderborner Wassers weihen, so edel ringt sich dir die Mundart aus deinem sündefeuchten, leicht mongoloiden Maul –«

»Quatsch kein Kappes!«

»Jetz erklär mir das doch endlich mal genau, geboren – wo? Doch genau auf der Landesgrenze, wie? Mitten auf der Scheidelinie – ham hm ha Scheidelinie –« »Hör auf!« – »– zwischen Rheinland und Westfalen, mitten zwischen den beiden Arschbacken Deutschlands – o du Klo-Ausgeburt des Nordrhein-Westfalen-Gedankens!«

Mit erstaunlicher Wendigkeit sprang er auf seine Beinsäulen und schien plötzlich etwas an seinem Prachtpalast fehlkonstruiert zu finden: »Du wagst es, mitten zwischen zwei Regierungsbezirken, zwei Landschaftsverbänden, zwei Provinzen und zwei Großstädten auf die Welt zu kommen? Du gottvolle groteske Neu-Europa, als wäre nicht dein Nachname eine einzige Anklage gegen die Überfremdung aus der welschen Rheinländerei: Anita Drögemöller, welch ein widernatürliches Kombinat aus Dynamo und Dresden, welch ein Mischmasch aus Don Juan und Müller, aus –«

»Höddo auf! Sabbers mich hier de Hucke voll. Als wenn davon irnswat wah wär: wenn ich mitte Elektrische von Gesellenkirchen rübberjuckel nach Stoppenberch oda Essen-Katernberch, märkt dat kein ein, ob da irgndne Grenze – du Knallkopp, wat soll den Kappes?«

»Du warmsaftiges Kind der Unschuld!« Er sank wieder vor ihr auf die Knie: »Selbstverständlich! Wenn ich meinetwegen von Bochum westwärts fahre, über die B 1, dann tut sich Gewaltiges. Wenn man Augen dafür hat. Dann verlasse ich ursächsisches Revier und gerate in karolingische Abwehrbereiche, mitten zwischen die Pfahlbürger und Spießgesellen des christlich-orientalischen Fremdreichs, unter die Verleumder Wittekinds und seiner –«

»Isso Kokkelores! Wennze übbere B1 fährs von Bochum na Essen, dann märkse gaa nix!«

„Verdorben, verbogen, verblendet – Kind, ich rufe in dir deine mindestens dreißig Generationen Drögemöller auf! Dann sind wir ungefähr bei Wittekind, Hermann und Stußnelda, von einem stammst du mit Garantie ab!«

Er marschierte nun händeringend, nur mit offenem Unterzeug bekleidet, über die Fellkaskaden: »Das Phälische, um nicht zu sagen Phallische, das ist ein Gedanke, eine unsterbliche menschliche Haltung, ist der Menschen Art und Schlag, wie ihn die romanisierten, sprich karolingischen Franken gar nicht mehr denken, geschweige denn leben, verkörpern können! Karl zertrümmerte nicht nur die Heiligtümer auf der Hohensyburg, er entwurzelte auch die Art, das Innere dieser Lichthippies im Rupfenkleid, und noch heute, gerade heute im lebensgefährlichen großspurigen Schnellstraßen-Zeitalter kommt alles auf die Bewahrung dieser Reste des guestfälischen Phänotyps an – du Pißnelda Drögemöller, hinter der die Sittendezernate, Zeitungssyndikate und Fernsehapparate her sind, du gehörst in Wahrheit in Bronze gegossen, in Verse geschmiedet –«

»Dattu n Hau has, dat is ja klaa, nur, wo dat Westfälische an mir rumgurken soll, dat möchtichama gärne sehn –«

»Das siehst du sofort gurken – hier« – er stand auf und bedrängte sie –, »kuck dir diese Wünschelrute an, siehst du etwa nicht, wie sie wieder ausschlägt und gurkt, das tut sie nur, weil sie Heimat, uralte Heimaterde schmeckt, schon reckt sich dir Donnergotts Eiche, ein wahres Sinnbild roterdiger Stämmigkeit, entgegen –«

»Alten Rammler uten Mönsterland, bissa n ganz schön Schwerenöter, do mit deine Riesenbockwurst schon widder.«

»Bock ist gut! Kommunizierendes Röhren is besser!«

»Riesenbock is besser!«

»Ich sag ja, hemm hemm, der Ölige müßte mir eigentlich noch Geld obendreingeben, dafür, daß ich seine westfälische Wunderstute so inbrünstig und tiefschürfend durchpflüge wie ein echter Braunkohlenmassentiefschaufler – hem – geht doch nix übern strammes Stammesbewußtsein! Ahh, du meine Emscherschlammwonne – Wonne – womm – fröhliche Morgensonne – ahhh –«

Endlich verging ihm sein Wortschwall, Krenzmann mußte sich auf seine Wühlarbeit konzentrieren, ächzend. Langensiepen hatte als Bildausschnitt nur kapitale quarkfarbene Wölbungen, die wie die Riesenblasen eines kochenden Puddings immer wieder hochstiegen, um schließlich endgültig und klatschend zusammenzufallen.

Der Münsterländer nahm sich auch fürs Ausschnaufen Zeit. Fragte dann mit einer Stimme, die keine Hitze mehr befeuerte: »Weißt du übrigens, daß Rentelen verkaufen will?«

»Nee, sach bloß. Wirdet ihm endlich zu brenzlich?«

»Sieht so aus. Er meinte, sie würden jetzt alle genau beobachtet. Läßt sich Tömmchen eigentlich noch sehen?«

»Türlich. Rum nich?«

»Na wegen Hällo –«

»Meinzen Zoff mittie Pillen?«

»Hatte Hällo nicht gedroht, er würde den Wittkamp junior beim Bochumer Rektor anzeigen?«

»Kannzo nur lachen.«

»Mit Stoff hatte Hällo ja nie direkt zu tun, oder? Also konnte er auch nicht – – mir hat das immer wie ein Klotz im Magen gelegen, daß dieser Prolet von der ganzen Schose was wissen könnte und eines Tages mal wieder durchdreht und auspackt.«

»Dich kann dattonnich jucken. Fällz doch wieso immer aufe Füße.«

»Hast keine Ahnung, was da alles kaputtgegangen wäre. Sach mal, ist das hier eigentlich immer noch dicht? ich meine: polizeilich versiegelt und so?« Er rollte seine Augen und blickte an den Wänden herauf und die Decke entlang. »Kannzich ruich ausquatschen bei Anita. Hier bisse sicher wie im Grapp.«

»Gott seis getrommelt, das fehlte jetzt noch. – Also, was ich loswerden wollte: mein Brüderchen Horst –«

»Där Härr Ratshärr?«

»Richtig, Krenzmann, der Kleine, der soll doch nun Professor werden.«

»Den Schwachmathiker?«

»Bald gibts auch hier eine Universität –«

»In Essen?«

»Mußten wir ja machen, nach Bochum und Dortmund und Bielefeld wollten doch die rheinländischen Hausfreunde ebenfalls – auch – aber, wo war ich stehengeblieben: Also, Klein-Krenzmann wird ja dann Professor, wenn nichts mehr dazwischenkommt, du glaubst ja nicht, was das für ein Zirkus war, weil, ja, weil der Schwachmathiker, wie du ganz richtig bemerkst, nicht mal Abitur hat der.« Er holte sich aus seinen Kleidern Tabak und Pfeife und begann zu stopfen; die blanken X-Beine gemütlich übereinandergeschlagen, saß er feierabendlich friedlich in einer der oberen Kar-Nischen des Mond-Gebirges, vom Spiegel an der Rückwand auch mit seiner Kehrseite abgebildet.

»Zwar wäre das hier nicht der einzige Professor ohne Qualifikation, aber trotzdem kannst du mir glauben, was das für eine Heidenarbeit war, bis wir den ganzen Düssel-Klüngel so weit hatten – na kurz und klein, wenn jetzt der Name Krenzmann irgendwie durch solche Typen wie Herlotzky in die Zeitungen gekommen wäre, dann – hätte sein können – hätten wir die ganze Kleinarbeit umsonst gedeichselt.« Er zündete sich die Pfeife an und schmauchte. »Nun ja, dieses Loch ist ja erst mal gestopft, wie mir scheint, und Klein Horsti kuckt nun tapfer aus seinen Eierschalen und wird übermorgen Professor für Betriebswirtschaft. Wie sagen wir in Guestfalia, jedenfalls die Kenner? ›Dat löppt sik allens tourechte –‹«

In diesem Augenblick rief Herta an. Georg sei schreiend aufgewacht, habe geträumt, den »Langen« hätte einer erschossen, ein Einbrecher. Georg ließe sich einfach nicht anders beruhigen als durch diesen Anruf, er möge bitte entschuldigen und doch ganz kurz mal mit ihm sprechen.

»Hallo? Georg?«

Verschlafen und traurig kam die Antwort: »Hallo Langen. Wo bist du?«

»Ich mache Dienst. Immer noch in Bredeney. Es geht mir gut. Ist ganz ungefährlich hier. Ich bin hier ganz allein in einer eigenen Wohnung.«

»Kann in deiner Wohnung keiner einbrechen?«

»Nein. Es ist alles fest abgeschlossen. Du brauchst keine Angst zu haben. Du hast das nur geträumt.«

»Wann kommst du denn wieder?«

»Wenn das hier vorbei ist. Dann laß ich mir Urlaub geben. Dann spielen wir alle Memory und ich les euch vor. Die Wilden Kerle.«

»Ja. Aber wann?«

»Vielleicht in vier Tagen, oder in fünf.«

»Ich hab dich lieb, Langen.«

»Ich dich auch.«

»Detlev kann schon bis vierzehn zählen.«

»Prima. Ich muß jetzt leider weiterarbeiten. Schlaf schön, tschüß!«

»Tschüß.«

Schaltete sich rasch wieder über Ton und Bild in das Gespräch des westfälischen Wüstlings ein, der plötzlich so nüchtern geredet hatte. Aber von Pillen wurde jetzt nicht mehr gesprochen, auch nicht mehr von Horsti. Offenbar war der Chemiechef mit seinen zwei strammen Stammesfehden vollauf zufrieden gewesen, kleidete sich inzwischen an, Langensiepen bekam nur noch Reste eines Gesprächs mit. Hätte er das vorhin rechtzeitig auf Tonband aufzeichnen sollen? Aber wer konnte hier immer wissen, wer Kunde und wer Krimineller war, wenn hier alle immer alles zugleich waren –

»Hier sind die Opfergaben.«

»Hau! ganz neue Tacken?«

»Wenn sie nicht echt sind, kannst du dich bei Rentelen beschweren.«

»Ausgerechnet.«

»Also halt dich aufrecht!«

»Solang noch so Bekloppte wie du mich in mein Edel-Bums besuchen kommen, willich man ga nich klagen –«

»Tschö Ditta. Laß dich von den Mineralöligen aus Essen und von den Großkotzeten aus Düsseldorf nicht kleinkriegen, notfalls: Mönster, Im Kühl 6!«

»Tschö Wänner! – – – Elefantatte bis.«

Damit waren ihre Serviceleistungen beendet. Widukinds Krawall- und Krawenzmann war gegangen, hatte gegen Schluß nur noch zerfahrene Ergüsse über seine »Pott-Pythia«, sein »rheinisch-westfälisches Bettwunder« abgesondert und war davongestampft, der bodenverbundene Mann aus der westfälischen Chemiespitze. Wie hatte der getönt? Nun fiel es Langensiepen wieder ein: »Es geht doch nichts«, so hatte er gedröhnt, »es geht doch nichts über kommunizierendes Röhren.«

Danach war Anita noch über die Wendeltreppe hochgekommen, und sie hatten sich verabschiedet. Erschöpft war sie gewesen. Aber auch unsicher, was er wohl jetzt von ihr halten würde. Denn dies sei ja wohl echt pervers gewesen, und erstaunt war sie und irritiert und am Ende gut gelaunt, daß er ihre Leistungen bewunderte wie die einer guten Schauspielerin oder Krankenschwester. Viel zu gering honoriert fände er das. Nicht, was den Mammon betreffe, sondern das Ansehen bei den Leuten – wunderbare Arbeit leiste sie, geradezu staatstragend, kassenärztlich wertvoll.

Was sie denn gemeint habe mit solchen Anspielungen, er, der Krenzmann, habe wohl eine »Pille im Timpen«? Nun, das seien eben die Glückspillen aus dem pharmazeutischen Programm der Firma, in konzentrierter Dosis machten die high und happy. In Rentelens Filialen verkaufe Ämtern sie als Potenzpille. Von Tömmchen aber würden sie für psychedelische Gruppenexperimente verwendet, »reißenden Absatz« hätte der damit in Bochum und in Bredeney, Wittkamp bekäme sie wie Rentelen und Ampütte billiger, weil Tömmchens Vater ja den Krenzmann gut kenne, noch vom Studium in Münster her, wo sie in einer Landsmannschaft waren, auf die Weise kennten sich auch Bongartz und Haidenreich, das sei alles ein und dieselbe Clique, die und die Rotarier, und Waldemar Rentelen stecke da überall mit drin und sei »am Drücken un am Melken un am Betuppen –«.

Dann hatte sie tief Luft geholt, sie müsse schlafen, sie würde ihm morgen alles haarklein weitererzählen, bis jetzt wüßte er ja nur das Wichtigste von früher, morgen käme »alles was jetz is frisch aufen Tisch, heut aamt nix mehr – aus – alle«, hatte sie gesagt, und selbst wenn ihr jetzt noch einmal im Dustern der Helmut Herlotzky begegne mit seiner unter der warmen Dusche aufgeheizten »Proleten-Brechstange«, selbst dann müßte sie schlafen, so müde sei sie. Und hatte kurz ihren Kopf auf seine Schulter gelegt. Und war gegangen.

»Wir schließen«, sagte die junge Frau mit der Ähnlichkeit. Sie hatte ihm noch ein Bier gebracht. »Ich möchte kassieren.«

»Ist doch noch nicht zwölf.«

»Wir machen Feierabend.«

Die Kneipe war leer. Nach Sendeschluß hatte sie den Fernsehapparat ausgeschaltet. Davon war der eine der beiden am Tresen aufgewacht und hatte seinen Kumpel geweckt, sie hatten bezahlt und waren fortgezogen, murmelnd, murrend.

Langensiepen gab der Frau dreißig Mark in Scheinen und machte eine Handbewegung, sie solle den Rest behalten. Da ließ sie ihn in Ruhe, stellte die Stühle auf die Tische und drehte das Licht aus bis auf die Funzel in Langensiepens Ecke, in der des Gemütlichkeitsvereins Drei Rosen. Mit den Strohblumen vor dem handgemalten Schild. Anita-Gedächtnis-Ecke. Die Schwarzhaarige zog sich zurück in den Winkel hinter der Theke, schien dort zu warten, bis er sein Bier ausgetrunken hatte. Er trank einen Schluck und sah in der Dunkelheit ihr weißes Gesicht.

Wie hatte er nur diese Ähnlichkeit mutmaßen können. Die tote Dröge, versteckt unter Zweitfrisuren? Abgeschmacktes Vexierspiel. Die lag jetzt oben, hundert Meter höher, in der Südstadt, zwischen schwarzem Marmor und Ruhrsandstein im Lehm, daran gab's nichts zu rütteln. Diese hier mit Anita zu verwechseln – wenn sie's wäre, hätte sie ihn gleich beim Reinkommen gefrotzelt: Warum er sich ins hintere Eck verziehe, ob er vielleicht Angst habe vor ihr und dergleichen und dergleichen und –

Warum knickten die Linien im Glasschrank. Hier zog doch kein Wind. Forscher Frühwind. Hier stand der Muff. Der Rest ist Muff. Weichgekochte Erinnerung in pikantem Muff –

Langensiepen wich ihrem vermeintlichen Blick aus, wich zurück vor dem weißen Gesicht in der Ecke, schaute auf sein Glas hinunter, griff, um sein Blicksenken für die da zu motivieren, zum Glas, streckte die Hand aus zum Glas und zog die Hand wieder zurück, als hätte er sich verbrannt. Warum zurückzucken? So hatte es seine Mutter beschrieben. Schon als Kind hätte er die Dinge nur so berührt, vortastend. Nur zwei Finger, Zeige- und Mittelfinger voraus. Die anderen drei zurückgebogen, in Sicherheit. Erst mal probieren, ob's recht ist, ob's kein Malheur gibt. Erst dann der Zugriff. Langensiepens Berührungen.

War er so schon auf die Welt gekommen? Mutierter grauer Asphaltfalter? Er faßte das Glas an und trank. O du fröhlicher Krenzmannscher Zugriff.

An dem Abend, nachdem sie gegangen war, hatte er noch einmal versucht, den zweiten Bericht zu schreiben, für »BKA/BfV Landesamt Düsseldorf«, mit Durchschlag fürs Präsidium Essen. Aber er fand die Situation nicht darstellbar.

3. Mai 1970

Am nächsten Morgen frühstückte er im Slip, rasierte sich, zog sich an. Und dann wurde sie in den Briefkasten geworfen, die WAZ. Mit Ludger Winnesbergs Bericht.

Er ging in den großen sonnigen Aussichtsraum. Über Nacht hatte es weitergeregnet, jetzt aber blitzte die Sonne auf den Blättern, auf dem See. Er stellte den Abhörton an, nahm die Zeitung und fand gleich vorn auf der Titelseite, als Blickfang, eingeschachtelt in das schiefe WAZ-Mosaik, den Hinweiskasten: DIE »DRÖGE«: ICH PACKE AUS! und eine Aufforderung, man möge auf Seite drei »Aus dem Westen« Genaueres lesen.

Aus dem Lautsprecher verbreitete sich eine milde, stille Morgenmusik. Die Stimme eines älteren Herrn meinte: »Nun ist's vollbracht. Du kehrst zur Heimat wieder.«

Auf Seite drei stand breit und laut wiederum eine Ankündigung: NOTFALLS PACKE ICH AUS. Hatte sie das überhaupt gesagt? Wie kam dieser scheinheilige Ludgerus darauf? Oder war das nur die Aufmachung? Die Unterzeile hieß: »Ludger Winnesberg sprach mit der ›Drögen‹ – Ich bin keine Nitribit.« Und dann, fettgedruckt, der Vorspann zum Artikel:

> *Während die »Report«-Reporter gestern abend unverrichteter Dinge vor dem Appartementhaus der »Dröge« umkehren mußten, gelang es unserem Polizeireporter, Ludger Winnesberg, die berüchtigte »Zentralschaffe« der Mainzelmann-Bande exklusiv zu interviewen. Auf Anita Drögemöller – so ihr voller Name – scheinen sich neuerdings die Ermittlungen der Kriminalpolizei zu konzentrieren. Wie erinnerlich, war vor vier Tagen der Stepunat-Komplice Helmut Herlotzky erschlagen aufgefunden worden – wie uns nunmehr bestätigt wurde: im Appartement der »Dröge« …*

Fatale Fakten. Wollte die Redaktion mit diesem Anreißer die offenbar allzu lyrischen Eindrücke des Winnesberg aufheizen? Aber auch der hatte sein braves exotisches Feuilleton mit Reizwörtern gespickt –

– mitten auf dieser Seite drei, rings umgeben von Winnesbergs Artikel, hatte man im besonderen Schnörkelrahmen das Dröge-Lied des Erwin Kuhn abgedruckt. Dazu das Foto des Liedermachers und ein Kurzporträt des jungen Mediziners, verheiratet, zwei Kinder.

»Hier oben dir der Friede nicht erblüht« tönte breit und schön die Musik, mit der sich Anita dort unten Morgenstimmung machte. Langensiepen las rund um den Schnörkelkasten, was Winnesberg eingefallen war, und bemerkte beim Lesen, daß er nasse Hände hatte.

Weißes Terrassenhaus im Grünen, Eigentumswohnungen, Bungalows – nichts an dieser Idylle im Essener Süden deutet daraufhin, daß hinter einem der prachtvollen Fenster die erste ruhreigene Skandaltochter wohnt und dort trotz allen öffentlichen Zorns nahezu unbeachtet weiterwohnt und »arbeitet«. Ihre Affären reifen sozusagen in aller Stille. Ein Schrägaufzug fährt mich in den sechsten Stock hinauf, friedlich harmonisch läutet die Bimbam-Glocke, Sprechanlage, automatischer Türöffner, geräuscharme, fast dunkle Gänge.
»Ja bitte, worum geht's?« Ich schaue in das ganz normale, offenbar liebenswürdige Gesicht einer sehr jungen Frau. Auf meiner Suche nach skandalträchtigen Anhaltspunkten fällt mir auf den ersten Blick nichts in dieser Wohnung auf. Ich nenne Herkunft und Absicht, sie zögert kurz, wie man vor Interviews wohl das Recht hat zu zögern.
»Bitte kommen Sie, setzen Sie sich!« Sie spricht dies im unüberhörbaren Tonfall des Reviers. »Es ist hier zwar im Moment ein bißchen unordentlich, bitte nicht so genau hinsehen.« Jede Hausfrau leitet mit solchen Entschuldigungen ein – ist die Skandalnudel des Industriegebiets in Wahrheit eine korrekte Frau Saubermann? Ich mustere zum zweiten Mal den geräumigen Wohnraum mit dem weiten Ausblick über den Baldeneysee. Nun allerdings drängen sie sich doch auf, die Klischees der St.-Pauli-Filme: geschmacklose Kunstblumen, farbgrelle Tapete, das berüchtigte Mainzelmännchen auch hier auf dem Fernsehgerät. Darunter gar ein Plattenspieler – mit welchen Platten, das traue ich mich nicht zu entziffern. Meine erste Frage natürlich: Wie sie sich denn so fühle als frisch gebackener Gegenstand öffentlicher Diskussionen und nun sogar eines Liedes – ich habe noch nicht zu Ende geredet, da schießt sie schon los: Das Lied kenne sie noch nicht,

aber sie verrate gerne, weswegen ich so mühelos Zutritt gefunden hätte, sie fühle sich verleumdet, verrufen, sie sei, und dieser Ausspruch fällt wörtlich, sie sei »eine anständige Person«. Sie habe weder mit dem Mord an Herlotzky noch mit den Aktionen der Stepunat und Co. irgendwas zu tun, aber das würde noch rauskommen, die Polizei arbeite noch an den Ermittlungen, die würden es alle noch begreifen. Meinem Wunsch nach jenem inzwischen bekanntgewordenen Whiskey entspricht sie mit sicheren Manieren, um sich dann in perfekter Pin-up-Pose auf ihrer zweifellos lastervollen, fellbedeckten Lagerstätte auszustrecken, bekleidet mit nichts weniger als einem schleierhaften Hausanzug-Arrangement, worin Farben zwischen grün und violett die Hauptrolle spielen.
Als ich einen Vergleich versuche und sie zur »Nitribit im Ruhrgebiet« erkläre, kriege ich feine Unterschiede hart zu spüren: Was denn? Diese Nitribit, die habe es noch nötig gehabt, hinter ihren Kunden herzufahren, sie aber brauche solche armseligen Werbemethoden schon seit Jahren nicht mehr, zu ihr komme »man« von ganz allein und immer wieder gern, sie sei eben ein Tip, den man sich weiterreiche nach den großen Konferenzen, wenn die Herren beim Abschluß der Geschäfte auch noch private Freunde geworden seien, dann genüge ein Anruf, und man käme eben her. In der Tat, das sehe ich ein, hier herrscht eine ganz andere, eine freiere Atmosphäre, und ich nehme mein böses Nitribit-Wort mit Bedauern zurück. Eine »anständige Person«.
Nach diesem Einverständnis wird sie besinnlicher und beginnt zu plaudern: Über die Leute, die sich doch nicht so haben sollten, die es eigentlich doch alle trieben, seitwärts und auswärts, und wo nicht, da fehlte ihnen nur das Geld oder die Aufrichtigkeit. Die jetzt am lautesten über sie schrien, die hätten es am dicksten hinter den Ohren, da wolle sie keine Namen nennen, jetzt noch nicht, auf jeden Fall aber dann, wenn ihr jemand ernsthaft an den Kragen wolle. »Die Leute werden sich noch alle wundern.«

»Bald fließen milder deine Tränen«, sang durch den Lautsprecher der sanfte Baß. Langensiepen las weiter:

Ihr Grollen veranlaßt mich zu einer Frage, die ich im nächsten Moment schon wieder bereuen sollte: »Ob denn hier im Ruhrpott ...« – – ich wollte fortfahren: ob denn hier irgend jemand allen Ernstes diesem bezaubernden Wesen »an den Kragen« wolle, doch gleich nach »Ruhrpott« unterbricht sie: Wenn sie das schon höre, Kohlenpott, Ruhrpott! Als ob wir hier alle in einem Pott säßen, sozusagen alles Pottsäue und pottdreckig! Zwischen Wänden aus Dreck, unter einem Deckel aus Dunst, und da drin hockten also wir Millionen arme Irre an der Ruhr grade so kläglich wie dieser Fischer und seine Frau in ihrem Pißpott, die es so toll haben wollten wie der Herrgott selber und die es am Ende nur zu einem Pinkeltopf gebracht hätten –
Dieser cholerische Schwall vom Nachtgeschirr, in dem man sich, weil man nichts von ihm bemerke, auch noch wohl fühle, dieser überraschende Schub an Heimatbewußtsein verwirrt mich. Bin ich doch selber als Ruhr-Redakteur auf dieses Bewußtsein verpflichtet. Es bleibt mir nichts übrig, als neidlos anzuerkennen, daß echte Ruhrkinder auch die besten Heimatplädoyers vorbringen – der »Dröge« sei Dank! Ich verlasse sie, beeindruckt und überzeugt, daß ihr in der Tat Lieder gebühren. Aber noch beim Weggehen überschüttet mich ihr beredter Ruhrtonfall mit echten, beinahe verzweifelten Wünschen nach einer Richtigstellung ihrer Rolle in der Stepunat-Daueraffäre, man solle doch nicht so tun, als sei sie die Chefin dieses Unternehmens, sie sei nicht mal Mitglied, geschweige denn Teilhaberin, das solle ich doch mal ganz deutlich herausstellen und allen ihren Geschäftschädigern ins Gesicht sagen, das verspreche ich, und dann kann ich, Gott sei Dank, diesen Bredeneyer Venushügel verlassen.

Von unten herauf gestand der ältere Sänger: »Ich wollt erfahren, um wieviel besser denn die Wesen sind, in denen eine Seele wohnt.« Langensiepen schaute hinaus auf die prächtig blitzenden Wälder, auf die blendende Fläche des Sees –

– das Telefon. Er nahm ab.

»Walter Stepunat.«

Ganz in der Nähe sei er und müsse ihn sprechen. Er habe bessere Informationen als die »Dröge«. »Aus erster Hand.«

»Wo wollen Sie mich sprechen?«

»Brauchs nur außem Fenster kucken neben deinem Haustürchen. Da siehße so einen schnuckeligen Lamborghini. Grün-schwarz. Da drin bin ich. Aber nur fünnef Minuten. Kannz dein Grevenbroich solange ruich poofen lassen.«

»Ich komme.«

Langensiepen legt auf. Zitternd. Seine Hände. Im Zittern kann man doch nicht – Scheiß-Einmann-Idee. Georg, es ist ganz ungefährlich. Grevenbroichs Kack-Solo-Konzept. Langensiepen zieht sich die Jacke über den Pistolengurt. Geht über den Flur zum Fensterchen neben dem Eingang und schaut hinaus: ja. Unter den Silberbuchen. Neben seinem Coupé steht der italienische Edelflitzer.

Er geht zurück, ruft Grevenbroich an und sagt, was los ist. Kommen, absperren, einkreisen. Er werde versuchen, Stepunat hinzuhalten. Grün-schwarzer Rennwagen, Lamborghini.

Er geht wieder zum Ausgang der Kontrollwohnung, öffnet die Tür. Geht langsam über den Platz. Die Windschutzscheibe des flachen Wagens steht zu schräg, liegt in ungünstigem Winkel, blendet. Er sieht nicht, wer drinsitzt. Aber es sitzt einer drin.

Der Lehm auf der Straße. Vom Regenwasser wieder aus dem Waldboden gespült, heute nacht.

Das Geräusch. Der im Wagen wirft den Motor an. Rennwagenmotor. Die Bewegung des Wagens. Der will abhaun! »Halt!«

Wie konnte Langensiepen vor diesen Wagen springen, wie konnte er glauben, daß er nicht überfahren wird, daß statt dessen der Unsichtbare anhält und wartet? – der wartet hinter der Blendscheibe.

Als Langensiepen langsam vorwärts geht, stellt der den Motor aus und kurbelt das Seitenfenster runter: Nicht der »Schwatte«, nicht Stepunat. Irgendein unbekanntes Gesicht. Nicht auf den Fahndungsfotos.

Sie schauen sich an. Dann beruhigt sich Langensiepen und kann reden. »Ist das Ihr Wagen?«

»Nee«, antwortet der Unbekannte. »Der gehört einen, der sich heut früh furchtbar aufgerecht hatter sich.«

»Ihren Ausweis bitte!«

»Über dies Käseblatt hier hatter sich aufgerecht.« Statt den Ausweis zu zeigen, zieht er aus seiner Jacke die WAZ.

»Getz werden wir ja wohl alle ausgepackt, wa?«

Langensiepen blickt sich um. Niemand.

»Dicken Bongartz auch, woll?«

»Wo ist Stepunat!?«

»Über diesen Artikel wird sich der große Friedrich aber gaanich richtich drübber freun.«

»Wo ist Stepunat?«

»Stepunat?«

»Er hat mich angerufen. Er wollte mich sprechen. Hier.«

»Dann wird er wohl auch gleich kommen. Wat der sacht, dat tut der.«

Langensiepen erschrickt und rennt. Rennt zurück in das Haus. Hinter sich hört er, wie der Kerl den Motor wieder anläßt und losfährt. Rennwagenmotor. Langensiepen rennt in den Eingang, hört hinter sich im letzten Moment noch einen zweiten Motor, schließt die Tür, blickt durch das kleine Fenster zurück auf den Parkplatz und sieht, wie in diesem Augenblick ein grauer VW-Käfer vorbeikurvt – am Steuer, dicklich glänzend – Rentelen.

Er rennt in die Küche, die krachende Wendeltreppe hinunter. Rennt unten über den Flur. Am Eingang zur Wohnhalle: anhalten, entsichern.

Die Terrassentür steht offen. Auf dem Teppich lehmige Fußspuren. In beiden Richtungen.

Raus auf die Terrasse, spürt, daß seine Beine staksen. Stepunat hier? im Stock darunter? Er hört, daß sein Atem schlottert. Nein, nicht hinten über die Leiter runter, sondern sofort an der Liftseite auf die Blumenkästen hinauf, zwischen Wacholder und Azaleen – und überblickt die Treppe. Am unteren Ende der Treppe wartet er jetzt, der Kerl im Lamborghini. Und direkt unter Langensiepen kommt Stepunat in diesem Augenblick aus dem Kimmeskamp-Eingang auf die Terrasse. »Stehenbleiben! Hände hoch!« Langensiepen schießt in die Luft.

Stepunat reißt wirklich seine Hände hoch, schießt aber zugleich zurück. Langensiepen zuckt mit dem Kopf, nein Georg, keine Angst.

Stepunat springt an die Aufzugskabine, steigt außen an ihr herum, so daß sie ihn gegen Langensiepen abdeckt. Stepunat duckt sich, schießt wieder auf Langensiepen, schießt um die Kabinenecke herum, ungenau, greift aber zugleich mit dem anderen Arm in die offene Kabinentür, schießt weiter, mehr pro forma, hat den Fahrtknopf erwischt und fährt abwärts und schießt und fährt.

Langensiepen kniet, schießt zurück, Kabinenglas splittert, kann man diesen verdammten Lift nicht zum Stehen kriegen, nein Georg, du hast das nur geträumt, der entkommt. Schießen muß ich, wenn er sich wieder um die Kabinenecke herumbeugt, wenn er sich vorbeugt, um zurückzuschießen, der »Schwatte« schafft das mal wieder, das Abhaun, schießen und abhauen, vielleicht kommt rechtzeitig der erste Streifenwa – was ist! Stepunat schreit –

Ekelhaft war dieser Schrei gewesen. Gequetscht hing er, der »Schwatte«. Mit dem Rücken gegen die Betonwand, zwischen Betonwand und Liftkabine gequetscht – dieser Schrei –

Langensiepen dreht sich zurück zur Terrasse. Geht. Taumelt weg. Diese Helligkeit der Sonne. Geht in den Wohnraum. Geblendete Augen. Geht in den Schlafraum. Geht in den Baderaum. Sie kniet. Wie Herlotzky gekniet hat. Als habe sie sich noch im letzten Moment – – sie hatte – –

»Taxi!« schreit er und stürzt hinaus. Wankt. Die Luft. Vielleicht hilft Luft. Aber auch diese Außenluft stinkt, diese Luft auf dem schwarzen Aschenplatz. An der Brandmauer, Parkplatz nur für Gäste. Schnitzel. Gemischter Salat. Kotzen als Kultopfer. Am Altar der Aufwärtsblikker. Spitzenkräfte. »Fortune«. Musse eemt glaum.

»Der Fall Herlotzky ist damit abgeschlossen.« Hier oben dir der Friede nicht. Drei Tage Sonderurlaub. Baan-Baan. Warer Hällo unsern First-class-Abendtrost. Und Grevenbroich kam sogar selber in den Ahornweg. Die Kimmeskamp losbinden, helft ihr, ich kann nicht. »Der im Lamborghini, ja.« Aber kein Rentelen. »Mir egal, der Fall Herlotzky ist für mich abgeschlossen«, befindet Grevenbroich.

»Stepunat hat noch eine halbe Stunde gelebt.« Haftbefehl gegen Rentelen weg nur weg Kotzeidank Ferien Travemünde Fähre oder Neustadt zu wohnen auf nem schönen Schloß, dann spielen wir, und ich les euch vor. Der »Schwatte«, von der Kabine zerquetscht.

Grevenbroichs Schlag auf die Schulter. »Unser Nachwuchskumpel! gratuliere!« Und die rasenden, die WAZenden Reporter, die »Wilden

Kerle«, wie die ihre Schlagzeile auf Seite eins gedonnert hatten. Historische Stunde: STEPUNAT IST TOT, ein Gespenst vom Tisch, Ruhe an der Ruhr, hurra, Knusperwalzer, die Hex ist tot. Friede Freundschaft Eierlikör.

Stepunat also. Hingedrückt. Erst den Hällo. Dann die Dröge. Und zum dritten er selber.

Seite drei, »Aus dem Westen«: den Stepunat habe dieser »Langensiepen sich kassiert«. »Im Duell Mann gegen Mann« brüllte die andere, die BILD. »Mann gegen Mann«. Auf dem Gästeparkplatz der ›Ameise‹, da hingen sie vor ihm, strahlend und sportlich bogen sie sich auf schlaffem Papier herunter von der Ziegelwand, die Männer der neuen Zeit, die ließen sich bepinkeln, bekotzen, die hingen runter, die Schloß- und Schlotherren, die Rauchbarone. Aber jetzt schaltete die da drinnen das Außenlicht aus. Schluß mit der Strahlkraft Mann gegen Mann. Das sah ihr noch mal ähnlich. Ob die ein Taxi bestellt hatte?

»Auf der Strecke blieb auch die berüchtigte Lebedame Anita Drögemöller, von der wir noch in unserer gestrigen Ausgabe einen ausführlichen ...« Mitten auf Seite drei, immerhin eine Zwischenüberschrift für die Dröge: SEIN LETZTES BLUTOPFER. Auch im Tod Beiwerk, pikant. Ein Bei-Tod. »Vorzierung«. Zwischentitel für eine Nebenfigur. Die Strafstatistik belegte, daß Frauen, wenn sie denn je mordeten, fast immer lebenslänglich bekamen. Dagegen die Männer. Blech gegen Blech. Stepunat, das ist Heldentod. Dröge ist Zugabe.

Keiner gab sich die Mühe, nachzuprüfen, ob im Ahornweg 6 was falsch gelaufen war. Weswegen auch? Der Dröge wegen? Da krähte kein Gockel mehr. Höchstens schwarzrotgoldene, aus Bonn, aus Düsseldorf, aus Münster. »Immer mit dir.«

Die Kollegen hatten gratuliert. Ausnahmslos. Ihm, dem die Lage blitzartig erfassenden, tapferen, geistesgegenwärtigen, unerschrokkenen, kühl reagierenden, sekundenschnell einsatzbereiten Rudolf Langensiepen. Gestern rief Grevenbroich sogar zu Hause an: Der Innenminister selber wolle ihn, Rudolf, sehen, in der nächsten Woche in Düsseldorf. Langensiepens vorbildlicher Einsatz im Rahmen der Sonderaktion. Ob er schon Kreuzschmerzen spüre. Seinen schwarzen Anzug solle er schon mal in die Reinigung.

Bekleckert hatte er sich. Mit Ruhm an der Ruhr. Mit gemischtem Salat. Der rechte Ärmel stank noch. Reinigung. Obwohl er ihn abgewischt hatte am Stuyvesantpapier. Dunkler Anzug. Zeit der Birkenspanner in Schwarz. Die hellen Tiere würden den Mund halten müssen, denn die große Verdunkelung kam nun und die Ruhe, und dann war alles leer und seelenlos wie zum Anfang der Asphaltzeit.

»Wozu die Natur sonst Jahrtausende gebraucht hatte, das schafft sie nun überfallartig.« Sonst hatte der nichts mehr gesagt. Vordenbäumen. In seine beiden Kästen hatte der geblickt. Hindurchgesehen.

Dem Taxi schon mal ein bißchen entgegengehen. Nur in den Kirchen ist noch Stille. Und knien müssen wir, noch immer. Zum Hingedrücktwerden. Die hellen Tiere werden gefressen.

Wer frißt? Wer drückt hin? Stepunat? Oder der progressive Geistliche? Oder Bongartz oder Haidenreich oder Krenzmann oder Rentelen oder Kreitmeier oder hier oben dir der Friede nicht –

»Bin ich primmetiv?« Tatsächlich, die hat das Taxi gerufen. Blechschnauze lächelt Chromzähne. Ob der mich mitnimmt in dem Zustand? »Bitte Goethestraße!« Morgen kommt alles was jetz is frisch aufem Tisch. Dat wommer domma sehn. »Trauerspiel der Spitzenkräfte.« Vordenbäumens Kaffee. »Ist Ihnen eigentlich klar, daß der Grundriß«. Ja, er wolle die Kimmeskamp zu trösten versuchen, werde sofort zu ihr fahren, die kannte den jungen verlegenen Pfarrer, ob sie's mit dem mal. Sonst aber hatte der Hauptlehrer den Mund gehalten, diesmal. Hatte nichts erklärt. Nur das verfinsterte Tier. Asphalt. Als habe sie im letzten Moment.

Oder Herlotzky drückt hin oder Stepunat oder die Abromeitsche oder Chrysler oder die Bankchefs oder Geisthöfel oder die einen spielen das Spiel oder die anderen wollen es verändern Gott als Arbeitgeber kuckße duiche Röhre lebenslang kommunizierendes Rühren an der Ruhr

Die lange Straßenbahnstraße bis Bredeney. Säugling auf den Schienen. Auf ungewöhnliche Weise schenkte gestern eine Mutter ihrem Kind is doch en Betruch dat Leem. Süd-Nord-Gefälle Linie Bredeney-Altenessen. Die ist es, die hindrückt? Dat dunkle Kostüm fümf Maak auße Omma ihre Kasse besorcht un ganz allein ganz allein inne Elektrische Linie eins. Fährt ja duich bis rauf nach alles so vergaunert mir wird's wieder schlecht reiß dich zusammen doch kaum daß uns ein Weilchen der Hoffnung Blume

Ich werde ihr nichts erzählen später mal, denn der Ablauf dieser Stunde durfte wohl nicht gestört werden. Habbich die ganze Fahrt immer gedacht Mann Ditta kommze doch sonz nie nache besseren Pomp and zirkumstances. Die Masse dazwischen hat keine Ahnung. Tiefschlaf an der Ruhr.

Viehofer Platz schon. Hab ich geschlafen? Hätte ich so fest schlafen dürfen Abromeitsche geh ich nach Süddeutschland in den Kristallgewölben geleiten wir sie zur letzten Ruhr du wohnt sichs schön Unneform ausziehn ich sehe nur wie sich die Menschen plagen

und gab es ja sieben üppige mit Maiblumen besteckte Kränze der hat noch Klassenbewußtsein stop it! der ja! shut up! gespendet von Unbekannten oder Bongartz oder Krenzmann oder Schlotbarone oder Orgasmus, damit der Schornstein raucht

Die Mauern stürzen ein Allmächtiger gehört sowieso alles den Banken Kaum ham sen Schrebergaatn »Haupahnhof« Stadtluft macht »Freiheit« fühln se sich wien Kappetalist der junge verlegene Geistliche heute morgen wie WAZ-Winnes Angst stieß den Spaten an einer Stelle in den Lehm, die ungünstig war Sprachklumpen. Unruhe, hingedrückt übers Becken.

Hätte er doch gefragt

Rheinisch Westfälischer Rheinstall an der Kruppstraße wo die Siemenschen schlafen vor den Träumerkasernen NRZ, WAZ, WELT. War nun Ruhe?

Parallelaktionäre für Hure an der Emscher Heidschi Weichpeitschi Rührige Unruhe in der Uhr Aufruhr erst am jüngsten Top-Tag von oben gesteuert über allen Zipfeln ist Ruhr auf der Flucht warte nur milde spürest auch du deinen Bauch stenze circus Tänze Nabelschnur ewig süße Alfredstraße bis Folkwang Herta werden

Er hätte warnen können

Guckkastennaßmacherimportanzturnierbühne im Timpen mit Hai und reich und heim ins Vogelheim und reide weider – wieder nach Hause –?

Er tat es nicht. Denn der Ablauf dieser Stunde